Ole Burmeister

Entwicklung von Klassifikatoren zur Analyse und Interpretation zeitvarianter Signale und deren Anwendung auf Biosignale

Schriftenreihe des

Instituts für Angewandte Informatik / Automatisierungstechnik

an der Universität Karlsruhe (TH)

Band 26

Eine Übersicht über alle bisher in dieser Schriftenreihe erschienenen Bände finden Sie am Ende des Buchs.

Entwicklung von Klassifikatoren zur Analyse und Interpretation zeitvarianter Signale und deren Anwendung auf Biosignale

von
Ole Burmeister

universitätsverlag karlsruhe

Dissertation, Universität Karlsruhe (TH)
Fakultät für Maschinenbau, 2008

Impressum

Universitätsverlag Karlsruhe
c/o Universitätsbibliothek
Straße am Forum 2
D-76131 Karlsruhe
www.uvka.de

Universitätsverlag Karlsruhe 2009
Print on Demand

ISSN: 1614-5267
ISBN: 978-3-86644-347-1

Vorwort

Die vorliegende Arbeit entstand während meiner Tätigkeit am Institut für Angewandte Informatik des Forschungszentrums Karlsruhe.

Ich danke zunächst Professor Georg Bretthauer für die Möglichkeit, an seinem Institut arbeiten und promovieren zu können. Für die Übernahme des Korreferats danke ich Professor Jürgen Wernstedt.

Besonderer Dank gilt meinem Gruppenleiter Ralf Mikut, der mich während der ganzen Arbeit immer unterstützt und durch viele Diskussionen wesentlich zum Gelingen der Arbeit beigetragen hat.

Für eine angenehme Arbeitsatmosphäre und nützliche Diskussionen danke ich insbesondere meinen Zimmerkollegen Markus Reischl und Arne Lehmann, sowie Lutz Gröll, Hagen Malberg, Christian Bauer und vielen weiteren Mitarbeitern des Instituts. Weiterer Dank gilt den Mitarbeitern der Orthopädischen Universitätsklinik Heidelberg, insbesondere Sebastian Wolf und Rüdiger Rupp sowie meinem Betreuer der Diplomarbeit an der Universität Lübeck, Ulrich Hofmann.

Bei meinen Eltern bedanke ich mich für die Unterstützung während des Studiums und die Aufmunterungen während der Promotion.

Bei meiner Frau Susanne bedanke ich mich für die tolle Unterstützung während der Zeit der Promotion und insbesondere in der Zeit der Fertigstellung der Schriftfassung und vor der Prüfung. Auch meinem Sohn Lennard danke ich. Auch wenn er noch nicht aktiv am Gelingen der Arbeit beteiligt war, konnte er mir die wirklich wichtigen Dinge immer wieder erfolgreich vor Augen führen.

Inhaltsverzeichnis

Symbolverzeichnis

$|\mathbf{M}|$	Determinante einer Matrix $\mathbf{M}$
$\mathrm{card}\,(\mathcal{M})$	Kardinalität einer Menge $\mathcal{M}$
$\delta_{i,j}$	Kronecker-Delta ($d_{i,j} = 1$ für $i = j$, sonst 0)
γ_{cv}	Güte der Crossvalidierung
Γ	Bewertungsfunktion für die Güte der Klassifikation
ζ_i	Korrekturwerte bei SVM und linearer Optimierung für die Rückweisung
$\kappa[k]$	relative Zeit seit einem Triggerereignis
$\Phi(\cdot,\cdot;\cdot)$	Abstrakte Klassifikatorfunktion
$\Psi(\cdot,\cdot)$	Abstrakte Funktion zur Bestimmung des Informationsgehalts
$\theta[k]$	Parameter für die zeitliche Aggregation der Klassifikations-Entscheidungen
$a(\kappa[k])$	Hilfsvariable für die Berechnung des Parameters $\theta[k]$
Υ	frei wählbarer Parameter für die SVM
σ	Kernel-Parameter für den RBF-Kernel
$\mathbf{A}$	Transformationsmatrix zur Aggregation
c	Zählvariable für Klasse
C	Anzahl an Klassen
$\mathcal{E}$	Geordnete Menge der Triggerereignisse
$F(k)$	Klassifikationsfehler über Testdaten zum Zeitpunkt k
F	Zeitreihe der Länge K mit Klassifikationsfehlern $F[1], \ldots, F[K]$
F_i	Zeitreihe der Länge K mit Klassifikationsfehlern $F_i[1], \ldots, F_i[K]$ des i.ten Durchlaufs der Crossvalidierung
$F_L(k)$	Klassifikationsfehler über Lerndaten zum Zeitpunkt k
F_L	Zeitreihe der Länge K mit Klassifikationsfehlern $F_L[1], \ldots, F_L[K]$
i	allgemeine Zählvariable
$\mathcal{I}_{\mathrm{best}}$	Indexmenge mit den Indizes der Merkmale, die für den Klassifikatorentwurf zum Zeitpunkt k_{best} gewählt wurden
$\mathcal{I}_L$	Indexmenge mit den Indizes der Lerndatentupel
$\mathcal{I}_{L,c}$	Indexmenge mit den Indizes der Lerndatentupel der Klasse c
j	allgemeine Zählvariable
k	Anzahl Nachbarn beim k-nearest neighbor Klassifikator
k	diskreter Abtastpunkt einer Zeitreihe
k_{best}	Abtastpunkt, zu dem der Informationsgehalt der Zeitreihen maximal ist
$k_{\mathrm{knn}}(\mathbf{x})$	Anzahl betrachteter Nachbarn bei Klassifikation von $\mathbf{x}$ mit k-NN
K	Anzahl an Abtastpunkte in einer Zeitreihe
l	Zählvariable für Zeitreihen bzw. Einzelmerkmale
l_m	Anzahl ausgewählter Merkmale (Zeitreihen)
l_d	Anzahl aggregierter Merkmale (Zeitreihen)

L	Anzahl Zeitreihen in $\mathbf{Z}$
$\mathcal{L}$	Menge der Datentupel im Lerndatensatz, card $(\mathcal{L}) = N_L$
$\mathcal{L}_{\text{k-NN}}(\mathbf{x}) \subseteq \mathcal{L}$	Menge der k nächsten Nachbarn des Lerndatensatzes bzgl. einer Beobachtung $\mathbf{x}$, card $(\mathcal{L}_{\text{k-NN}}(\mathbf{x})) = k_{\text{knn}}(\mathbf{x})$
n	Zählvariable für Datentupel (Beispiele) eines Datensatzes
N	Anzahl Datentupel (Beispiele) in einem Datensatz
N_c	Anzahl Datentupel (Beispiele), die zur Klasse c gehören
N_L	Anzahl Datentupel (Beispiele), die zum Lerndatensatz gehören
N_T	Anzahl Datentupel (Beispiele), die zum Testdatensatz gehören
$\mathcal{N}_e$	Menge der Datentupel (Beispiele), für die eine Klassifikationsentscheidung getroffen wurde
$\mathbf{p}$	Parametervektor des Klassifikationsverfahrens
$p(y = c)$	a-priori Wahrscheinlichkeit für die Klasse c
$p(y = c\|\mathbf{x})$	Bedingte Wahrscheinlichkeit für die Klasse c, gegeben eine Beobachtung $\mathbf{x}$
$P_{\text{entschieden}}$	Wahrscheinlichkeit, dass vom Klassifikator eine Entscheidung getroffen wird
P_{korrekt}	Wahrscheinlichkeit für eine korrekte Klassifikation in Abhängigkeit der klassifizierten Beispiele
$Q_l[k]$	univariater Informationsgehalt der Zeitreihe l zum Abtastpunkt k
$Q_{\mathcal{I}_{\text{ZR}}}[k]$	multivariater Informationsgehalt der Zeitreihen in der Indexmenge $\mathcal{I}_{\text{ZR}}$ zum Abtastpunkt k
Q_l	statischer univariater Informationsgehalt des extrahierten Merkmals l
$Q_{\mathcal{I}_{\text{EM}}}$	statischer multivariater Informationsgehalt der extrahierten Merkmale in der Indexmenge $\mathcal{I}_{\text{EM}}$
s_x	Anzahl Einzelmerkmale im Datensatz
s_y	Anzahl Ausgangsgrößen im Datensatz
$\mathcal{T}$	Menge der Datentupel im Testdatensatz, card $(\mathcal{T}) = N_T$
v	Anzahl Durchgänge in einer kompletten Crossvalidierung
v_{rep}	Anzahl Durchläufe einer Crossvalidierung
$\mathbf{x}$	Vektor mit Einzelmerkmalen
$\mathbf{x}_n$	Einzelmerkmale des n. Datentupels
$x_{l,n}$	l. Einzelmerkmal des n. Datentupels
$\bar{\mathbf{x}}_c$	Klassenmittelwert der Klasse c von $\mathbf{x}$
$\mathbf{X}$	Matrix aller Einzelmerkmale und Datentupel
y	Klassenzugehörigkeit eines Datentupels
$\hat{y}$	geschätzte Klassenzugehörigkeit eines Datentupels
$\hat{y}[k]$	geschätzte Klassenzugehörigkeit eines Datentupels zum Abtastpunkt k
y_n	Klassenzugehörigkeit des n. Datentupels
$\hat{y}_n$	geschätzte Klassenzugehörigkeit des n. Datentupels
$\mathbf{Z}$	Matrix mit L Zeitreihen $z_l[k], k = 1, \ldots K$
$\mathbf{z}[k]$	vektorielle Zeitreihe zum Abtastpunkt k
$z_{l,n}$	l. Zeitreihe des n. Datentupels
$\boldsymbol{\mu}_c$	Erwartungswert der Klasse c
$\boldsymbol{\Sigma}_c$	Kovarianzmatrix der Klasse c
$\hat{\boldsymbol{\Sigma}}_c$	geschätzte Kovarianzmatrix der Klasse c

1 Einleitung

1.1 Motivation

Durch den Trend zur elektronischen Datenerfassung übersteigen die erfassten Datenmengen die Fähigkeiten der menschlichen Benutzer, Wissen aus diesen Daten zu extrahieren [78]. Eine (teil-)automatisierte Analyse der Daten ist notwendig und erlaubt eine objektive Auswertung auch sehr großer Datenmengen. Das so genannte „Data-Mining" stellt somit ein wertvolles Hilfsmittel dar und erlaubt einen Wissensgewinn der Benutzer [78]. Zu Data-Mining Aufgaben gehören z.b. die Detektion von Abhängigkeiten, Identifikation von Klassen, Beschreibung von Klassen sowie die Detektion von Ausreißern [146] in verschiedenen Einsatzgebieten, wie Wirtschaft, Meteorologie, Astronomie und Medizin.

Diese Arbeit beschäftigt sich mit dem Bereich der Medizin, in dem computergestützte Systeme immer wichtiger werden und die Gesundheitsfürsorge verbessern können [87, 126, 128]. Dazu gehören computergestützte Systeme zur Entscheidungsfindung (engl.: decision support system), aber auch Diagnosesysteme, wie z.b. Röntgen oder Magnetresonanztomographie (MRT). Nichtsdestotrotz verlassen sich die Mediziner bei Untersuchungen, der Diagnose sowie der Therapieplanung auf empirisch gesammeltes Wissen (eigene Erfahrung), und nicht so sehr auf computergestützte Systeme [126, 201]. Daher ist es bei der Entwicklung von Analysewerkzeugen für den Bereich des Gesundheitswesens besonders wichtig, auf die Vermeidung fehlerhafter oder unsicherer Entscheidungen zu achten und nachvollziehbare Entscheidungswege zu verwenden.

Die Informationen, die automatisiert analysiert werden sollen, liegen auf unterschiedliche Art und Weise vor (multimodal, z.B. Herzrhythmus, Blutdruck). Je nach Art sind einzelne Messwerte vorhanden („Einzelmerkmale", z.B. einzelne Messung des Blutdrucks oder des Pulses), häufig aber auch Zeitreihen, z.B. Aktivität des Herzens (Elektrokardiogramm, EKG), Hirnsignale (Elektroenzephalogramm, EEG) oder Nervensignale (Elektroneurogramm, ENG). In vielen Anwendungen wird die Analyse der Zeitreihen durch zeitvariante Änderungen in den Zeitreihen erschwert. In der Regel ist mit zeitvarianten Änderungen die Änderung des Mittelwertes oder der Standardabweichung der Zeitreihe gemeint. In dieser Arbeit wird aber besonders auf zwei damit verbundene Probleme eingegangen:

1. Die Änderung des Informationsgehalts der Zeitreihen und

2. der Änderung der für die Klassifikation verwendeten Parameter (z.B. Klassenmittelwerte).

Die Änderung des Informationsgehalts hat zur Folge, dass verwendete Merkmale nicht mehr optimal zur Trennung der Klassen geeignet sind. Bei einer Änderung der zur Klassifikation nötigen Parameter können die Klassen ebenfalls nicht mehr korrekt erkannt werden. Beides verringert die Klassifikationsgüte.

In der vorliegenden Arbeit wird ein einheitlicher Methodenapparat vorgestellt, der auf drei Anwendungsgebieten mit verschiedenen Zeitreihen angewendet wird. Die Anwendungsgebiete sind Brain Machine Interfaces (BMI, dt.: Gehirn-Maschine-Schnittstellen), die Analyse von Nervensignalen und die instrumentelle Ganganalyse. Der Methodenapparat baut dabei auf bereits gut erforschten Methoden auf, die geeignet erweitert werden. Besonderes Augenmerk wird auf die Einbettung von Informationen der Zeit in die Klassifikationsentscheidung gelegt, um das zeitvariante Verhalten der Zeitreihen geeignet verarbeiten zu können. Die Einbettung von Verfahren zur Rückweisung von unsicheren Klassifikationsentscheidungen rundet die Arbeit ab.

1.2   Darstellung des Entwicklungsstandes

1.2.1   Data-Mining Aufgaben in der Medizin

Data-Mining Aufgaben in der Medizin werden häufig unter dem Begriff der klinischen Systeme zur Entscheidungsunterstützung zusammengefasst (engl.: clinical decision support system, CDSS). Für solche Systeme wurde bereits gezeigt, dass sie in der klinischen Praxis ein wertvolles Hilfsmittel sein können. Einige Studien zu diesem Thema finden sich in [4, 50, 87, 126, 128, 224].

Gut zu automatisierende Aufgaben im Bereich der Medizin sind z.B. Hinweise auf kritische Werte, Erinnerungen bei überfälligen Vorsorgeuntersuchungen, Hilfestellung bei der Medikamentendosierung und Vorschläge für weitere Untersuchungen und Behandlungen [87]. Weitere Zielstellungen sind [146, 194, 201]:

1. Diagnose oder Diagnoseunterstützung [20, 80, 100, 171, 178, 213, 217, 220, 260, 279]

2. Beschreibung von Krankheiten [176]

3. Bestimmung von Schweregraden einer Krankheit [17, 236, 264, 300]

4. Therapieevaluation [142, 176]

5. Therapieplanung [234, 269, 296, 315]

6. Therapieprognose [59, 237]

7. Segmentierung [42, 46, 205]

8. Ereignisdetektion [10, 55, 90, 100, 114, 163, 182]

9. Steuerungsaufgaben [73, 181, 241]

Die Diagnose oder Diagnoseunterstützung ist nur in bestimmten Fällen interessant (z.B. Tumorerkennung), da eine binäre Entscheidung Patient – Proband bei schweren Krankheitsbildern trivial erscheint. Die Bestimmung von Schweregraden einer Krankheit oder der Beschreibung solcher Krankheiten ist insbesondere bei komplexen mehrdimensionalen Untersuchungsergebnissen, wie sie z.B. von der instrumentellen Ganganalyse zur Verfügung gestellt werden, für den Menschen schwer und nur subjektiv möglich [176]. Ebenso verhält es sich mit der Evaluation einer Therapie. Maße für einen objektiven Vergleich sind nötig und können auf Grund der komplexen Berechnungen meist nur von Rechnern bestimmt werden. Für die Therapieplanung und -prognose ist der Einsatz von Systemen zur Entscheidungsunterstützung und zum Sammeln des medizinischen Wissens wie in [24] wahrscheinlicher als eine vollautomatische Lösung. Vorhandene Systeme, z.B. in der Kindermedizin oder zur Unterstützung bei der Medikamentendosierung und -wahl, werden in [140, 174, 237] beschrieben.

Die Segmentierung wird häufig im Bereich der Bildverarbeitung angewendet [46, 205], aber auch auf Zeitreihen in der Medizin [42] oder auf allgemeinen Zeitreihen [134, 137]. Bei der Segmentierung wird die Zeitreihe (oder das Bild) in einzelne Teile zerlegt. Das Ziel der Teilung kann sowohl die Extraktion interessanter Bereiche, aber auch die Vereinfachung durch Zerlegung in Teilkomponenten sein. Die Ereignisdetektion ist z.b. geeignet, um kritische Werte bei der Steuerung von Geräten wie Herzschrittmachern zu erfassen und entsprechend zu reagieren. Die Punkte Steuerungsaufgaben und Ereignisdetektion hängen häufig zusammen, da nach der Detektion eines Ereignisses Steuerungsaufgaben anstehen. Ein Beispiel ist die Steuerung einer Prothese über Muskel- oder Hirnsignale [208, 241].

Die zitierten Beispiele verwenden nicht ausschließlich Zeitreihen, sondern auch statische Daten und Bilder oder Videos. In dieser Arbeit werden nur Aufgaben mit einem Bezug zu Zeitreihen betrachtet. Aus den vorgestellten Aufgaben ergeben sich zwei Anwendungsfelder, auf die in der vorliegenden Arbeit näher eingegangen wird:

- Die kontinuierliche Analyse von Zeitreihen im Bereich der Neuroprothetik sowie

- die Analyse nicht-kontinuierlicher Zeitreihen aus abgeschlossenen Versuchen im Bereich der instrumentellen Ganganalyse.

In den folgenden Abschnitten wird kurz eine Einführung in die Klassifikation von Zeitreihen gegeben und anschließend werden die Anwendungsfelder vorgestellt.

1.2.2 Methodenapparat für die Merkmalsbewertung, Klassifikation und Rückweisung

Die Zuordnung eines durch Eigenschaften (Merkmale) beschriebenen Objektes zu einer Klasse wird als Klassifikation bezeichnet. Zunächst muss unterschieden werden, in welcher Form die Merkmale vorliegen. Einzelne Eigenschaften, die im aufgezeichneten Datensatz unabhängig von der Zeit sind, werden in der vorliegenden Arbeit als *Einzelmerkmale* bezeichnet. Ein Einzelmerkmal kann z.B. ein einzelnes medizinisches Untersuchungsergebnis sein (z.B. Blutdruck zu einem bestimmten Zeitpunkt). *Zeitreihen* liegen vor, wenn mehrere Messungen in Abhängigkeit von der Zeit betrachtet werden, z.B. eine Messung des Blutdrucks pro Tag. Die Messwerte werden in der Regel mit einer konstanten Abtastrate aufgezeichnet, die je nach Anwendungsgebiet und Aufnahmeverfahren variiert.

Klassifikation von Zeitreihen In [123] werden Klassifikationsprobleme von Zeitreihen $\mathbf{Z}$ mit $\mathbf{Z} = (\mathbf{z}_l[k]), l - 1, \ldots, L$ und $k = 1, \ldots K$ in zwei Fälle unterteilt ($\hat{y}$ beschreibt die geschätzte Klassenzugehörigkeit):

Typ 1   Eine Zeitreihe gehört zu genau einer Klasse (z.B. Diagnose anhand eines Elektrokardiogramms [77]):

$$\mathbf{Z} \to \hat{y}$$

Typ 2   Jeder Abtastpunkt einer Zeitreihe gehört zu einer Klasse, somit gehört die Zeitreihe zu einer Sequenz von Klassen (z.B. Steuerung einer künstlichen Prothese mit Hilfe von Muskelsignalen [244]):

$$\mathbf{Z} \to \hat{y}[k]$$

Es kann ein dritter Typ eingeführt werden:

Typ 3 Jeweils ein Segment definierter Länge (K_{S_i} Abtastpunkte) gehört zu einer Klasse, somit gehört die Zeitreihe zu einer Sequenz von Klassen:

$$\mathbf{Z} \rightarrow \left\{ \hat{y}[0, \dots, K_{S_1} - 1], \hat{y}[K_{S_1}, \dots, 2 \cdot K_{S_2} - 1], \dots \right\}$$

In der vorliegenden Arbeit wird $K_{S_1} = K_{S_2} = \dots$ für alle Segmente vorausgesetzt. Die Wechsel der Klassen werden durch so genannte Triggerereignisse gekennzeichnet. Sie treten

- nie bei Typ 1 Problemen auf,
- bei Typ 2 Problemen zu jedem beliebigen Abtastpunkt oder
- eher selten, zu vorgegebenen oder erkennbaren Abtastpunkten (Typ 3).

Die Klassifikationsprobleme vom Typ 3 werden eher als Typ 1 oder 2 behandelt. Sind die Längen der Segmente bekannt, wird die Zeitreihe in einzelne Versuche geteilt, es entstehen einzelne abgeschlossene Zeitreihen vom Typ 1. Im anderen Fall, wenn die Länge der Segmente nicht bekannt ist oder variiert, ist eine Betrachtung durch Typ 2 angebrachter. Tabelle 1.1 enthält Zuordnungen von Data-Mining Aufgaben zu Typen der Zeitreihenklassifikation.

Nr	Data-Mining Aufgabe	Typ in Zeitreihenklassifikation
1	Diagnose oder Diagnoseunterstützung	Typ 1
2	Beschreibung von Krankheiten	Typ 1
3	Bestimmung von Schweregraden einer Krankheit	Typ 1
4	Therapieevaluation	Typ 1/2
5	Therapieplanung	Typ 1
6	Therapieprognose	Typ 1/2
7	Segmentierung	Typ 2
8	Ereignisdetektion	Typ 2
9	Steuerung	Typ 2

Tabelle 1.1: Zuordnung der Data-Mining Aufgaben zu den Typen der Zeitreihenklassifikation

Die ersten sechs der Data-Mining Aufgaben sind dem Typ 1 der Zeitreihenklassifikation zugeordnet. Die Klassenzugehörigkeit ändert sich im Laufe einer Zeitreihe nicht. Ein Patient bleibt während der Untersuchung ein Patient, eine Therapie war erfolgreich oder nicht (zumindest wenn die Zeitreihen nur aus einem einzigen Untersuchungstermin bzw. einer Therapiesitzung stammen). Anders bei den Aufgaben Segmentierung, Ereignisdetektion und Steuerung. Auch wenn ein System nur ein einzelnes Ereignis erkennen soll, findet ein Klassenwechsel im Problem „Ereignis hat stattgefunden ja/nein" statt. Gleiches gilt für die Steuerung, bei der z.B. unterschiedliche Bewegungen von einer Prothese ausgeführt werden sollen.

Eine nicht ganz eindeutige Situation liegt bei den Aufgaben 4 (Therapieevaluation) und 6 (Therapieprognose) vor. Eine kontinuierliche Rückmeldung (engl.: Feedback) während der Therapie (z.B. auf dem Laufband) kann eine laufende Einschätzung über den Erfolg der Behandlung geben. In einem solchen Fall kann sich die Klassenzugehörigkeit im Laufe der kompletten Zeitreihen mehrfach ändern und muss somit dem Typ 2 zugeordnet werden. In [179] ist so ein System beschrieben, das in der laufenden Therapie Bewertungen vornimmt und dem Therapeuten und Patienten zur Verfügung stellt. Bei der Einteilung in Typ 1 oder 2 ist die wesentliche Frage, ob jeweils ein einzelner Schritt als abgeschlossene Zeitreihe betrachtet wird oder ob die komplette Therapie betrachtet wird. Im ersten Fall findet im Laufe der Zeitreihe keine Klassenänderung statt, das Problem ist dem Typ 1 zuzuordnen. Wird die komplette Therapiesitzung als Zeitreihe und entsprechendes Klassifikationsproblem betrachtet, so ist sie dem Typ 2 zuzuordnen. Das verdeutlicht auch noch einmal die Aussage, dass ein Typ 2 Problem in Abschnitte mit Problemen vom Typ 1 unterteilt werden kann.

Der erste Fall hat eine starke Ähnlichkeit zur Klassifikation von Einzelmerkmalen. Da sich die Klassenzugehörigkeit im Laufe der Zeitreihe nicht verändert, kann die komplette Zeitreihe für die Merkmalsextraktion verwendet werden und z.b. in Einzelmerkmale umgerechnet werden (*globale* Merkmale [66]). Häufig verwendete Verfahren für die Merkmalsextraktion sind:

- Direkter Vergleich von Zeitreihen durch Ähnlichkeitsmaße wie Korrelationskoeffizient, euklidischer Abstand bzw. angepasster Abstände, die auch zeitliche Verschiebungen berücksichtigen können [65, 239]. Auch komplexere Ähnlichkeitsmaße, wie z.b. die Bestimmung von „Metamerkmalen", die die Zeitreihe beschreiben [123] sowie die Bestimmung von Maßen basierend auf Wahrscheinlichkeiten oder geometrischen Mengen mit Hilfe von Segmenten der Zeitreihe [27, 74] sind denkbar.

- Repräsentation der Zeitreihen in einer niedrigeren Dimension, z.B. durch

    - Autoregressive Modelle (AR-Modelle) [235], Fast-Fourier-Transformation (FFT) [121], Diskrete Wavelet Transformation (DWT) [77, 204]
    - Hauptkomponentenanalyse [313, 317]
    - stückweise (lineare) Repräsentation der Zeitreihen [111, 112, 138, 139]
    - Merkmale wie Extremwerte (Min, Max) und Spannweite (Max – Min) [176, 304].

Durch die Umrechnung können sehr große Merkmalsräume entstehen, so dass eine nachfolgende Merkmalsauswahl und -aggregation zu erfolgen hat. Bisher werden die Merkmale großflächig extrahiert und anschließend bewertet, um ungeeignete Merkmale auszusortieren. Das Vorgehen kann durch eine höhere Interaktivität bei der Generierung geeigneter Merkmale verbessert werden.

Im zweiten Fall ist häufig eine kontinuierliche Signalklassifikation nötig (z.B. Steuerung einer Prothese). Daraus ergibt sich die Notwendigkeit, kontinuierliche Merkmale (z.B. mittels Finite-Impulse-Response (FIR) oder Infinite-Impulse-Response (IIR) gefilterte Signale, Wavelet-Dekomposition [177, 183], Filterung mit komplexen Morlet-Wavelets [288]) oder nur über einen kurzen Zeitraum aggregierte Merkmale (z.B. Kurzzeit-FFT, gleitende Mittelwerte) zu betrachten (*lokale* Merkmale [66]).

Zusätzlich ist bei Typ 2 Problemen zu beachten, dass die Merkmalsrelevanz von Zeitreihen von der Zeit abhängig ist, also in der Regel nicht als skalarer Wert angegeben werden kann. Zwar kann die Zeitreihe der Merkmalsrelevanz in einen einzelnen Wert umgerechnet werden, was aber mit einem Informationsverlust einhergeht. Genauso verhält es sich mit den Parametern des Klassifikators. Verändert sich die Repräsentation einer Klasse im Laufe der Zeitreihe, reicht ein einzelnes Entwerfen des Klassifikators nicht aus. Bei der Merkmalsrelevanz von Zeitreihen ist zwischen verschiedenen Berechnungen zu unterscheiden:

- Berechnung für eine komplette Zeitreihe, also für die Abtastpunkte $[0, \ldots, K]$ (skalares Ergebnis),

- Berechnung bis zu einem bestimmten Abtastpunkt k der Zeitreihe, also für die Abtastpunkte $[0, \ldots, k]$ (skalares Ergebnis) und

- Berechnung für jeden Abtastpunkt der Zeitreihe (Zeitreihe als Ergebnis).

Die erste Berechnung ist für die Merkmalsextraktion wichtig, z.B. um geeignete Zeitreihen für die Extraktion zu erkennen. Der zweite und dritte Typ der Merkmalsrelevanz ist auch für ein Problem vom Typ 1 zeitvariant, da verschiedene Abtastpunkte in die Berechnung einfließen. Diese zusätzlichen Informationen können ebenfalls interaktiv zur Merkmalsgenerierung eingesetzt werden. Eine so detaillierte Unterscheidung der Merkmalsrelevanzen von Zeitreihen wird in der Literatur nicht betrachtet.

Bei der Klassifikation von Zeitreihen stellt sich außerdem die Frage, wann eine Entscheidung getroffen wird (siehe Abbildung 1.1):

(a) Klassifikation am Ende der Zeitreihe oder am Ende eines Segments unter Betrachtung aller vergangener Abtastpunkte

(b) Fortlaufende Klassifikation während der Zeit unter ausschließlicher Betrachtung des aktuellen Abtastpunktes

(c) Fortlaufende Klassifikation während der Zeit unter Hinzunahme vergangener Zeitpunkte

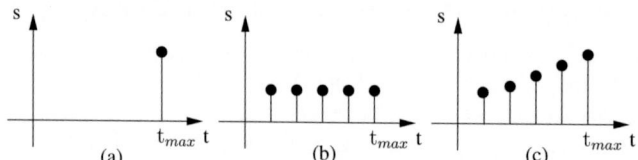

Abbildung 1.1: Klassifikation von Zeitreihen – t: Zeit, s: Sicherheit der Klassifikationsentscheidung, t_{max}: Ende der Zeitreihe oder Ende des Segments; a) Klassifikation am Ende der Zeitreihe, b) fortlaufende Klassifikation anhand des aktuellen Abtastpunktes, c) fortlaufende Klassifikation anhand des aktuellen und vergangener Abtastpunkte

Bei Zugehörigkeit einer Zeitreihe zu einer Klasse wird meist die komplette Zeitreihe für die Merkmalsextraktion betrachtet. Dementsprechend findet eine Entscheidung am Ende der Zeitreihe statt. Die Sicherheit der Entscheidung ist tendenziell sehr hoch, da viele Informationen der Zeitreihe verarbeitet werden. Wird die Zeitreihe fortlaufend klassifiziert und immer nur der aktuelle Abtastpunkt betrachtet, ist die Sicherheit der Entscheidung bei konstanter Relevanz der betrachteten Zeitreihen zu jedem Abtastpunkt etwa gleich. Werden vergangene Abtastpunkte in die Entscheidung einbezogen, nimmt die Sicherheit der Entscheidung im Laufe einer Zeitreihe zu. Kontinuierliche Zeitreihen, die zumindest theoretisch ohne Ende sind, können ebenso eingeteilt werden. Die Zeitreihe wird in Segmente eingeteilt und das Ende eines Segments als Ende der Zeitreihe interpretiert.

Die Einbeziehung vergangener Abtastpunkte kann nach [65] auf verschiedene Arten erfolgen (siehe auch Abbildung 1.2):

(a) Klassifikation anhand einzelner Merkmale zu jedem Abtastpunkt, Fusion der einzelnen Entscheidung zu einer einzelnen Entscheidung pro Abtastpunkt und anschließende Fusion der Entscheidungen über der Zeit,

(b) Fusionieren der Merkmale zu einem Merkmal, Klassifikation anhand des fusionierten Merkmals zu jedem Abtastpunkt und anschließende Fusion der Entscheidungen über der Zeit,

(c) Klassifikation anhand einzelner Merkmale zu jedem Abtastpunkt, Fusion der einzelnen Entscheidungen über der Zeit zu einer Entscheidung pro Merkmal und anschließende Fusion über die Merkmale

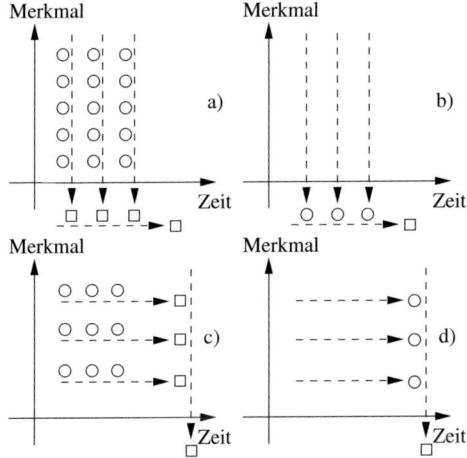

Abbildung 1.2: Verschiedene Möglichkeiten der Fusion von Klassifikationsentscheidungen. Kreis: Klassifikationsentscheidung, Quadrat: fusionierte Klassifikationsentscheidung, gestrichelter Pfeil: Fusion. Varianten a)-c) siehe [65]. a) Zunächst Fusion einzelner Entscheidungen zu einer Entscheidung pro Abtastpunkt und anschließende Fusion über der Zeit. b) Zunächst Fusion der Merkmale und anschließend Klassifikation anhand des fusionierten Merkmals sowie Fusion über der Zeit. c) Klassifikationsentscheidung für jedes Merkmal und jeden Abtastpunkt, Fusion der Entscheidungen pro Merkmal über der Zeit, anschließende Fusion über die Entscheidungen. d) Fusion der Merkmale über der Zeit, Klassifikationsentscheidung pro fusioniertem Merkmal und anschließende Fusion über die Entscheidungen.

Die Variante (c) ist nur eingeschränkt für eine kontinuierliche Klassifikation einsetzbar und die Einordnung unterschlägt eine sehr wichtige Methodik:

(d) die Fusion einzelner Merkmale über der Zeit und anschließende Klassifikation.

Auch wenn Abbildung 1.1 suggeriert, dass mit zunehmender Anzahl an betrachteten Abtastpunkten die Sicherheit einer Entscheidung zunimmt, ist das nicht immer der Fall. Ändern sich im Laufe der Zeitreihe Klassenmittelwerte oder der Informationsgehalt betrachteter Zeitreihen, kann die Sicherheit einer Entscheidung bei zeitinvarianten Klassifikatoren rapide abnehmen. Dem Klassifikator fällt das je nach Gegebenheit aber nicht auf. Die „gefühlte" Sicherheit des Klassifikators ist sehr hoch, obwohl die Entscheidung vollkommen falsch und unsicher ist. Auf eine genaue Beschreibung der Probleme wird in Abschnitt 2.3.1 eingegangen.

Eine Lösungsmöglichkeit ist die Verwendung der Zeit als Informationsquelle und somit die Erzeugung zeitvarianter Klassifikatoren[1]. Ein mehrfaches Entwerfen des Klassifikators oder die Verwendung von Filtern für die Klassifikationsparameter sind eine Möglichkeit, dieses Problem anzugehen [101, 150, 170]. Ein ähnliches Vorgehen stellt die Generierung unterschiedlicher Muster für die verschiedenen Klassen und ein Vergleich des aktuellen Segments mit den Mustern dar (siehe z.b. [123, 298]). Beide Ansätze sind vergleichbar mit Multi-Klassifikator-Systemen. Weitere Untersuchungen zur Einbindung von Zeitinformationen bei der Merkmalsbildung und Klassifikation finden sich z.b. in [31, 147, 148, 240].

Multi-Klassifikator-Systeme setzen mehrere Klassifikatoren ein und wählen einen Klassifikator für die Entscheidung mittels einer Entscheidungsfunktion aus (classifier selection) oder fusionieren die Entscheidungen (classifier fusion) [157, 160]. Die Fusion von Klassifikatoren kann auf verschiedene Weisen geschehen [91, 250, 255, 256]. Vorteile solcher Multi-Klassifikatoren sind verbesserte Klassifikationsgüten [143], bessere Interpretierbarkeit durch die Möglichkeit, kleine übersichtliche Klassifikatoren zu verwenden [195, 311], und verbesserte Möglichkeiten zur Behandlung von Problemen mit extrem großen Lerndatensätzen [13].

Im Allgemeinen werden folgende Methoden für die Fusion angewendet [65, 93, 255]:

- Die Klasse, für die sich die meisten (oder eine bestimmte Anzahl [260]) Klassifikatoren entscheiden, wird gewählt.

- Fusion der Sicherheiten: es wird die Klasse ausgewählt, deren mittlere a-posteriori Wahrscheinlichkeit über den verschiedenen Klassifikatoren die höchste ist.

- Fusion durch Entscheidungsfunktionen: z.b. Fusion der Klassifikationsgüte über Lerndaten und der aktuellen Sicherheit des Klassifikators.

Bei der Integration der Zeit in den Klassifikationsprozess ist sehr wichtig, dass nicht nur die Klassifikationsverfahren von der Information der Zeit profitieren. Auch die Merkmalsauswahl muss in Abhängigkeit von der Zeit geschehen, eine Tatsache, die in aktuellen Verfahren in der Literatur keine Beachtung findet.

Rückweisung von Klassifikationsentscheidungen In realen Anwendungen sind Entscheidungssysteme selten in der Lage, eine hundertprozentige Fehlerfreiheit zu erreichen. Das liegt zum einen daran, dass die unterschiedlichen Klassen meist Überschneidungen aufweisen und zum anderen daran, dass die statistischen Verteilungen der Klassen unbekannt sind. In [14] sind Entscheidungssysteme beschrieben, die aus geschätzten Sicherheiten optimale Entscheidungen bezüglich Kostenfunktionen errechnen. Auch ein Entscheidungssystem zur Trennung von Patienten mit und ohne Herzfehler wird beschrieben.

Das Entscheidungssystem aus [14] arbeitet ausschließlich auf Klassifikationsproblemen mit über der Zeit konstanten Klassenzugehörigkeiten (Typ 1). Eine Anwendung auf Zeitreihen vom Typ 2 findet sich nicht. Außerdem gibt es bei Systemen zur Entscheidungsunterstützung nicht nur die Möglichkeit zur vollständigen Ablehnung einer Entscheidung. Auch

---

[1]Die Bezeichnung für derartige Klassifikatoren variiert. In [148] werden sie z.b. als instationäre Klassifikatoren bezeichnet.

die Visualisierung objektiven Wissens (oder Unwissens) kann für Anwender eine hilfreiche Unterstützung sein. Mit Unwissen sind identische Merkmalsausprägungen in unterschiedlichen Klassen gemeint, d.h. mit Hilfe der gewählten Merkmale kann keine Unterscheidung der Klassen vorgenommen werden.

Die Rückweisung von Klassifikationsentscheidungen hat insbesondere das Ziel, die Anzahl an Fehlklassifikationen zu verringern [83, 93] oder die Entscheidung zu treffen, die im Falle eines Fehlers am günstigsten ist [14]. Insbesondere im Bereich der Medizin können Fehlentscheidungen (z.b. in Diagnosesystemen) gravierende Folgen haben. Nach einer Rückweisung kann die Entscheidung

- an eine höhere Instanz (z.B. den Mensch) abgegeben werden,

- mit neuen Merkmalen wiederholt werden oder

- komplett verworfen werden.

Eine grafische Darstellung des idealen Falls für einen Klassifikator ist in Abbildung 1.3(a) enthalten. Es kann eine klare Grenze zwischen den beiden Klassen gezogen und eine eindeutige Entscheidung getroffen werden. Im realen Fall (Abbildung 1.3(b)) ist für einige Bereiche eine Rückweisung sinnvoll. Für eine Rückweisung kann es zwei Ursachen geben [36, 37, 113]:

- Beispiele mit ähnlichen Merkmalsausprägungen und unterschiedlichen Klassenzugehörigkeiten (widersprüchliche Informationen, schraffierter Bereich in Abbildung 1.3(b))

- Keine Beispiele mit ähnlichen Merkmalsausprägungen im Lerndatensatz (zu wenig Informationen, Sterne in Abbildung 1.3(b))

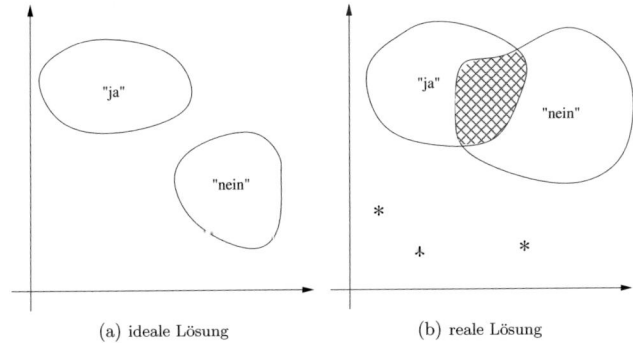

(a) ideale Lösung   (b) reale Lösung

Abbildung 1.3: Schema optimaler und nicht-optimaler Klassifikation und Gründe für die Rückweisung von Klassifikationsentscheidungen

Der erste Fall beschreibt ein häufig auftretendes Problem, dass Datentupel vorhanden sind, die im Merkmalsraum sehr ähnlich aussehen, aber zu unterschiedlichen Klassen gehören. Der zweite Fall hat Ähnlichkeit zur Ausreißerdetektion.

Bei Zeitreihen können beide Fälle mit einem Vorgehen bearbeitet werden, da meist eine „Master-Zeitreihe" [74] je Klasse mit der unbekannten Zeitreihe verglichen wird. Über Ähnlichkeitsmaße wird dann entschieden, zu welcher Klasse die Zeitreihe gehört. Widersprüchliche Informationen liegen vor, wenn die Zeitreihe zu mehr als einer Master-Zeitreihe ähnlich ist, ein Ausreißer ist dementsprechend zu keiner Master-Zeitreihe ähnlich (daher wird die Ausreißerdetektion häufig auch als „novelty detection" bezeichnet, also die Erkennung neuer, in den Lerndaten unbekannter Muster). Die meisten Verfahren unterteilen die Zeitreihe in Segmente, z.T. inklusive einer Diskretisierung in gleitenden Fenstern [135, 136] und berechnen Ähnlichkeitsmaße für Zeitreihen. Mögliche Ähnlichkeitsmaße sind der euklidische Abstand oder angepasste Abstände, die auch zeitliche Veränderungen berücksichtigen können (so genanntes dynamic time warping) [239], geometrische Mengen [27] oder diskrete Abstandsmaße wie z.B. der Hamming-Abstand [60]. In [60] wird ein Ansatz beschrieben, bei dem die Parameter der gleitenden Fenster automatisiert bestimmt werden und mit Hilfe von statistischen Merkmalen Detektoren für Ausreißer generiert werden. Neuronale Netze werden in [218] für die Klassifikation verwendet. Die Zeitreihe wird mit Hilfe gleitender Fenster in kurze Segmente unterteilt und ein Bereich um eine Master-Zeitreihe definiert, in dem die Zeitreihe zur betrachteten Klasse gehört. Die Master-Zeitreihe und der Bereich werden z.b. durch den Mittelwert und die Standardabweichung der Versuche definiert. Um die Künstlichen Neuronalen Netze verwenden zu können, werden sowohl Ausreißer als auch zur Klasse gehörige Zeitreihen zufällig generiert, um die Versuchsanzahl zu erhöhen. Da in [218] ein Ausreißer definiert ist als eine Zeitreihe, bei der nicht alle Abtastpunkte innerhalb des Bereichs liegen, liegt die Anwendung des Schwellwertverfahrens eigentlich nahe. Leider fehlt ein Vergleich der Anwendung der Künstlichen Neuronalen Netze mit dem sehr viel einfacheren Schwellwertverfahren.

Die meisten Verfahren haben den großen Nachteil, ausschließlich mit 1-dimensionalen Daten zu arbeiten. Dadurch wird ein Einsatz in medizinischer Umgebung zwar nicht ausgeschlossen (EKG-Zeitreihen sind z.B. 1-dimensional), aber der Einsatz in der Neuroprothetik mit deutlich hochdimensionaleren Merkmalsräumen ist fraglich und macht zumindest den Einsatz mehrerer Verfahren und eine Fusion der Ergebnisse nötig. Des Weiteren ist es nötig, jeweils komplette Zeitreihen zu kennen. Es können also nur Probleme vom Typ 1 behandelt werden oder Zeitreihen vom Typ 2 in Segmente geteilt werden (mit dem Nachteil einer zeitlichen Verzögerung, die der Länge der Segmente entspricht). In [74] werden mehrdimensionale Zeitreihen verarbeitet, in dem sie ebenfalls in Segmente geteilt werden, die Segmente aber einem einzigen Klassifikator übergeben werden. Dabei wird jeder Abtastpunkt als eigenes Datentupel betrachtet. Auch bei der Erkennung eines Ausreißers wird abtastpunktweise vorgegangen, der aktuelle Abtastpunkt ist dabei jeweils der Mittelpunkt des betrachteten Segments. Dadurch wird zwar die Kausalitätsbedingung verletzt, die aber durch eine Verschiebung des Segments wieder sichergestellt werden kann.

Durch eine abtastpunktweise Betrachtung der Zeitreihe können Verfahren verwendet werden, die für den Einsatz auf Einzelmerkmalen konzipiert sind.

Widersprüchliche Informationen im betrachteten Datentupel können z.B. durch die a-posteriori Wahrscheinlichkeit erkannt werden. Eine Entscheidungsregel, die eine optimale Entscheidung bei Verwendung von Rückweisungen erlaubt (siehe Abschnitt 2.5.1), ist auf die Kenntnis der a-posteriori Wahrscheinlichkeiten der Klassenzugehörigkeiten angewiesen [83, 84]. Bei realen Problemen werden die a-posteriori Wahrscheinlichkeiten durch die Klassifikatoren lediglich approximiert, so dass die Optimalität der Entscheidungsregel nicht nachgewiesen werden kann.

Die Definition von Ausreißern oder von zu wenigen Informationen bezüglich eines unbekannten Datentupels, und damit auch die Verfahren für die Detektion, fallen in fünf Kategorien [102]:

- Basierend auf einer Verteilung (engl.: distribution-based)
- Basierend auf einer Tiefe (engl.: depth-based)
- Basierend auf einer Distanz (engl.: distance-based)
- Basierend auf einer Clusterung (engl.: clustering-based)
- Basierend auf einer Dichte (engl.: density-based)

Verteilungsbasierte Verfahren untersuchen, ob ein gegebenes Datentupel zu der Verteilung der Lerndaten gehören kann oder nicht. Dies kann z.b. durch die Betrachtung verschiedener Quartile oder anderer Intervalle erfolgen. Bei der zweiten Kategorie ist die Auswertung von Suchbäumen denkbar, bei der Datentupel, die eine bestimmte Tiefe im Baum überschreiten, als Ausreißer deklariert werden. Distanzbasierte Verfahren können z.b. den Abstand zum Mittelwert der Klasse als Entscheidungsmerkmal verwenden. Mögliche Unterschiede bei diesen Verfahren ergeben sich zum einen durch die Berechnung des Abstands (z.b. euklidischer Abstand, Mahalanobis-Abstand, Cityblock, usw.) und dem Bezugspunkt für den Abstand (z.b. Mittelwert oder benachbarte Datentupel). Clusterverfahren können Datentupel, die zu keinem der gefundenen Cluster passen, in so genannte Rauschcluster einsortieren und somit als Ausreißer markieren. Bei einem dichtebasierten Ansatz wird betrachtet, wie viele Nachbarn in einer bestimmten Region um das unbekannte Datentupel liegen.

In [246] werden Beispiele verschiedener Methoden miteinander verglichen. Hautamaeki beschreibt ein dichtebasiertes Verfahren über k-nearest-neighbor Klassifikatoren [102], in [6] wird ein Verfahren basierend auf einem Evolutionärem Algorithmus beschrieben, ein distanzbasiertes Verfahren findet sich z.B. in [146]. Ansätze mit Künstlichen Neuronalen Netzen finden sich z.B. in [11, 226, 246, 271, 310]. Mittels einer Support-Vektor-Maschine (SVM) werden Detektionen in [83, 318] durchgeführt, mit Fisher-Diskriminanz-Funktionen in [251]. Zum Teil werden verschiedene Verfahren auch kombiniert, z.B. in [91, 164].

Ein Synonym für die Ausreißerdetektion ist „one-class Klassifikation" ([164, 246, 251], Übersicht in [283]). Der Grund ist, dass die Klassifikatoren nicht verschiedene Klassen unterscheiden, sondern die Zugehörigkeit zu einer einzelnen Klasse bewerten. Zwei Vorgehensweisen sind zu unterscheiden [246]: Im unüberwachten Fall liegen ausschließlich Beispiele der Klasse vor. Aus den Beispielen werden Parameter bestimmt, mit deren Hilfe neue Beispiele als zu der Klasse gehörig zugeordnet werden können. Im überwachten Fall werden dem Klassifikator sowohl Beispiele der gesuchten Klasse, als auch Beispiele, die nicht zu der gesuchten Klasse gehören präsentiert. Eine Übersicht über verschiedene Verfahren zur Ausreißerdetektion findet sich in [184, 185].

Grundsätzliches Schema einer Klassifikation   Die Klassifikation eines Objektes folgt folgendem Schema (siehe auch Abbildung 1.4):

1. *Merkmalsextraktion* – Extraktion der in Rohsignalen enthaltenen Informationen

2. *Merkmalsauswahl* – Überprüfung der entstandenen Merkmale auf ihre Relevanz bezüglich der gegebenen Fragestellung

3. *Merkmalsaggregation* – Optionale Transformation der Merkmale, in der Regel auf einen Merkmalsraum kleinerer Dimension

4. *Klassifikation* – Entscheidungsfindung.

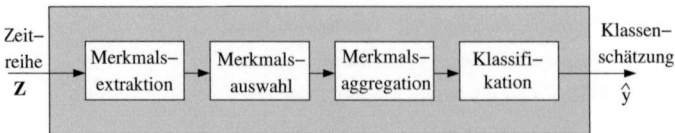

Abbildung 1.4: Schema zur Klassifikation (in Anlehnung an [201, 241])

Die Entwurfsphase eines Klassifikators beinhaltet die Schritte Merkmalsextraktion, Merkmalsauswahl, Merkmalsaggregation sowie die Parameterbestimmung des Klassifikators, mit denen eine möglichst optimale Trennung der Klassen möglich ist. In der Anwendungsphase entfällt der Schritt der Merkmalsauswahl. Die Extraktion sowie die Aggregation der Merkmale ist dennoch erforderlich, um den Merkmalsraum zu erzeugen, auf dem der Klassifikator entworfen wurde. Die Anwendung des Klassifikators erfolgt dann auf unbekannten Daten. Ist die Entwurfsphase einmal abgeschlossen, kann der Klassifikator mehrfach verwendet werden. Eine zeitaufwändige Entwurfsphase ist also hinnehmbar, während die Anwendungsphase als zeitkritisch anzusehen ist.

Die einzelnen Punkte werden ausführlich in [194, 201, 241] behandelt, daher werden sie hier nur kurz beschrieben.

Merkmalsextraktion Liegen die Eigenschaften des Objektes als Einzelmerkmale vor, entfällt der erste Schritt der Merkmalsextraktion. Bei der Analyse von Zeitreihen ist die Merkmalsextraktion hingegen ein ungemein wichtiger Schritt. In der Regel sind die Informationen im Rohsignal überlagert, so dass nachfolgende Algorithmen die Informationen ohne eine Merkmalsextraktion nicht erkennen.

Zur Merkmalsextraktion zählt sowohl die Produktion neuer Zeitreihen, z.B. durch Bandpass-Filterung, als auch die direkte Extraktion von Merkmalen aus der Originalzeitreihe (z.B. Extremwerte). Gleichzeitig können die Verfahren der Merkmalsextraktion auch die Aufgabe der Beseitigung von Störungen im Signal (z.B. Rauschunterdrückung oder Artefakteliminierung) übernehmen [201].

Merkmalsauswahl Mit Hilfe der Merkmalsauswahl (Synonym: Merkmalsselektion) sollen diejenigen Merkmale gesucht werden, die zur Lösung des betrachteten Klassifikationsproblems am besten geeignet sind. Kohavi definiert daher den optimalen Merkmalsraum als die Teilmenge des gegebenen Merkmalsraums, die die Güte des Klassifikators maximiert [149]. Die Vorteile der Verwendung eines solchen optimalen Merkmalsraums sind [23, 98, 99, 149]:

- Verringerung der Dimension des Datenraums und damit erleichterte Darstellung und Erhöhung des Verständnisses des Datenraums

- Reduktion des Mess- und Speicheraufwands

- Reduktion des Trainingsaufwands

- Vermeidung von Überanpassung (engl.: overfitting, „Auswendiglernen" des Klassifikators)

• Häufig Verbesserung der Klassifikationsgüte.

Da die Betrachtung aller möglichen Merkmalskombinationen zu inakzeptablen Rechenzeiten führt, muss die Suche nach dem Merkmalsraum suboptimal durchgeführt werden. Verschiedene Vorgehensweisen für die Suche sind der implizite Ansatz (engl.: embedded approach), der Filter-Ansatz und der Wrapper-Ansatz [23, 149]. Beim impliziten Ansatz wird die Merkmalsauswahl implizit durchgeführt, in dem zum Beispiel einzelne Merkmale vom Klassifikator ignoriert werden. Der Filter-Ansatz wendet Bewertungsfunktionen an (z.B. informationstheoretische Maße [268], univariate bzw. multivariate Varianzanalyse (engl.: (multivariate) analysis of variance, (M)ANOVA [282]), die unabhängig vom Klassifikationsverfahren sind. Der Wrapper-Ansatz führt den kompletten Entwurf des Klassifikators mehrfach durch und verwendet die Klassifikationsgüte als Maß für die Qualität des Merkmalsraums.

Der implizite Ansatz hat den Nachteil, nicht mit allen Klassifikatoren arbeiten zu können [23]. Der Filter-Ansatz verwendet kein Wissen über das Klassifikationsverfahren. Somit ist nicht bekannt, wie gut das verwendete Klassifikationsverfahren mit dem berechneten Merkmalsraum arbeitet. Der Wrapper-Ansatz liefert bezogen auf die anschließend erzielte Klassifikationsgüte meist das beste Ergebnis für die Merkmalsauswahl, benötigt aber auch sehr viel Rechenzeit [317].

Merkmalsaggregation Der Schritt der Merkmalsaggregation (Synonym: Merkmalstransformation) generiert anhand der ausgewählten Merkmale eine lineare Kombination und transformiert den Merkmalsraum so in einen neuen Merkmalsraum, meist kleinerer Dimension. Die Transformation erfolgt so, dass neue Merkmale mit fallendem Informationsgehalt erzeugt werden. Dadurch können Merkmale entfernt werden, ohne viele Informationen zu verlieren. Derartige Verfahren kommen daher häufig bei verlustbehafteten Kompressionsverfahren zum Einsatz. Bekannte Verfahren sind z.B. Diskriminanz- oder Hauptkomponentenanalyse (engl: principal component analysis, PCA, Synonym: Karhunen-Loeve-Transformation, KLT) [282]. Die Independent Component Analysis (ICA) [115] erzeugt ebenfalls neue Merkmale durch lineare Kombinationen der bekannten Merkmale. Bei der ICA steht aber die Extraktion statistisch unabhängiger Signale im Vordergrund.

Klassifikation Klassifikationsverfahren versuchen in der Entwurfsphase allgemeine Regeln zur Beschreibung der Klassen zu finden. Das geschieht beispielsweise durch statistische Verteilungsannahmen (z.B. Bayes-Klassifikator), durch eine Betrachtung der Nachbarn eines Beispiels (k-nearest-neighbor, k-NN) oder durch eine Aggregation der Merkmale und die implizite Bildung von Trennflächen (Support-Vektor-Maschinen, SVM). In der Anwendungsphase wird ein gegebenes unbekanntes[2] Datentupel anhand der entworfenen Regel zu einer der bekannten Klassen zugeordnet. In Abschnitt A.1 wird kurz auf die Theorie einiger verwendeter Klassifikationsverfahren eingegangen. Eine ausführliche Beschreibung verschiedener Klassifikationsverfahren findet sich z.B. in [119, 194].

Die in der vorliegenden Arbeit verwendeten Verfahren setzen voraus, dass die Klassen bekannt sind und Beispiele für jede der Klassen existieren (*überwachte* Klassifikation). Im Fall unbekannter Klassenzugehörigkeiten und der entsprechenden Data-Mining Aufgabe der Identifikation der Klassen sind so genannte *unüberwachte* Klassifikationsverfahren nötig, auf

---

[2]Bei „unbekannten" Datentupeln bezieht sich der Bezeichner „unbekannt" immer auf die Klassenzugehörigkeit, nicht auf die Ausprägung im Merkmalsraum

die in dieser Arbeit nicht eingegangen wird. Ein Anwendungsbeispiel solcher Verfahren findet sich in [176], eine ausführliche Übersicht in [120].

1.2.3 Einführung in die Neuroprothetik

Das Feld der Neuroprothetik ist ein interdisziplinäres Gebiet, das sich mit der Modulation, Überbrückung bzw. dem Ersatz gestörter und verloren gegangener neuronaler Strukturen beschäftigt [2]. In der Neuroprothetik ist die Analyse von Nervensignalen ein wichtiges Feld. Nervensignale umfassen dabei alle Signale, die von Nervenzellen aufgezeichnet wurden, also nicht nur von peripheren Nervenleitungen, sondern auch von Muskeln oder dem Gehirn.

Die Neuroprothetik umfasst zwei Gebiete,

- die Überbrückung von defekten Nervenleitungen, der Aktor ist ein biologisches System, und

- der Ersatz des Aktors, die Nervensignale werden zur Steuerung einer technischen Prothese verwendet.

Eine schematische Darstellung der Schnittstelle für die Neuroprothetik ist in Abbildung 1.5 dargestellt.

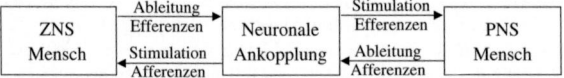

Abbildung 1.5: Schema der neuronalen Schnittstelle zwischen dem zentralen Nervensystem (ZNS) und dem peripheren Nervensystem (PNS) des Menschen, siehe auch [198]

Für die Analyse von Nervensignale sind zwei Richtungen zu trennen [270],

- *efferente* Signale, zur Weiterleitung motorischer Informationen vom Gehirn oder Rückenmark in Richtung Aktor und

- *afferente* Signale zur Weiterleitung sensorischer Informationen in Richtung Gehirn oder Rückenmark.

Die Schnittstelle[3] beinhaltet jeweils zwei Ein- und Ausgänge. Aus dem zentralen Nervensystem werden Signale empfangen (Ableitung Efferenzen) und verarbeitet, so dass eine Aktion ausgeführt werden kann (Stimulation Efferenzen, z.B. Freehand-System [253]). Um eine Aktion gezielt ausführen zu können, sind Informationen über den aktuellen Zustand nötig. Aus dem peripheren Nervensystem sind also Informationen zu extrahieren (Ableitung Afferenzen) und an das zentrale Nervensystem weiterzuleiten (Stimulation Afferenzen, z.B. Retina-Prothese [247] oder sensorischer Feedback bei Neuroprothesen [3, 64]). Die vorliegende Arbeit befasst sich ausschließlich mit der Klassifikation der Ableitung von Efferenzen und Afferenzen. Aus efferenten Signalen sind z.B. Bewegungsintentionen zu erkennen, aus afferenten Signalen sensorische Informationen, die z.B. für die Steuerung einer Bewegung nützlich sind.

---

[3]Diese Schnittstelle wird auch als Mensch-Maschine-Schnittstelle bezeichnet.

Für den Fall eines technischen Aktors wird anstelle des peripheren Nervensystems ein technisches System verbunden. Die Stimulation von Efferenzen entspricht dann dem Senden von Steuersignalen an das technische System, die Ableitung von Afferenzen der Aufzeichnung von Sensorinformationen des technischen Systems [198]. Für eine solche Prothese wurde der Begriff der Neuro Motor Prostheses (NMP) eingeführt [69, 267].

Die Einsatzgebiete von Neuroprothesen sind sehr unterschiedlich und richten sich an verschiedene Zielgruppen. Die Wiederherstellung der Greiffunktion ist sowohl für Querschnittgelähmte als auch für Menschen ohne Arm bzw. Hand interessant. Bei Querschnittgelähmten kann die Verwendung funktionierender Bewegungen für die Steuerung der Neuroprothese bereits ausreichend sein, wie z.b. bei den Patienten der Freehand-Prothese [252]. Ähnliches gilt für Menschen, die ihren Arm verloren haben. Die Muskelfunktion im Oberarm oder in anderen Körperregionen ist davon nicht betroffen und kann für die Steuerung der Neuroprothese durch Ableitung der Muskelsignale (Elektromyogramm, EMG) verwendet werden [241].

Bei Querschnittgelähmten ohne restliche Muskelfunktionen sind Ableitungen von willkürlich ansteuerbaren peripheren Muskeln, Nerven oder dem Gehirn nötig. Bei Muskelsignalen kommen in erster Linie Ersatzmuskeln zum Einsatz, die eine ausreichende Funktion zur Verfügung stellen (z.B. Schultermuskulatur zum Steuern eines Arms [252]). Für Hirnsignale[4] wurde ebenfalls bereits nachgewiesen, dass oberflächliche Ableitungen für einfache Steuerungen von Prothesen geeignet sind [208, 210, 254]. Steuerungen über EMG sind allerdings zuverlässiger und schneller [166, 208, 229, 230, 254]. Bei einer Vergleichsaufgabe, bei der ein Gewicht (250g) während einer Dauer von drei Minuten mehrfach bewegt wird, erreicht der Proband mit der herkömmlichen Freehand-Steuerung 20 Bewegungen des Gewichts, bei der Steuerung über EEG nur fünf Bewegungen [208, 254]. Versuche mit invasiven Aufzeichnungen sind am Menschen nur schwer durchführbar. Es gibt aber zahlreiche Versuche, Greifbewegungen in Tierversuchen an Affen nachzubilden [45, 48, 193, 225, 266, 284, 285, 302], wobei meist eine Steuerung eines Roboterarms oder eines Cursors in ein, zwei oder drei Dimensionen umgesetzt wurde. Auch die Korrelation von aufgezeichneten Hirn- und Muskelsignalen wurde betrachtet, um anschließend eine möglichst optimale künstliche Bewegung durch Stimulation zu erzielen [118].

Durch Auswertung *afferenter* Signale können sensorische Informationen in die Steuerung einer Neuroprothese einbezogen werden [290], z.B. die Extraktion von Informationen der Mechanorezeptoren im Zeigefinger [116, 272]. Solche sensorischen Informationen können dann entweder durch eine Stimulation afferenter Signale an das Nervensystem weitergeleitet (z.B. zur Überbrückung geschädigter Nervenbahnen) oder direkt für unterlagerte Regelkreise verwendet werden, z.B. um Greifkräfte zu regeln. In [8] werden von Cuff-Elektroden aufgezeichnete Signale klassifiziert und sollen später die Stimulation von Muskulatur zur Unterstützung des Ganges ermöglichen. Die Erkennung acht verschiedener Reize im peripheren Nervensystem ist in [29] beschrieben. Allerdings handelt es sich bei den Reizen um elektrische Stimulationen, keine mechanischen. Durch die ungünstigen Signal-zu-Rausch Verhältnisse (engl.: signal to noise ratio, SNR) in Nervensignalen ist die Entstehung von Störungen und Artefakten kaum zu vermeiden. In [116, 198, 290] wird übereinstimmend beschrieben, dass zumindest eine qualitative Aussage über den Ort eines Reizes schon jetzt möglich ist. Eine quantitative Aussage über die Intensität eines Reizes kann mit dem Informationsgehalt technischer Sensoren, z.B. aus Datenhandschuhen, nicht mithalten und bedarf weiterer langfristiger Forschungen [198].

---

[4]Häufig wird das Gesamtsystem bei der Verwendung von Hirnsignalen als Brain Machine Interface, BMI bezeichnet

Ebenfalls für hohe Querschnittlähmungen oder neuronale Erkrankungen mit Einschränkung der Bewegungsfähigkeit wurden Ansätze für die Steuerung von Rollstühlen getestet [281]. Wie bei der Steuerung von Prothesen über das periphere oder zentrale Nervensystem ist dies allerdings als langfristiges Ziel anzusehen, vor allem, da die geringe Qualität in den Signalen keine zuverlässige Klassifikation bei Problemen mit vielen Klassen erlaubt.

Für eine andere Zielgruppe sind Buchstabiercomputer (virtuelles Keyboard, engl.: virtual keyboard) entwickelt worden. Bei so genannten „Locked-in" Patienten, die durch eine Lähmung nahezu aller Muskeln keinerlei Kommunikation mit ihrer Umgebung ausüben können, werden Hirnsignale als Eingänge für die Steuerung eines Computers verwendet. Der Patient wählt durch mehrere Entscheidungen sukzessive einzelne Buchstaben aus. Durch das Buchstabieren kurzer Texte kann der Betroffene seine Bedürfnisse formulieren. Verschiedene Gruppen auf der Welt entwickeln solche Systeme, z.b. [18, 231, 309], inzwischen auch Prototypen für den Heimeinsatz [293]. Je nach Fähigkeit der Patienten und Probanden können 3-5 Buchstaben pro Minute buchstabiert werden. Der Grund für den mittlerweile sehr zuverlässigen Einsatz der Systeme sind relativ kleine Klassifikationsprobleme, die meist nur zwei Klassen umfassen. Gleiches gilt für die Bewegung in Virtuellen Umgebungen mit Hilfe von Brain Machine Interfaces. Auch hier werden Probleme mit wenigen Klassen verwendet [227].

Die zugehörige Aufnahmetechnik ist in erster Linie in Abhängigkeit vom Problem und von den Fähigkeiten des Patienten zu wählen. Anforderungen sowie verschiedene Anwendungsmöglichkeiten und klinische Zielgruppen werden in [52, 155] diskutiert.

Die Ableitung der Nervensignale kann sowohl invasiv als auch nicht-invasiv erfolgen. Nicht-invasive Techniken, z.B. zur Aufnahme von Muskel-, Herz- oder Hirnsignalen, gelten als die sichersten Aufnahmetechniken, da keine Beeinträchtigung von Nervenzellen erfolgen kann. Nachteilig bei den Systemen ist aber in der Regel, dass die Signalqualität deutlich schlechter ist, insbesondere durch eine relativ große Anzahl aufgezeichneter Nervenzellen [214]. Beispielsweise sind das Hirnwasser und die Schädeldecke Einflussfaktoren bei der oberflächlichen Aufnahme von Hirnsignalen. Sie führen zu einer starken örtlichen und zeitlichen Tiefpassfilterung [173, 248]. Des Weiteren kann die Aufnahme durch Bewegungen von Gliedmaßen oder Augen stark durch Artefakte verunreinigt werden [71, 305].

Implantierbare Elektroden stellen neben einer besseren Signalqualität eine höhere Ortsauflösung zur Verfügung, sind aber großen Anforderungen hinsichtlich der Biokompatibilität ausgesetzt [173, 198, 214, 308]. Invasive Elektroden für die Erfassung von EMG-Signale sind z.B. die BION-Familie [175, 280]. Verschiedene Typen von Elektroden für die Aufzeichnung von Signalen des peripheren Nervs sind (siehe Abbildung 1.6, Übersicht in [214]):

• In den Nerv eindringende Nadelelektroden [299]

• Auf dem Nerv aufliegende oder ihn umschließende Cuff-Elektroden bzw. flexible Nervenplatten [277]

• Siebelektroden, die vom Nerv durchwachsen werden [277].

Den Nerv umschließende Elektroden, wie z.B. die Cuff-Elektrode, sind „weniger invasiv" als die Elektroden, die den Nerv direkt penetrieren. Sie zeichnen Summensignale einer Vielzahl von Nervenfasern auf, und erlauben somit keine Faserselektivität. Siebelektroden sind auf das Einwachsen des Nervs in die Elektrode angewiesen. Bei der invasiven Aufzeichnung von Hirnsignalen gibt es ebenfalls verschiedene Vorgehensweisen:

• Aufnahmen von der Hirnoberfläche (epikortikal: oberhalb der Großhirnrinde, z.T. auch als Elektrokortikogramm (ECoG) bezeichnet)

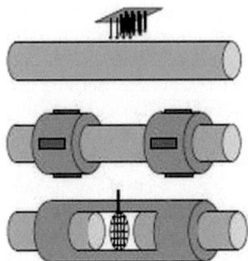

Abbildung 1.6: Schematische Darstellung unterschiedlicher invasiver Elektroden zur Ableitung von Elektroneurogrammen. Von oben nach unten: Nadelelektrode, Cuff-Elektrode, Siebelektrode

- subkortikale Aufnahmen (subkortikal: unterhalb der Großhirnrinde)
  - einzelner Neuronen (single unit activity, SUA)
  - mehrerer einzelner Neuronen (multi unit activity, MUA)
  - größerer Bereiche von Neuronen (local field potentials, LFP)

Welche der Techniken am geeignetsten ist, ist umstritten [45]. Die Verwendung vieler Elektroden erhöht die Chancen, auch bei komplexen Problemen gute Klassifikationsgüten zu erreichen. Dabei muss allerdings darauf geachtet werden, dass die Signale der Elektroden nicht zu stark korreliert sind. Auf der anderen Seite muss berücksichtigt werden, dass die Implantation von Elektroden mit einem hohen Risiko verbunden ist und somit nur so wenig wie nötig implantiert werden sollten. Versuche mit subkortikalen Aufnahmen fanden bisher in erster Linie an Affen [26, 48, 193, 225, 259, 266] oder Ratten [165], aber auch vereinzelt an Menschen [131, 132] statt. Viele Versuche mit epikortikalen menschlichen Daten wurden mit Daten aus einem Elektrokortikogramm durchgeführt [12, 96, 161, 172, 173, 303]. Das ECoG wird seit längerer Zeit in der klinischen Praxis eingesetzt, z.b. um erkrankte Hirnregionen bei Epilepsiepatienten zu finden. Die Bezeichner werden in der Literatur durchaus unterschiedlich verwendet. Zum Beispiel entspricht das Elektrokortikogramm einer Aufnahme größerer Bereiche von Neuronen und gehört somit ebenfalls zu den LFP. In der vorliegenden Arbeit wird bei epikortikalen Aufzeichnungen von ECoG gesprochen, bei subkortikalen von LFP. Weitere Forschungsthemen auf dem Gebiet der Elektroden sind u.a. Elektrodenarrays, die sowohl aufzeichnen als auch stimulieren können [190], und hardwareseitige Kompression und Vorverarbeitung der Kanäle [221].

Alle Elektroden, auch die oberflächlichen, sind durch zeitvariantes Übertragungsverhalten gekennzeichnet. Für die Zeitvarianz sind zwei verschiedene Typen zu unterscheiden:

- kurzfristig und reproduzierbar
- langfristig und nicht reproduzierbar

Kurzfristige Zeitvarianz hängt von den generierten Mustern ab. Sie ist reproduzierbar und kann von den Klassifikatoren für die Entscheidungen verwendet werden. Einen Ansatz dazu beschreibt diese Arbeit. Der zweite Typ beschreibt Probleme, die z.b. durch veränderte motorische Repräsentationen oder veränderte Bedingungen an den aufnehmenden Elektroden verursacht werden können. Solche Änderungen geschehen langfristig und müssen anders behandelt werden als kurzfristige Zeitvarianzen. Bei invasiven Elektroden resultieren diese Änderungen im Übertragungsverhalten aus Veränderungen im Gewebe, insbesondere dem Einwachsen von isolierendem Bindegewebe oder in der Alterung der Elektroden. Somit ist nicht geklärt, ob die invasiven Aufzeichnungstechniken eine stabile Aufzeichnung über mehrere Jahre ermöglichen [173], auch wenn es erste Versuche mit Langzeitaufnahmen gibt [133]. Auch über das Verhalten hochkanaliger Elektroden [30, 189, 216, 278] gibt es erste Erfahrungen mit Implantationen in Patienten über mehrere Monate [110]. Bei zwei Patienten sind allerdings mehrere Elektroden nach einer Laufzeit von 10 bzw. 11 Monaten ausgefallen. Die Ursache für den Ausfall konnte bis zum Zeitpunkt der Veröffentlichung nicht geklärt werden. Bei oberflächlichen Elektroden ändert sich das Übertragungsverhalten durch Änderungen am Übergang von der Elektrode zur Haut (z.b. Feuchtigkeit). Zusätzlich dazu sind z.b. auch Ermüdungserscheinungen beim Patienten zu berücksichtigen [198]. Die vorliegende Arbeit befasst sich ausschließlich mit dem ersten Typ der Zeitvarianzen.

Die Signalverarbeitung variiert nach Aufnahmetechnik leicht, insbesondere in der Art der verwendeten Merkmale. Bei der Analyse von ENG-Signalen werden meist in bestimmten Frequenzbändern gefilterte Signale verwendet [198]. Durch das „Alles-oder-Nichts-Prinzip" von Nervenzellen (jede Nervenzelle kann nur ein binäres Signal erzeugen), sind die Informationen in der Rate, mit der eine Nervenzelle feuert, enthalten (entspricht der Frequenz). Die Steuerung einer Prothese über Muskelsignale kann durch Auswertung verschiedener Steuersignale geschehen. Die Erkennung der Steuersignale kann z.b. über unterschiedliche Signalamplituden oder -längen erfolgen [241]. Bei Brain Machine Interfaces haben sich verschiedene Merkmale durchgesetzt, insbesondere in Abhängigkeit von dem Ort der Aufzeichnung. Der Benutzer kann das Brain Machine Interface durch willkürliche Beeinflussung seiner Gehirnströme steuern. Die willkürlichen Änderungen dieser Muster geschehen in der Regel durch Bewegungsvorstellungen. Die Vorstellung komplexer Objekte aktiviert Nervenzellen in vielen verschiedenen Bereichen des Kortex, während Vorstellungen einer Bewegung ähnliche neuronale Strukturen im Motorkortex aktivieren wie bei einer tatsächlich ausgeführten Bewegung [229]. Da dieser Bereich gut bekannt und verhältnismäßig lokal ist, kommt das System mit einigen wenigen Elektroden aus. Ein Nachteil ist allerdings, dass dieser Bereich bei diversen Krankheiten stark betroffen ist und eine Auswertung der Signale dieses Hirnbereichs unmöglich macht. Alternativ werden tiefer liegende Regionen (Cingular Cortex[5]) für die Anwendung in Brain Machine Interfaces getestet [186].

Bei der Auswertung der Hirnsignale kann auf verschiedene Muster zurückgegriffen werden:

- langsame Potenzialänderungen (slow cortical potentials, SCP) [19, 107]

- ereignisabhängige Erhöhungen oder Reduzierung der Leistungsdichten in bestimmten Frequenzbändern (event-related synchronization, ERS bzw. event-related desynchronization, ERD) [95, 211, 222, 228, 231, 308]

- P300: Kurze visuelle, auditorische oder somatosensorische Reize können in ansonsten regelmäßigen Signalen kurze positive Ausschläge (ca. 300ms Länge) hervorbringen. [68, 265, 287]

---

[5]Dieser Bereich liegt um das Corpus Callosum (Cingulum: lateinisch für Gürtel), dem Bereich des Hirns, der für die Kommunikation zwischen linker und rechter Hemisphere zuständig ist

- Bereitschaftspotenziale (lateralized readiness potential, LRP oder movement related potentials, MRP) [151]

- somatosensorisch evozierte Potentiale (engl.: somatosensory evoked potentials, SEP) [209] bzw. visuell evozierte Potentiale (engl.: visually evoked potentials, VEP) [81, 297]

Zum Teil werden auch Kombinationen der Muster verwendet [35, 70]. Die Muster werden sehr ausführlich in [188, 191, 306, 307] beschrieben.

Bei Mensch-Maschine-Schnittstellen muss meist ein Training durchgeführt werden, um dem Benutzer die Bedienung seiner Prothese zu erleichtern. Bei Muskelsignalen können z.b. Schaltsignale gelernt werden, mit denen die Prothese bedient wird [241]. Auch bei der Verwendung von Hirnsignalen ist ein Training notwendig. Bei diesen Aufzeichnungen erreichen allerdings trotz intensiven Trainings nicht alle Patienten eine Qualität in der Kontrolle der Gehirnmuster, die ausreicht um BMIs zu steuern [97, 107]. In [106] wurde beschrieben, dass das Erlernen der Steuerung Patienten mit komplettem Verlust an Kommunikationsmöglichkeiten mehr Probleme bereitet als gesunden Probanden. Einige Patienten haben trotz intensiven Trainings nicht die nötige Qualität erreicht. Der Grund für diese Probleme konnte bisher nicht ermittelt werden. Mögliche Ursachen liegen in einer neuronalen Veränderung, so dass vorgestellte Bewegungen nicht mehr so repräsentiert sind, wie bei Gesunden oder in reduzierten mentalen Fähigkeiten, die sich durch die Krankheit ergeben.

Bei diesen Mensch-Maschine-Schnittstellen lernen beide Seiten, sowohl der Mensch, als auch die Maschine. Dies hat den Vorteil, dass besonders gut für die Klassifikation geeignete Signale vom Menschen erlernt werden können und dadurch die Erkennung der Kommandos erleichtert wird. Bei der Analyse neuronaler Signale, z.b. zur Auswertung sensorischer Informationen, kann nur die Maschine lernen. Einzelne Reizungen sind mehrfach durchzuführen, um die Klassifikatoren entwerfen zu können. Probleme in der Signalqualität oder im Informationsgehalt sind nicht durch eine Änderung der Muster zu erreichen, da die Muster fest im biologischen System des Menschen (oder des Tiers) verankert sind.

Um das Training zu optimieren, haben einige Gruppen die funktionelle Magnetresonanztomographie (fMRT, engl.: functional magnetic resonance imaging, fMRI) verwendet, um Trainingseffekte und Fähigkeiten untersuchen zu können [108, 144, 301]. Ein Versuch, direkt das fMRT als Brain Machine Interface für die Kommunikation zu verwenden, findet sich z.B. in [316]. Bei einem solchen System stellt sich allerdings die Frage nach der praktischen Einsetzbarkeit aufgrund der hohen technischen Anforderungen.

Neben der reinen Signalanalyse wurden verschiedene andere Ansätze probiert, um die Systeme zu verbessern. Dazu gehören:

- Lokalisierung der Quelle des Signals (engl.: source localization oder blind source separation: BSS) [67, 206, 223, 312]

- Merkmale mit höherem Informationsgehalt zu verwenden (z.B. Morlet-Wavelets oder Matched-Filter) [145, 154]

- Multivariate Regressionen der Merkmale [192]

- Komplexere Klassifikationsverfahren [258]

- Physiologisch vorhandene Kanäle zur Fehlerdetektion zu verwenden [43, 79]

- Verwendung von a-priori Wissen [169]

- Kontinuierliche Adaption der Parameter an das aktuelle Signal [295]

• Geeignete Vorverarbeitung, um Artefakte zu reduzieren [198]

• Einbeziehung künstlicher Sensoren von technischen Systemen [141].

Diese Arbeit reiht sich ebenfalls in die Versuche ein, die Klassifikationsgüte zu erhöhen, indem Informationen der Zeit in die Entscheidung einfließen, die bisher keine Rücksicht gefunden haben.

1.2.4 Einführung in die instrumentelle Ganganalyse

Mit Hilfe der instrumentellen Ganganalyse werden menschliche Bewegungen durch quantitative Messungen untersucht (Übersicht in [49]). Bei dieser Untersuchung werden Videodaten der Bewegungen sowie eventuell Bodenreaktionskräfte und Muskelsignale erfasst. Durch retroflektive Marker, die (nahes) Infrarotlicht sehr gut reflektieren, können die Bewegungen aus dem Video in Zeitreihen von Gelenkwinkelverläufen umgesetzt werden (siehe Abbildung 1.7). Mit Hilfe der Bodenreaktionskräfte werden Kräfte und Momente für einzelne Gelenke berechnet, z.T. auch aus EMG-Daten [25]). Die Methodik der instrumentellen Ganganalyse erlaubt eine Bewertung dynamischer Bewegungsvorgänge, die auf Grund ihrer Komplexität mit bloßem Auge nicht zu erfassen ist. Die Aufnahmetechniken werden sehr detailliert in [176] erläutert und in dieser Arbeit daher nicht weiter betrachtet.

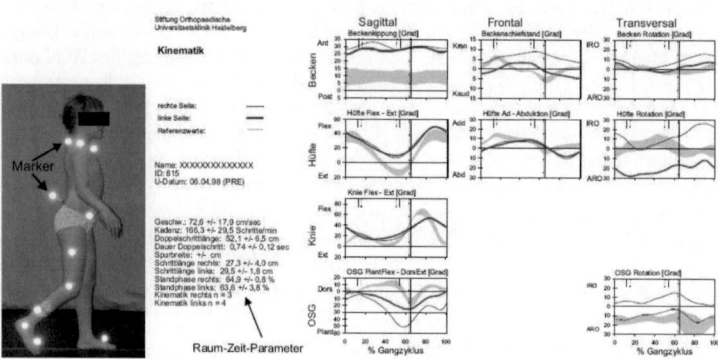

Abbildung 1.7: Beispielhafte Darstellung kinematischer Daten aus der instrumentellen Ganganalyse[176]

Eine Bewertung des Gangverhaltens von Patienten ist sehr wichtig für die Diagnose und die anschließende Therapieentscheidung. Um einzelne Patienten einschätzen zu können, ist Wissen über ein größeres Patientenkollektiv entscheidend. Bisher wurden die entstandenen Zeitreihen subjektiv von Medizinern bewertet, insbesondere unter Einbeziehung ihrer eigenen Erfahrung. Die Verwendung von (teil-)automatisierten Lösungen hängt stark davon ab, wie weit die Mediziner die Entscheidungsprozesse des Systems nachvollziehen können, also wie interpretierbar die Ergebnisse sind [201]. In [176] wurde mit Hilfe von aus den Zeitreihen generierten Einzelmerkmalen nach den besten Merkmalen zur Unterscheidung von Patienten und Probanden gesucht. Dabei stand weniger die Trennung der Gruppen im Vordergrund als vielmehr die Merkmale, mit denen die Trennung erfolgte. Mit den gefundenen Merkmalen konnten die medizinischen Erfahrungen bestätigt, aber auch erweitert werden [304].

Arbeiten wie z.b. [176, 201] leisten Beiträge zur Entwicklung und Evaluation computergestützter Verfahren, die insbesondere unerfahrenen Medizinern bei Therapieentscheidung und -evaluierung unter die Arme greifen können. Dabei wird sowohl bei den verwendeten Methoden als auch bei den erzeugten Merkmalen viel Wert auf Interpretierbarkeit und Zuverlässigkeit der Merkmale gelegt. Eine rein automatisierte Entscheidung Patient/Proband ist dabei für Mediziner weniger interessant, da gerade bei schweren Erkrankungen eine solche Entscheidung für Mediziner trivial erscheint. Eine Analyse der Folgen der Krankheit oder die Suche verschiedener Ausprägungen können aber zu einem erheblichen Wissensgewinn beitragen (siehe z.B. [176, 275, 304, 314]).

Große Probleme bei der instrumentellen Ganganalyse bereiten die Datenaufzeichnungen [85]. Standardisierte Verfahren und Aufzeichnungstechniken wie z.b. für die Normalisierung und Auswertung der EMG-Daten [28, 33] sind daher wichtige Forschungsthemen. Dabei muss sowohl Rücksicht auf kleinere Einrichtungen genommen werden, die sich ein sehr teures Equipment nicht leisten können, aber auch die Zuverlässigkeit und einfache Anwendbarkeit spielt eine große Rolle [127, 212]. Ebenso entscheidend ist das weitere Verständnis des Gehens. Dazu gehören z.b. Muster in Muskelaktivitäten während des Gehens [117], der Einfluss von Spastiken auf das Gehen [5] und Einflussgrößen auf die Gangstabilität [261].

Diverse Studien zeigen, dass die Therapieentscheidung durch die Verwendung von instrumenteller Ganganalyse als Diagnosewerkzeug beeinflusst wird [54, 61, 82, 129]. In diesen Studien wurden die erhobenen Ganganalysedaten manuell ausgewertet. Dieses Vorgehen schließt einen Vergleich mit bereits bekannten Fällen nahezu aus, da solche Datenmengen vom Menschen nicht objektiv ausgewertet werden können. Zwar ist auch die vollautomatische Analyse größerer Datensätze nicht immer erfolgreich [37], aber solchen Systemen stehen ohnehin große Bedenken seitens der Mediziner gegenüber. Systeme zur Entscheidungsunterstützung, die vorhandenes Wissen formalisieren und neue Fälle in einen Zusammenhang mit bekannten bringen können, können Hilfestellung insbesondere für junge und unerfahrene Mediziner sein. In der Literatur finden sich aber keinerlei Ansätze für solche Systeme. Data-Mining Methoden werden meist nicht automatisiert eingesetzt und beschäftigen sich nicht mit den relativ komplexen Zusammenhängen der Therapieentscheidung. Zu veröffentlichten Themenbereichen gehören z.b. die Messung von Schweregraden [264], der Vergleich verschiedener Methoden für die Messung von Schweregraden [286], die automatisierte Erkennung von Schrittphasen [167], sowie einige bereits erwähnte Publikationen, die sich mit der Diagnose und Erkennung von Subgruppen einer Krankheit beschäftigen. Eine mögliche Ursache sind Misserfolge (vollautomatischer) Klassifikatoren, bei denen kein Vorteil gegenüber der manuellen Analyse erkannt werden konnte. Allerdings sind auch keine Versuche für die explizite Angabe von Unsicherheiten für bestimmte Therapieentscheidungen bekannt. Vorteil solcher Systeme ist die nötige und integrierte Interaktivität mit dem Benutzer, der sowohl Hilfestellungen erfährt als auch Erfahrung aufbauen kann.

Neben der Interpretierbarkeit und Verständlichkeit von Systemen zur Entscheidungsunterstützung in der Medizin ist die Sicherheit der Entscheidungen ein wesentlicher Faktor. Fehlklassifikationen können schwerwiegende Folgen haben. Aus diesem Grund werden bei medizinischen Diagnoseverfahren zwei Maße, die Sensitivität (Richtigpositiv-Rate) und die Spezifität (Richtignegativ-Rate) [168] bestimmt. Die Sensitivität gibt an, wie viele tatsächlich Kranke als krank erkannt wurden und die Spezifität, wie viele Gesunde als gesund erkannt wurden. Beide Maße haben ihre Daseinsberechtigung, meist wird jedoch etwas mehr Wert auf eine hohe Sensitivität gelegt. Auch bei den medizinischen Entscheidungssystemen müssen Fehlentscheidungen in der einen oder anderen Richtung möglichst vermieden werden. Eine Möglichkeit, die Sicherheit zu erhöhen, besteht darin, in unsicheren Fällen weitere Daten anzufordern oder die Entscheidung an eine höhere Instanz abzugeben (siehe Abschnitt 1.2.2). Des Weiteren werden in der Ganganalyse nahezu immer aus Zeitreihen extrahierte Einzelmerkmale für die Auswertung verwendet. Die verwendeten Merkmale enthalten durch ihre Zugehörigkeit zu einer bestimmten Schrittphase zwar auch zeitliche Information, die reale zeitliche Information geht aber durch die Generierung der Einzelmerkmale verloren. Insbesondere der Informationsgehalt von Zeitreihen kann einen weiteren Aufschluss über Auswirkungen der Krankheit geben, da sie eine deutlich höhere zeitliche Auflösung besitzt als einzelne extrahierte Merkmale.

1.3 Offene Probleme

In den vorherigen Abschnitten wurden insbesondere folgende Fakten dargelegt:

- Klassifikatoren in der Neuroprothetik müssen mit qualitativ schlechten Signalen zuverlässige Klassifikationsergebnisse erzielen
- Neurologische Signale sind durch zeitvariantes Verhalten gekennzeichnet
- Unsichere Klassifikationsentscheidungen müssen vermieden werden.

Daraus ergeben sich folgende offene Probleme:

1. Das zeitvariante Verhalten in den Signalen führt häufig zu fehlerbehafteten Klassifikationsentscheidungen. Dennoch existiert bisher keine befriedigende Lösung für den Entwurf zeitvarianter Klassifikatoren, die derartige Signale zuverlässig klassifizieren.

2. Eine systematische Kategorisierung der Ansätze für zeitvariante Klassifikatoren fehlt ebenso wie ein Vergleich der Ansätze untereinander und mit herkömmlichen zeitinvarianten Klassifikatoren.

3. Der wechselnde Informationsgehalt in Zeitreihen wird zwar in einigen Anwendungsgebieten betrachtet und berücksichtigt, geeignete Darstellungen des Informationsgehalts von Zeitreihen fehlen aber (zumindest im Bereich der Neuroprothetik). Derartige Darstellungen sind sowohl bei der Entwicklung zeitvarianter Klassifikatoren als auch bei der Merkmalsextraktion und der Validierung von Datensätzen ein bedeutendes Hilfsmittel.

4. Es existieren keine befriedigenden Verfahren zur Rückweisung von Klassifikationsentscheidungen bei der Klassifikation von Zeitreihen.

Des Weiteren werden Verfahren zur Klassifikation von Zeitreihen in der Regel auf ein bestimmtes Anwendungsgebiet spezialisiert. Die Spezialisierung ist fraglich, da die Klassifikationsverfahren in der Regel nicht anwendungsspezifisch sind.

1.4 Ziele und Aufgaben

Die vorliegende Arbeit stellt allgemeine Ansätze zeitvarianter Klassifikatoren vor. Diese werden systematisch in Kategorien eingeteilt und auf verschiedene Anwendungsgebiete angewendet und verglichen. Auch die Integration von Verfahren, die die Unsicherheit von Klassifikationsentscheidungen erkennen und die Entscheidung zurückweisen können, ist Thema der Arbeit.

Im Einzelnen werden folgende Ziele verfolgt:

- Formalisierung zeitvarianter Probleme und Entwicklung von Kategorien für zeitvariante Klassifikatoren (Abschnitte 2.3.1 und 2.3.2)

- Formalisierung und Entwicklung neuer abstrakter zeitvarianter Klassifikatoren unterschiedlicher Kategorien durch Einbettung zusätzlicher Informationen in den Entwurfsprozess (Abschnitt 2.3.3). Die Arbeit konzentriert sich dabei auf Verfahren, die die zeitvarianten Eigenschaften des Signals kennen. Ansätze und Probleme für die Detektion der Eigenschaften und Auswertung der Signale anhand der suboptimalen Schätzungen werden kurz diskutiert.

- Entwicklung neuartiger dreidimensionaler Visualisierungen für den zeitabhängigen Informationsgehalt von Zeitreihen (Abschnitt 2.4)

- Einbettung von Verfahren zur Abschätzung der Unsicherheit von Entscheidungen und der Rückweisung bei nicht ausreichender Sicherheit (Abschnitt 2.5). Verschiedene Verfahren werden eingesetzt und diskutiert, um die Möglichkeit zur Einbettung zu demonstrieren. Die Entwicklung komplexer Verfahren zur Bestimmung der Unsicherheit und Rückweisung von Entscheidungen ist allerdings nicht Gegenstand der Arbeit.

Die entwickelten Verfahren sollen möglichst leicht auf Signale verschiedener Anwendungsgebiete anwendbar sein. Aus diesem Grund muss bei der Entwicklung der Software auf gute Erweiterbarkeit geachtet werden. Ansätze, um dieses Ziel zu erreichen, werden in Kapitel 3 beschrieben.

Die in dieser Arbeit entwickelten Verfahren werden anschließend auf vier Datensätzen

- mit Hirnsignalen (Kapitel 4),

- einem Datensatz mit Signalen von peripheren Nerven (Kapitel 5)

- und einem Datensatz aus der instrumentellen Ganganalyse (Kapitel 6)

angewendet und deren Funktionalität nachgewiesen. Die Arbeit schließt mit einer Zusammenfassung und einem Ausblick in Kapitel 7.

2 Erweitertes Konzept für zeitvariante Klassifikatoren

2.1 Beschreibung des Konzepts

Dieses Kapitel beschreibt die neuentwickelten zeitvarianten Klassifikatoren. Zunächst wird in Abschnitt 2.2 die Generierung eines künstlichen Benchmarkdatensatzes beschrieben, mit dem die Arbeitsverweise der Verfahren verdeutlicht wird. Anschließend folgt die Entwicklung der zeitvarianten Klassifikatoren (Abschnitt 2.3), wobei zunächst eine genaue Beschreibung der Probleme folgt und einige Formalisierungen eingeführt werden. Nach einer Kategorisierung der Verfahren werden abstrakte Klassifikatoren entworfen und deren Funktionsweise anhand des Benchmarkdatensatzes erläutert.

Mit der Bestimmung und Visualisierung des Informationsgehalts von Zeitreihen beschäftigt sich der Abschnitt 2.4, die Rückweisung von Klassifikationsentscheidungen wird in Abschnitt 2.5 behandelt. Nach einer Einführung werden verschiedene Ansätze für die Rückweisung von Entscheidungen diskutiert und die Implementierungen der Verfahren auf dem künstlichen Benchmarkdatensatz getestet.

2.2 Entwurf eines künstlichen Benchmarkdatensatzes

Um die entwickelten Methoden miteinander vergleichen zu können, wird ein künstlicher Benchmarkdatensatz entworfen. Vorteile bei der Verwendung eines künstlichen Benchmarkdatensatzes sind, dass

- beliebig viele Datentupel erzeugt werden können und dass
- definierte Effekte in die Zeitreihen eingebaut werden können (nach dem Vorbild realer Datensätze, z.B. aus Brain Machine Interfaces).

Der Datensatz wird verwendet um

- einen Vergleich der verschiedenen zeitvarianten Klassifikatoren anzustellen,
- die Bestimmung und Visualisierung des Informationsgehalts von Zeitreihen zu erläutern und
- die Einbeziehung von Verfahren zur Rückweisung von Klassifikationsentscheidungen in die zeitvarianten Klassifikatoren zu demonstrieren.

Der künstliche Benchmarkdatensatz wird sowohl als Typ 1 und Typ 2 Datensatz erzeugt, wobei zunächst die einzelnen Versuche des Typ 1 Datensatzes generiert werden. Die

Zeitreihen der einzelnen Versuche sind so aufgebaut, dass sie Bereiche enthalten, die für das betrachtete Klassifikationsproblem keine verwendbaren Informationen enthalten (z.B. identische Merkmalsausprägungen der unterschiedlichen Klassen) und Bereiche, die für das betrachtete Klassifikationsproblem genutzt werden können. Die Bereiche ohne verwendbare Informationen werden in der vorliegenden Arbeit kurz als „informationslos"[1] bezeichnet, die anderen Bereiche sind „informationstragende" Bereiche.

Die informationslosen und -tragenden Bereiche sind durch Triggerereignisse voneinander getrennt. Um die einzelnen Versuche in einen Datensatz vom Typ 2 umzuwandeln, wird ein einzelnes Datentupel mit langen Zeitreihen erzeugt. Diese Zeitreihen enthalten zunächst ausschließlich Gaußsches Rauschen. An zufälligen Positionen werden die einzelnen Versuche additiv eingefügt. Die Erkennung des Beginns eines Versuchs ist nahezu unmöglich, da die einzelnen Versuche mit dem informationslosen Bereich beginnen. Es ist allerdings möglich, den Wechsel zwischen informationslos und informationstragend zu erkennen. Abschließend werden einige Ausreißer generiert, um die Verfahren zur Detektion von unsicheren Entscheidungen testen zu können.

Für den Datensatz ergeben sich die in Tabelle 2.1 enthaltenen Parameter.

Beschreibung	Bezeichner	Wert
Anzahl Klassen	C	2
Triggerereignis	Tr2 mit $k = \tau_1$	12
maximale relative Zeit seit Triggerereignis	κ_{max}	49
Anzahl Trigger	E	1
Anzahl Lerndatentupel	N_{Lern}	200
Anzahl Testdatentupel	N_{Test}	200

Tabelle 2.1: Parameter des künstlichen Benchmarkdatensatzes vom Typ 1. Für das Triggerereignis Tr2 siehe Abschnitt 2.3.2.

Der Datensatz enthält $C = 2$ Klassen mit jeweils 100 Versuchen je Klasse im Lerndatensatz ($N_{Lern} = 200$) und 100 Versuchen je Klasse im Testdatensatz ($N_{Test} = 200$). Jeder Versuch enthält $K = 60$ Abtastpunkte, wobei eine Entscheidung erst ab Abtastpunkt $\tau_1 = 12$ möglich ist. Dieser Abtastpunkt entspricht dem einzigen Triggerereignis der Zeitreihen, der die informationslosen von informationstragenden Bereichen trennt (siehe auch Abschnitt 2.3.2). Die später vorgestellte Erkennung der Triggerereignisse ermittelt also nicht den realen Beginn der Versuche, sondern den Beginn des informationstragenden Bereichs. Daher wird τ_1 vom erkannten Triggerereignis abgezogen, um den Beginn des Versuchs zu bestimmen.

Die Erstellung des Typ 1 Benchmarkdatensatzes wird zunächst durchgeführt und anschließend aus den einzelnen Versuchen der Datensatz vom Typ 2 erstellt. Die Zeitreihen der einzelnen Versuche werden jeweils in fünf Bereichen unterschiedlich definiert. Die Amplituden der Zeitreihen entsprechen dabei einem normalverteilten Zufallsprozess mit unterschiedlichen Mittelwerten und Standardabweichungen, entsprechend Tabelle 2.2. Eine Ausnahme bildet die Zeitreihe 4, bei der in jedem Bereich der gleiche Zufallsprozess zu Grunde liegt. Die verwendeten Mittelwerte und Standardabweichungen wurden frei gewählt.

---

[1]Auch wenn ein Signal oder eine Zeitreihe grundsätzlich eine Information enthält, so ist diese Information für das betrachtete Klassifikationsproblem nutzlos. Daher die Bezeichnung „informationslos".

Zeitreihe	Abtastpunkte des Bereichs	Verteilung der Daten in Klasse 1	Klasse 2
1	$[1, \ldots, 11]$	$N(0,1)$	$N(0,1)$
1	$[12, \ldots, 20]$	$N(1,2)$	$N(3,2)$
1	$[21, \ldots, 32]$	$N(0,1)$	$N(0,1)$
1	$[33, \ldots, 40]$	$N(3,2)$	$N(1,2)$
1	$[41, \ldots, 60]$	$N(0,1)$	$N(0,1)$
2	$[1, \ldots, 11]$	$N(0,1)$	$N(0,1)$
2	$[12, \ldots, 20]$	$N(0,1)$	$N(0,1)$
2	$[21, \ldots, 32]$	$N(1,1.5)$	$N(3,3)$
2	$[33, \ldots, 40]$	$N(0,1)$	$N(0,1)$
2	$[41, \ldots, 60]$	$N(1.5,1.5)$	$N(2,1.5)$
3	$[1, \ldots, 11]$	$N(0,1)$	$N(0,1)$
3	$[12, \ldots, 20]$	$N(1.5,1.5)$	$N(3,1.5)$
3	$[21, \ldots, 32]$	$N(0.5,1)$	$N(0.5,1)$
3	$[33, \ldots, 40]$	$N(0,1)$	$N(0.5,1)$
3	$[41, \ldots, 60]$	$N(0.5,1)$	$N(0.5,1)$
4	$[1, \ldots, 60]$	$N(0,1)$	$N(0,1)$

Tabelle 2.2: Definition des Benchmarkdatensatzes, Normalverteilung N(Mittelwert, Standardabweichung). Die verwendeten Mittelwerte und Standardabweichungen wurden frei gewählt.

Die Daten der Zeitreihen 2 und 3 sind mit Hilfe einer Transformationsmatrix

$$D = \begin{pmatrix} \cos(\alpha) & -\sin(\alpha) \\ \sin(\alpha) & \cos(\alpha) \end{pmatrix} \qquad (2.1)$$

für jedes Datentupel $n \in \{1, \ldots, N\}$ und jeden Abtastpunkt $k \in \{1, \ldots, K\}$ transformiert worden:

$$\tilde{z}_{[2,3],n}[k] = D \cdot z_{[2,3],n}[k], \qquad (2.2)$$

wobei

$$z_{[2,3],n}[k] = \begin{pmatrix} z_{2,n}[k] \\ z_{3,n}[k] \end{pmatrix} \qquad (2.3)$$

und $z_{l,n}[k]$ den Wert der l. Zeitreihe des n. Datentupels zum Abtastpunkt k bezeichnet. Durch die gewählte Transformation wird eine stärkere Überlappung der Datentupel in den Zeitreihen erreicht.

Anschließend wird auf die Daten ein IIR-Filter angewendet, vor allem um die Übergänge zwischen den Bereichen zu glätten:

$$\tilde{z}_{l,n}[k] = \theta \cdot \tilde{z}_{l,n}[k-1] + (1 - \theta) \cdot z_{l,n}[k], \qquad (2.4)$$

Für die Generierung wurde $\alpha = 24°$ und $\theta = 0.7$ gewählt. Die Werte sind frei gewählt, gewährleisten aber, dass die Daten nicht zu viel und nicht zu wenig überlappen bzw. gefiltert sind. Die Mittelwerte und Standardabweichungen der generierten Daten sind in Abbildung 2.1 dargestellt.

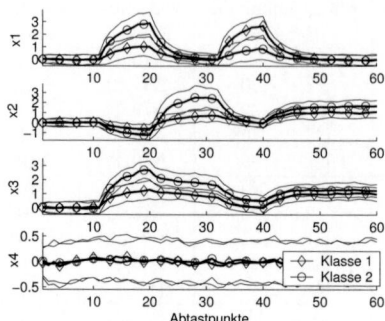

Abbildung 2.1: Mittelwert- und Standardabweichungen der Zeitreihen der Lerndatentupel des Typ 1 Benchmarkdatensatzes

Das beschriebene Vorgehen generiert einzelne Versuche für den Lern- und den Testdatensatz. Für den Lerndatensatz ist die gewählte Form zwingend notwendig, da die Klassenzugehörigkeiten der einzelnen Datentupel bekannt sein müssen. Die Daten sind so gespeichert, dass während des Versuchs ein Triggerereignis auftritt (bei $k = 12$). Dieses Triggerereignis trennt allerdings informationslose Bereiche der Zeitreihen von informationstragenden Bereichen. Es findet während eines Versuchs kein Klassenwechsel statt[2]. Die Verwendung der Triggerereignisse soll eine Online-Klassifikation simulieren, bei der von einer optimalen Triggererkennung ausgegangen wird. Dadurch werden der Ansatz der zeitvarianten Klassifikatoren und das Konzept der Triggerereignisse besser verdeutlicht.

Der Testdatensatz wird ebenfalls in einen Datensatz mit Zeitreihen vom Typ 2 umgewandelt, um die Effekte einer fehlerbehafteten Triggererkennung zu zeigen. Dafür wird

- eine neue Zeitreihe erstellt, bei der die einzelnen Versuche zeitlich aufeinander folgen, so dass ein neuer Datensatz mit neuer Anzahl Datentupeln $\tilde{N} = 1$ und neuer Anzahl Abtastpunkte $\tilde{K} > N_{Test} \cdot K$ entsteht;

- zwischen den einzelnen Versuchen eine zufällige Anzahl Abtastpunkten eingefügt, um eine Pause bei der Aufnahme der Versuche zu simulieren, wobei die Anzahl an eingefügten Abtastpunkten im Bereich zwischen $[10, \ldots, 100]$ liegt.

Für die Erstellung der neuen Zeitreihe werden zunächst die Anzahl einzufügender Abtastpunkte für die einzelnen Versuche bestimmt, um die Länge der neuen Zeitreihe zu erhalten. Die neue Zeitreihe wird mit einem Gaußschen Rauschen initialisiert (Mittelwert 0). Die Standardabweichung wird variiert, um die Qualität der Triggererkennung bei unterschiedlichem Grundrauschen vergleichen zu können. Das Grundrauschen wird mit einem Hochpassfilter gefiltert, um Variationen im Gleichanteil zu reduzieren. Die Änderung der Parameter des Hochpassfilters ist eine zusätzliche Möglichkeit, Einfluss auf die Qualität bei der Erkennung der Triggerereignisse zu nehmen. In der vorliegenden Arbeit wurden der Frequenzparameter

---

[2]Theoretisch kann auch ein erweitertes Klassifikationsproblem betrachtet werden, in dem eine Klasse einer Art „Relax-Zustand" entspricht. Dann findet ein Klassenwechsel statt und die Zeitreihe ist vom Typ 2

und die Ordnung des Hochpassfilters allerdings konstant gelassen (bei etwa 0.4-mal der Abtastrate und Filter 5. Ordnung) um den Datensatz einfach zu halten. Wird der Hochpassfilter so eingestellt, dass der Gleichanteil stark variieren kann, wird die Triggererkennung deutlich schwieriger. Eine zu starke Filterung nimmt die Varianzen im Signal zu stark heraus, so dass das Signal zu einfach zu analysieren ist. Zu definierten Zeitpunkten, die sich durch die realen Triggerereignisse, die Länge der einzelnen Versuche und die Anzahl einzufügender Abtastpunkte zwischen zwei Versuchen ergeben, wird das Rauschen additiv mit den Versuchen überlagert.

Für den fertigen Datensatz vom Typ 2 gilt $\tilde{K} = 22046$[3]. Die Parameter des Datensatzes sind in Tabelle 2.3 enthalten.

Beschreibung	Bezeichner	Wert
Anzahl Klassen	C	2
maximale relative Zeit seit Triggerereignis	κ_{max}	49
Anzahl Trigger	E	200
Anzahl Datentupel	N	1

Tabelle 2.3: Parameter des künstlichen Benchmarkdatensatzes vom Typ 2.

Es liegt nur ein einzelnes Datentupel mit einer langen kontinuierlichen Aufnahme vor (siehe Abbildung 2.2(a)). Die zeitvarianten Klassifikatoren können durch eine Triggererkennung auf die kontinuierliche Zeitreihe angewendet werden. Die Abbildung 2.2(b) enthält die Daten eines einzelnen Versuchs. Die durchgezogene Linie kennzeichnet den Beginn des Versuchs, die gepunktete Linie den Beginn des informationstragenden Bereichs. In der Abbildung 2.2 ist die vorhandene Zeitvarianz nicht zu erkennen, da die in der vorliegenden Arbeit behandelte Zeitvarianz nicht die Änderung der Mittelwerte und Standardabweichungen behandelt, sondern die für die Klassifikation nötigen Parameter (siehe auch Abschnitte 1.1 und 2.3.1). Für die Darstellung der Zeitvarianzen folgt im weiteren Verlauf eine eigene Abbildung.

Um die Klassifikatoren mit einer Rückweisungsoption zeigen zu können, wird auf eine Überlappung der Daten geachtet, so dass nicht durchgehend eine eindeutige Entscheidung zu treffen ist. Außerdem werden zehn Datentupel zusätzlich zu den $N_{Test} = 200$ Datentupeln als Ausreißer eingefügt. Beim Einfügen der Ausreißer wird wie folgt vorgegangen:

- Zehn Datentupel aus dem Testdatensatz werden zufällig ausgewählt

- jeweils zwei Datentupel werden in der folgenden Form bearbeitet und als neue Datentupel dem Testdatensatz hinzugefügt:

  - Spiegelung um den Nullpunkt $z_{l,n}[k] = -z_{l,n}[k]$
  - Drehung der Zeitachse $z_{l,n}[k] = z_{l,n}[K - k + 1]$
  - Addition eines Skalars $z_{l,n}[k] = z_{l,n}[k] + 2$
  - Subtraktion eines Skalars $z_{l,n}[k] = z_{l,n}[k] - 2$
  - Ersetzen der Zeitreihen $1, 2, 3$ durch die Zeitreihe 4.

---

[3]Der Wert für $\tilde{K}$ ergibt sich durch die zufällig eingefügten Pausen zwischen den einzelnen Versuchen und der Längen der einzelnen Versuche

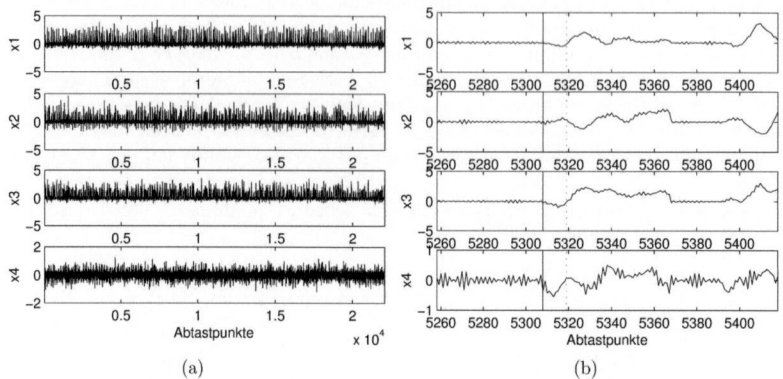

(a)   (b)

Abbildung 2.2: (a) zusammengefügter Datensatz vom Typ 2 der Datentupel des Testdatensatzes, (b) Ausschnitt eines einzelnen Versuchs aus der zusammengefügten Zeitreihe. Durchgezogene Linie: Triggerereignis, gepunktete Linie: Beginn des informationstragenden Bereichs.

Der um die Ausreißer erweiterte Datensatz kommt zunächst nur in Abschnitt 2.5.3 zum Einsatz. Für die Vorstellung der zeitvarianten Klassifikatoren wird der Datensatz ohne eingefügte Ausreißer verwendet.

Insgesamt ergeben sich also drei Datensätze (siehe Tabelle 2.4):

Bezeichner	Beschreibung
Bench A	Datensatz vom Typ 1 mit $K = 60$ und $N = 400$
Bench B	Datensatz vom Typ 2 mit $K = 22046$ und $N = 1$
Bench C	entspricht Bench A, allerdings wurden zehn Ausreißer eingefügt: $K = 60$ und $N = 410$

Tabelle 2.4: Übersicht über die künstlichen Benchmarkdatensätze

2.3   Modifizierte Verfahren für die zeitvarianten Klassifikatoren

2.3.1   Beschreibung und Formalisierung zeitvarianter Änderungen

In Abschnitt 1.1 wurde bereits auf die zeitvarianten Änderungen von Zeitreihen eingegangen. In diesem Abschnitt erfolgt eine Vertiefung, um die Vorgehensweise der folgenden Methoden besser nachvollziehen zu können.

Als zeitvariante Änderungen in den Zeitreihen sind in erster Linie die Änderung des Informationsgehalts und der für die Klassifikation der Zeitreihen nötigen Parameter der Klassifikatoren (z.B. Mittelwert) zu nennen. Beides ist in Abbildung 2.3 deutlich zu erkennen. Die Abbildung 2.3(a) stellt die gemittelten Zeitreihen des Benchmarkdatensatzes dar. Die erste Zeitreihe „ZR1" zeigt einen Wechsel der Klassenmittelwerte. Im zweiten Abschnitt der Zeitreihe wird die Klasse 2 durch einen Anstieg der Amplitude beschrieben, während die erste Klasse keinen solchen Anstieg erfährt. Im vierten Abschnitt dreht sich die Definition der Klassen um. Eine Änderung des Informationsgehalts ist in den Zeitreihen „ZR1" bis „ZR3" zu beobachten. Mit Informationsgehalt ist zunächst die Fähigkeit zur Trennung von Klassen gemeint. Eine detailliertere Beschreibung und Formalisierung findet sich in Abschnitt 2.4. „ZR1" enthält keine Information in den Abschnitten drei und fünf. Die zweite Zeitreihe „ZR2" enthält keine oder kaum Informationen in den Abschnitten zwei und vier. Die dritte Zeitreihe enthält kaum Informationen in den Abschnitten vier und fünf[4].

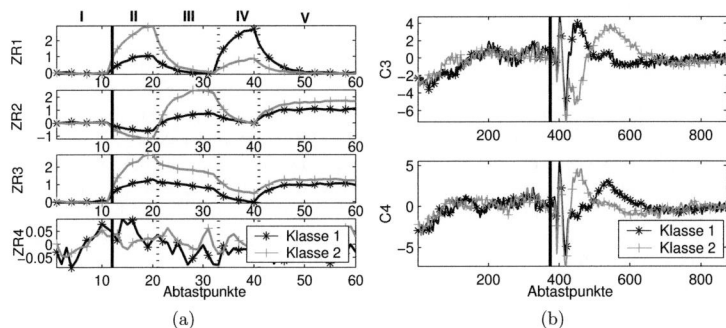

Abbildung 2.3: Zeitvariante Änderungen in einer Zeitreihe (a) Mittelwertszeitreihen des Lerndatensatzes des künstlichen Benchmarkdatensatzes, römische Ziffern: Abschnitte, (b) Gemittelte Hirnsignale der Lerndatentupel aus einem EEG-Datensatz. Schwarze senkrechte Striche geben jeweils das Triggerereignis an, die gepunkteten Linien im künstlichen Benchmarkdatensatz die Wechsel zwischen den verschiedenen Abschnitten

Dass der entworfene Benchmarkdatensatz realistisch ist, zeigt die Abbildung 2.3(b). Die Zeitreihen stellen die gemittelten Hirnsignale eines Probanden über mehrere Versuche dar. Die Aufgabe des Probanden war es, sich zwei verschiedene Bewegungen vorzustellen. Im oberen Teil der Abbildung ist der Kanal C3, im unteren der Kanal C4 eingezeichnet (siehe 10/20-System, [152]). Die eigentlichen Versuche starten erst ab der schwarzen senkrechten Linie in der Abbildung. Dementsprechend sind vor diesem Zeitpunkt keinerlei Informationen in den Zeitreihen enthalten, die etwas zur Lösung des Klassifikationsproblems beitragen können. Ab dem Zeitpunkt ändern sich die Klassenmittelwerte der einzelnen Zeitreihen, so dass eine Unterscheidung der beiden Klassen ermöglicht wird. Zwei Tatsachen fallen jedoch auch hier sofort auf.

---

[4]Auch hier gilt entsprechend Abschnitt 2.2, dass die in den Zeitreihen enthaltenen Informationen nichts zur Lösung des vorliegenden Klassifikationsproblems beitragen können und die Zeitreihen daher als „informationslos" bezeichnet werden.

- Die Klassenmittelwerte ändern sich bereits nach kurzer Zeit. Der Mittelwert der Klasse 1 in der Zeitreihe C3 fällt stark ab, der Mittelwert der Klasse 2 nimmt die Position des Mittelwerts der Klasse 1 ein. Ein Klassifikator, der mit einem einheitlichen Klassenmittelwert für die komplette Zeitreihe agiert, kann die Unterschiede zwischen den Abtastpunkten 450 und 550 nicht erkennen und erzeugt einen sehr großen Fehler, wie später in Kapitel 4 zu sehen ist.

- Die gezeigten Zeitreihen enthalten nur in einem sehr kurzen Zeitabschnitt für die Trennung der Klassen relevante Informationen. Bereits nach ca. 200 Abtastpunkten nach dem Triggerereignis sind in den Zeitreihen keine für das vorliegende Klassifikationsproblem relevanten Informationen mehr enthalten.

Folgende Formalisierungen werden bei der Beschreibung des Ansatzes, der mit dem beschriebenen Problem umgehen kann, verwendet:

Als Eingangsgrößen des Klassifikators liegen vektorielle Zeitreihen $\mathbf{z}[k]$ mit Elementen $z_l[k], l = 1, \ldots, L$ und Abtastpunkten $k = 1, \ldots, K$ vor. In der Entwurfsphase können die Zeitreihen in Versuche gleicher Länge geteilt werden, während in der Anwendungsphase je nach Problemstellung kontinuierliche Zeitreihen vorliegen. Ein Beispiel ist das Lernen der Steuerung einer Prothese. Zunächst werden in definierten Zeitabschnitten Muster generiert. Die gelernten Muster sollen während der Anwendungsphase in kontinuierlichen Zeitreihen erkannt werden. Abbildung 2.4 stellt eine solche Situation dar. Für die kontinuierlichen Zeitreihen der Lerndaten sind die Abtastpunkte einzelner Versuche bekannt (Abbildung 2.4(a)), da sie zum Zeitpunkt der Aufzeichnung der Signale bestimmt wurden. Die Zeitreihen können also in Abschnitte gleicher Länge eingeteilt werden (Abbildung 2.4(b)), um die einzelnen Klassen abtastpunktweise zu charakterisieren.

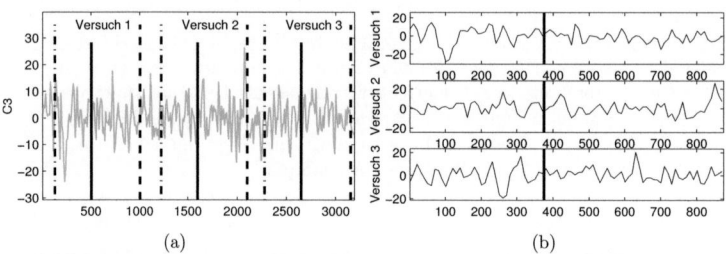

(a)   (b)

Abbildung 2.4: Ausschnitt eines realen EEG-Signals. (a) Kontinuierliche Zeitreihe mit eingezeichneten Start- (strichpunktiert) und Endpunkten (gestrichelt), sowie dem Beginn relevanter Hirnaktivität eines Versuchs (durchgezogene Linie). Die Zeitpunkte sind während der Aufzeichnung der Signale bestimmt worden. (b) In einzelne Versuche geteiltes Signal

Damit die Klassifikatoren auch während der Anwendungsphase auf Änderungen in den Zeitreihen reagieren können, muss ein Bezug zu den in den Lerndaten erkannten Änderungen hergestellt werden. Dafür eignet sich das Konzept der Triggerereignisse.

Die Triggerereignisse kennzeichnen Änderungen in Zeitreihen (z.B. bezüglich Informationsgehalt). Die Ereignisse sind vollständig, nur teilweise oder sogar gar nicht bekannt. Im oberen Teil der Abbildung 2.5 ist die gleiche Zeitreihe abgebildet wie in Abbildung 2.4(a). Die durchgezogene Linie innerhalb der einzelnen Versuche kennzeichnet die Triggerereignisse, den Beginn relevanter Hirnaktivität. Da die Länge eines Versuchs bekannt ist, kann eine neue Zeit $\kappa[k]$ relativ zum Triggerereignis definiert werden.

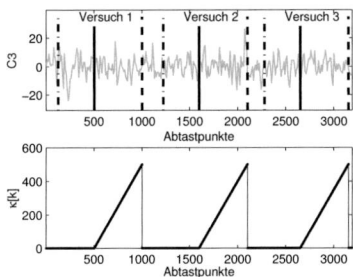

Abbildung 2.5: Oben: originale Zeitreihe des Kanals C3 mit eingezeichneten Start- und Endpunkten eines Versuchs sowie bekannte Triggerereignisse. Unten: Darstellung der Zeit relativ zu einem Triggerereignis

Die Abtastpunkte erkannter oder bekannter Triggerereignisse werden mit τ_e bezeichnet. $\mathcal{E}$ beschreibt die geordnete Menge der Triggerereignisse: $\mathcal{E} = \{\tau_1, \ldots, \tau_E\}, \tau_e < \tau_{e+1}$. κ zählt die Zeit seit dem letzten Triggerereignis:

$$\kappa[k] = \begin{cases} k - \tau_e + 1 & \text{für } k - \tau_e \leq \kappa_{max} \\ 0 & \text{sonst,} \end{cases} \tag{2.5}$$

und ist durch eine maximale Zeit κ_{max} begrenzt (optional zusätzlich durch das folgende Triggerereignis, d.h. $\tau_e \leq k < \tau_{e+1}$). Abbildung 2.5 zeigt den Verlauf von $\kappa[k]$ für die im oberen Teil der Abbildung dargestellten Zeitreihen. Die relative Zeit zu einem Triggerereignis ist zunächst Null und steigt zu Beginn eines Triggerereignisses an. Da das Maximum der relativen Zeit beschränkt ist, fällt die relative Zeit bei Überschreiten des Maximums wieder auf Null und behält den Wert bis zum nächsten Triggerereignis.

Mit Hilfe dieses Vorgehens kann das zeitvariante Verhalten der Zeitreihen während eines Versuchs bestimmt und den Klassifikatoren bekannt gemacht werden. Die gelernten zeitvarianten Änderungen können in der Anwendungsphase zum Einsatz kommen, wenn die Triggerereignisse bekannt sind oder hinreichend gut geschätzt werden können.

Auch bei den Brain Machine Interfaces sind Systeme, die implizit Triggerereignisse erkennen, ein aktuelles Forschungsgebiet [187, 202, 203, 231, 262, 289]. Bei BMIs werden *synchrone* und *asynchrone* Systeme unterschieden. Bei synchronen Systemen sind die Triggerereignisse a-priori bekannt, bei asynchronen Systemen müssen sie aus dem laufenden Signal extrahiert werden [187].

2.3.2 Neuartige Kategorisierung des Ablaufs der Klassifikation

Dieser Abschnitt formalisiert den Ablauf bei der Klassifikation von Zeitreihen. Aus der Formalisierung werden Kategorien für Klassifikatoren abgeleitet.

Das gegebene Klassifikationsproblem enthält Klassen $c = 1, \ldots, C$. Das Klassifikationssystem lässt sich als Zustandsautomat mit folgenden Zuständen beschreiben (siehe Abbildung 2.6):

- OFF (Aus)
- ON (Ein)
- $IDLE$ (Bereitschaft, Leerlauf)
- $CLASS$ (Klassifizieren)

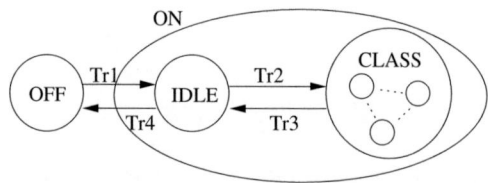

Abbildung 2.6: Zustandsübergänge in einem Klassifikationssystem. Der Zustand $CLASS$ kapselt einen weiteren Automaten, der das Klassifikationsproblem beschreibt [38].

Bild 2.7 skizziert den zeitlichen Ablauf der Übergänge: Das Einschalten (Zustand $OFF \rightarrow ON$) geschieht durch ein Triggersignal (Tr1). Das System befindet sich zunächst im Leerlauf (Zustand $IDLE$), Signale des Nutzers werden nicht für die Generierung von Aktionen verwendet. Ein weiteres Triggersignal (Tr2) schaltet den Klassifikator ein (Zustand $CLASS$), der dann äquidistant abgetastete Zeitreihen $z_l[k]$ auswertet und sich für eine Klasse $\hat{y} = c, c \in \{1, \ldots, C\}$ entscheidet. Ein erneutes Triggersignal (Tr3) bewirkt die Rückkehr in den Leerlauf. Das Ausschalten des Systems geschieht über das Triggersignal Tr4 (Zustand $IDLE \rightarrow OFF$).

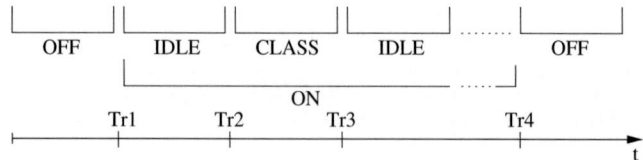

Abbildung 2.7: Zeitlicher Ablauf der Zustandsübergänge in einem Klassifikationssystem [38]

Der in [241] beschriebene Zustandsautomat ist ein Sonderfall des hier beschriebenen Zustandsautomaten. In [241] entsprechen die Klassen des Klassifikationsproblems jeweils einem Zustand, zusätzlich wird ein neutraler Zustand eingeführt. Das Klassifikationssystem klassifiziert die eingehenden Signale und schaltet je nach Entscheidung aus dem neutralen Zustand in den der Klasse zugehörigen Zustand. Das Ein- und Ausschalten des Systems ist nicht vorgesehen. In dem hier beschriebenen Automaten wird erst in einen Zustand umgeschaltet, der die Klassifikation erlaubt und die Signalauswertung startet ($IDLE \rightarrow CLASS$). Das zu lösende Klassifikationsproblem wird als untergeordneter Zustandsautomat innerhalb des Zustands $CLASS$ beschrieben. Die Zustände ON und OFF für das Ein- und Ausschalten vervollständigen die Beschreibung des Klassifikationssystems.

Für die Kategorisierung werden nun verschiedene Unterscheidungsmerkmale beschrieben.

Triggersignale: Für die Triggersignale Tr2 und Tr3 existieren zwei Systemklassen, die Bezeichner werden in Anlehnung an die Brain Machine Interfaces verwendet [187] (siehe Abbildung 2.8):

- Ein *synchrones* System generiert Tr2, Tr3 selbstständig durch Vorgabe der Zeitabschnitte, in denen der Benutzer Kontrolle ausüben kann (z.B. virtuelles Keyboard mit Tr2: Einblenden eines neuen Buchstabenblocks, Tr3: definierte Zeit für eine Entscheidung).

- Bei einem *asynchronen* System generiert der Benutzer die Triggersignale (Beispiel: Beginn und Ende eines beabsichtigten Griffartenwechsels bei einer Prothese).

Beispiel 1: Das Prinzip wird am Beispiel einer Anwendung für ein Brain Machine Interface verdeutlicht, dem „virtuellen Keyboard" (siehe auch Abschnitt 1.2.3). Das Klassifikationssystem eines virtuellen Keyboards arbeitet synchron, generiert den Trigger Tr2 also selbstständig. In der Regel wird die Unterscheidung von zwei Buchstabenblöcken als Zwei-Klassen-Problem gelöst: Zunächst ist das Klassifikationssystem ausgeschaltet (OFF). Nach dem Einschalten (ON) sind keine Buchstabenblöcke auf dem Bildschirm vorhanden, der Benutzer kann keine Entscheidung treffen ($IDLE$). Sobald ein Buchstabenblock angezeigt wird (Tr2), schaltet das Klassifikationssystem in den Zustand $CLASS$. In diesem Zustand wird die Eingabe des Nutzers für die Klassifikation verwendet und einer der Buchstabenblöcke gewählt. Nach einer bestimmten Zeit schaltet das Klassifikationssystem zurück in den Leerlauf (Tr3).

Die Triggersignale werden also durch Schalter oder die Generierung bestimmter Muster im Biosignal erzeugt. Im ersten Fall ist die Erkennung des Triggers trivial. Für den zweiten Fall muss das Muster im Biosignal willkürlich erzeugbar und reproduzierbar sein. Weiterhin muss ein Klassifikator das Muster gut erkennen können und eine unwillkürliche Erzeugung nahezu ausgeschlossen sein[5]. Die Schwierigkeit bei der Generierung solche Muster ist abhängig vom verwendeten Signal. Bei der Verwendung von Muskeln ist die Generierung relativ einfach, da die Muskeln nur sehr spezielle Aufgaben erfüllen müssen. Die Verwendung von Hirnsignalen hingegen macht die Generierung und Erkennung deutlich komplexer, da sehr viele verschiedene Zustände des Hirns erkannt und unterschieden werden müssen [188].

Eine Übersicht zum Umschalten von $IDLE$ in $CLASS$ findet sich in [187], Vorversuche für das Umschalten von $ON \leftrightarrow OFF$ in [125]. Es findet sich allerdings keine praktische Verwendung des Ein- und Ausschaltens über Biosignale in der Literatur.

Formal bedeutet die Unterscheidung zwischen synchron und asynchron, dass Klassenänderungen zu Zeitpunkten k_{trig} mit

$$y[k_{\text{trig}} - 1] \neq y[k_{\text{trig}}] \tag{2.6}$$

---

[5]Wenn das Triggersignal anderen Mustern im Biosignal zu ähnlich ist, kann die Triggererkennung nicht zwischen dem Trigger und den anderen Mustern (z.B. einer Armbewegung) unterscheiden. Beim Erzeugen der anderen Muster wird von der Triggerdetektion ein Trigger erkannt und somit „unwillkürlich" ausgelöst.

auftreten, wobei $y[k]$ die Klassenzugehörigkeit zum Abtastpunkt k bezeichnet. Im synchronen Fall sind die Zeitpunkte k_{trig} bekannt, asynchrone Klassifikationssysteme schätzen die Zeitpunkte: $k_{\mathrm{trig}} \approx \hat{k}_{\mathrm{trig}}$. Probleme ohne zeitabhängige Klassenänderung werden hier nicht betrachtet.

Klassifikationsaufgabe: Bei asynchroner Klassifikation kann das Erkennen des Triggers bereits der Klassifikationsentscheidung entsprechen (Abbildung 2.8(a)). In [210] wird beispielsweise nur das Auftreten eines Weiterschaltsignals für eine neue Griffart erkannt. Das zu lösende Problem liegt hier also in der Erkennung des Triggers. Das Klassifikationsproblem ist trivial, da es nur eine Klasse enthält.

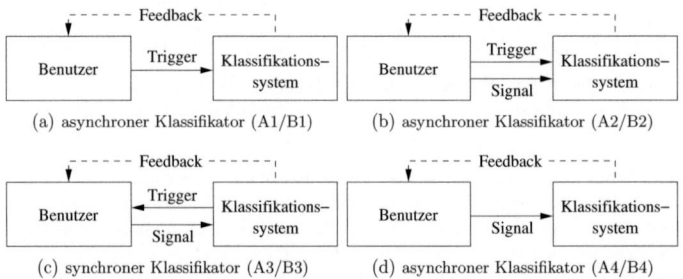

(a) asynchroner Klassifikator (A1/B1)   (b) asynchroner Klassifikator (A2/B2)

(c) synchroner Klassifikator (A3/B3)   (d) asynchroner Klassifikator (A4/B4)

Abbildung 2.8: Synchrone und asynchrone Klassifikatoren mit verschiedenen Klassifikationsaufgaben gemäß Tabelle 2.5

Im Klassifikationssystem aus Abbildung 2.8(b) wird der Trigger asynchron vom Benutzer ausgelöst. Ein Klassifikator erkennt den Trigger und ein weiterer Klassifikator behandelt das eigentliche Klassifikationsproblem.

Das Klassifikationssystem in Abbildung 2.8(c) ist für die Anwendung im vorgestellten Beispiel des virtuellen Keyboards geeignet. Das Triggersignal wird vom System vorgegeben und dem Benutzer bekannt gemacht. Das vom Benutzer generierte Signal wird nur während der vom System vorgegebenen Phase analysiert.

Im Gegensatz dazu arbeitet das Klassifikationssystem in Abbildung 2.8(d) ohne Triggersignal. Das Klassifikationssystem löst entweder zu jedem Zeitpunkt das Problem mit Klassen $c \in \{1, \ldots, C\}$. Eine alternative Realisierung betrachtet den Zustand *IDLE* als zusätzliche Klasse und unterscheidet die IDLE-Klasse von den problemspezifischen Klassen: $c \in \{1, \ldots, C + 1\}$. Am Beispiel der Steuerung einer Handprothese wirkt sich der Unterschied zwischen den Systemen aus den Abbildungen 2.8(b) und 2.8(d) wie folgt aus: Im ersten Fall wird zunächst überprüft, ob ein Wunsch besteht, die Prothese zu nutzen. Erst wenn ein solcher Wunsch festgestellt wird, wird das Kommando klassifiziert. Im zweiten Fall wird zu jeder Zeit das Kommando klassifiziert. Die Steuersignale dürfen dafür nicht unwillkürlich auftreten, um eine unbeabsichtigte Bedienung der Prothese zu verhindern.

Für synchrone Klassifikatoren gibt es nur einen einzigen Fall. Wird das Signal durchgehend klassifiziert, ist die Bedingung für ein synchrones Klassifikationssystem verletzt, da das System kein Triggersignal generiert. Der Fall fällt also für die Betrachtung weg. Entspricht die

Klassifikations- aufgabe	zeitlicher Ablauf für die geschätzte Klasse $\hat{y}(t)$	
	zeitkontinuierlich (A)	zeitaggregiert (B)
asynchron (1) nur Trigger	EEG-Freehand [230]	
asynchron (2) Trigger & Klassen	BMI virtuelles Keyboard (3 Kl.) [21, 243] EMG-Prothese Herberts [104]	EMG-Prothese Reischl [244]
synchron (3) nur Klassen	BMI virtuelles Keyboard (2 Kl.) [245]	BMI-System mit Erkennung am Ende eines Signals [150]
asynchron (4) nur Klassen	ungetriggertes BMI für virtuelles Keyboard [245, 262, 289]	

Tabelle 2.5: Kategorisierung von Mensch-Maschine-Schnittstellen mit Biosignalen

Triggererkennung bereits dem Klassifikationsproblem, liegt ein triviales Problem vor, denn die Triggerereignisse sind dem System bekannt. Auch dieser Fall muss also nicht betrachtet werden. Es verbleibt lediglich der Fall aus Abbildung 2.8(c).

Klassifikationsprobleme vom Typ 1 sind per se synchron, da abgeschlossene Versuche behandelt werden. Vom Benutzer wird eine vollständige Zeitreihe an das Klassifikationssystem übergeben, das diese Zeitreihe verarbeitet und je nach System eine Rückmeldung an den Benutzer übermittelt (Abbildung 2.9).

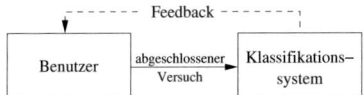

Abbildung 2.9: Klassifikator für Typ 1, Klassifikationsaufgabe gemäß Tabelle 2.5: synchron, nur Klassen

Zeitlicher Ablauf: Bei Verwendung mehrerer Abtastpunkte für eine Klassifikationsentscheidung $\hat{y}[k]$ findet eine *zeitaggregierte* Entscheidung statt. Wird für jeden Abtastpunkt eine Entscheidung getroffen, handelt es sich um eine *zeitkontinuierliche* Klassifikation. Die zeitkontinuierliche Klassifikation ist ein Sonderfall der zeitaggregierten Klassifikation mit Fensterbreite 1.

Die Unterscheidungsmerkmale werden in zwei Kategorien zusammengefasst, „Klassifikationsaufgabe" (synchron/asynchron und Erkennung von Trigger und/oder Klasse) sowie „zeitlicher Ablauf" (zeitkontinuierlich/zeitaggregiert). Tabelle 2.5 gibt eine Übersicht über die möglichen Varianten inklusive einiger Beispiele.

Triggererkennung Die Triggerereignisse sind ein wesentliches Konzept im Entwurf der zeitvarianten Klassifikatoren. Sind die Triggerereignisse nicht bekannt, müssen sie erkannt werden. Dabei gibt es zwei Möglichkeiten:

• Die Triggerereignisse werden direkt aus dem Signal erkannt oder

• die Trigger werden durch bestimmte Muster im Signal repräsentiert.

Die Schwierigkeit bei der Erkennung von Triggerereignissen hängt stark von den Signalen ab, in denen die Triggerereignisse erkannt werden müssen. Sind die Signale von Quellen aufgezeichnet, die einen bestimmten Zweck erfüllen, wie z.b. Muskelkontraktion, ist die Detektion meist mit einfachen Schwellwertverfahren möglich. Andere Quellen (wie z.b. das Gehirn), in denen durchgehende Reize zu messen sind und bei denen die Signale nicht durch spezielle Muster vereinfacht wurden (z.b. durch externe Reize, die die Signale im Nerven erhöhen), erschweren die Triggererkennung sehr.

Exemplarisch wird an dieser Stelle ein Verfahren zur Triggererkennung im Benchmarkdatensatz *Bench B* vorgestellt. Im Benchmarkdatensatz sind keine zusätzlichen Trigger eingefügt worden, sondern die Versuche werden direkt aus dem Signal heraus erkannt.

Beispiel 2: Anhand der Abbildung 2.1 ist zu sehen, dass eine solche Erkennung lediglich mit Hilfe der Zeitreihen 1 und 3 möglich ist. Die Zeitreihen 2 und 4 enthalten zu Beginn eines Versuchs nur Rauschen. Sie setzen sich also vom eingefügten Grundrauschen nicht ab. Im künstlichen Datensatz *Bench B* enthalten die Signale einen Mittelwert, der sich deutlich vom Grundrauschen abhebt. Durch ein Schwellwertverfahren sind die einzelnen Versuche daher zu erkennen. Für den künstlichen Benchmarkdatensatz *Bench B* wird für die Triggererkennung gemäß dem Pseudocode in Abbildung 2.10 vorgegangen.

```
 1   Lege schwellwert_s und schwellwert_zr fest;
     Initialisiere aktueller_abtastpunkt;
     // Enthält geschätzte Triggerereignisse;
 4   Initialisiere trigger_dach als leere Liste;
     do {
         Bestimme gleitendes Fenster (FIR);
 7       m = Mittelwert der Zeitreihen im gleitenden Fenster;
         // Bei wie vielen Zeitreihen wurde der Schwellwert überschritten
         if ( (Anzahl Zeitreihen mit m > schwellwert_s) > schwellwert_zr )
         {
10           // Ein Triggerereignis wurde gefunden. Speichern und Abtastpunkte
             // überspringen
             Füge aktueller_abtastpunkt zu Liste trigger_dach zu;
13           aktueller_abtastpunkt = aktueller_abtastpunkt + Länge Versuch;
         }
         else
16           aktueller_abtastpunkt++;
     } while(Zeitreihe nicht zu Ende)
```

Abbildung 2.10: Pseudocode zur Triggererkennung im künstlichen Benchmarkdatensatz *Bench B*

Die Zeitreihen werden mit Hilfe eines gleitenden Fensters durchlaufen (Zeile 6) und mit Hilfe einfacher Schwellwertverfahren nach Triggerereignissen gesucht. Dabei werden zwei Schwellwerte verwendet, einer für die Amplitude der Zeitreihe (schwellwert_s) und ein Schwellwert, der die Anzahl an Zeitreihen bestimmt, für die der Schwellwert der Amplitude überschritten sein muss (schwellwert_zr). Sind beide Schwellen überschritten (Zeile 8), wurde ein Triggerereignis gefunden. Das Ereignis wird in die Liste eingefügt (Zeile 12) und die Triggererkennung für die Dauer des erkannten Versuchs ausgesetzt (Zeile 13).

Die erkannten Triggerereignisse entsprechen dem Beginn des zweiten Bereichs des Versuchs. Der erste Bereich ist aus dem Signal nicht zu erkennen. Er ist aus dem erkannten Triggerereignis allerdings leicht zu errechnen. Es gilt $\tilde{\tau}_{e,1.Bereich} = \tilde{\tau}_e - 12$, $\forall\,\tilde{\tau}_e \in$ trigger_dach.

In Abbildung 2.11 ist ein Ausschnitt aus dem Signal des künstlichen Benchmarkdatensatzes abgebildet. Die mit dem erläuterten Verfahren erkannten Triggerereignisse sind mit verschiedenen Symbolen markiert. Kreise stehen für korrekt erkannte Triggerereignisse, das Quadrat für ein falsch erkanntes Triggerereignis („falsch positiv", ein Triggerereignis, das im realen Signal nicht vorhanden ist) und die Raute für ein nicht erkanntes Triggerereignis („falsch negativ").

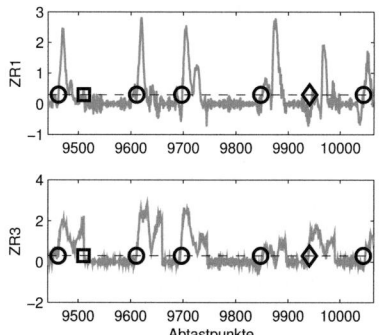

Abbildung 2.11: Triggererkennung im künstlichen Benchmarkdatensatz *Bench B*. Korrekt erkannte Triggerereignisse: Kreise, falsch erkanntes Triggerereignis: Quadrat, nicht erkanntes Triggerereignis: Raute, gestrichelte Linie: Schwellwert schwellwert_s

Beim Quadrat (etwa Abtastpunkt 9510) wird der Schwellwert für eine Fensterbreite (2 Abtastpunkte) überschritten. Dadurch ergibt sich das falsch erkannte Triggerereignis. Die folgenden Triggerereignisse werden zunächst korrekt erkannt. Bei Abtastpunkt 9950 folgt ein Versuch, bei dem das Signal nicht sofort ansteigt. Solche Versuche sind im Rauschen des laufenden Signals nur schwer zu erkennen und die Erkennung schlägt fehl. Zwar steigt das Signal im weiteren Verlauf an, ein Abstand von mehr als 14 Abtastpunkten zum realen Triggerereignis wird allerdings als nicht erkanntes Triggerereignis bewertet. Insgesamt werden mit der Parametrierung schwellwert_s = 0.3, schwellwert_zr = 2, Fensterbreite: zwei Abtastpunkte, drei Triggerereignisse falsch erkannt und fünf Triggerereignisse nicht erkannt.

Durch die kleineren Mittelwerte besteht bei Datentupeln der Klasse 1 relativ leicht die Gefahr, dass sie im Rauschen untergehen. Vier Datentupel liegen in den Testdaten dermaßen ungünstig, dass die Schwelle so niedrig angesetzt werden muss, dass sehr viele falsch positive Erkennungen die Folge sind. Durch eine Vorverarbeitung kann zwar die Erkennungsrate dieser Datentupel verbessert werden, die Verbesserungen werden aber stets durch Nachteile an anderer Stelle ausgeglichen. Durch eine Änderung des Grundrauschens im Signal kann die Erkennung erschwert werden. Für die Triggererkennung ist dann eine Optimierung der Parameter nötig, was aber nicht Gegenstand der Arbeit ist.

Die hier gezeigte Triggererkennung stellt lediglich ein einfaches Beispiel dar. Andere Quellen, wie z.b. das Gehirn erfordern komplexere Extraktionsverfahren, um geeignete Signale für die Triggererkennung zu erhalten. Diese sind aber nicht Gegenstand der Arbeit.

2.3.3 Formalisierung neuer und erweiterter abstrakter zeitvarianter Klassifikatoren

In diesem Abschnitt werden verschiedene neue abstrakte Klassifikatoren vorgeschlagen, die für die Anwendungsfälle des vorigen Abschnitts angewendet werden können, siehe auch [38–40].

Die Klassifikation geschieht mittels einer Abbildung

$$\hat{y} = \Phi(\mathbf{A}, \mathbf{p}; \mathbf{x}). \tag{2.7}$$

Die einzelnen Eingaben der Abbildung nehmen Bezug auf die in Abschnitt 1.2.2 eingeführten Teilaufgaben der Klassifikation. Der Vektor $\mathbf{x}$ beschreibt das Ergebnis der Merkmalsextraktion (Dimension $s_x \times 1$), $\mathbf{A}$ bezeichnet eine Matrix der Dimension $l_d \times s_x$ für die kombinierte Merkmalsauswahl und -aggregation mit

$$\boldsymbol{\xi} = \mathbf{A} \cdot \mathbf{x}. \tag{2.8}$$

In der Matrix $\mathbf{A}$ enthalten nur die Spalten ausgewählter Merkmale von Null verschiedene Elemente, $\boldsymbol{\xi}$ entspricht dem Vektor, der nur die ausgewählten Merkmale enthält (Dimension $l_d \times 1$).

Die Entscheidungsfunktion benötigt Parameter, die während des Entwurfs des Klassifikators bestimmt werden. Diese sind im Parametervektor $\mathbf{p}$ enthalten, z.B. geschätzte Kovarianzmatrizen und Mittelwerte einzelner Klassen für einen Bayes-Klassifikator. Das verwendete Verfahren zur Entscheidungsfindung wird im Weiteren als „internes Klassifikationsverfahren" der Zeitreihenklassifikatoren bezeichnet.

Die Abbildung 2.12 enthält ein Schema für den Entwurf und die Anwendung der verschiedenen Klassifikatoren.

Die Klassifikatoren unterscheiden sich insbesondere in der Bestimmung der Parameter der Matrix $\mathbf{A}$ und des Vektors $\mathbf{p}$. Je nach Klassifikator werden die Parameter entweder für jeden einzelnen Abtastpunkt oder nur für einen bestimmten Abtastpunkt bestimmt. Die unterschiedlichen Klassifikatoren und ihre Abkürzungen sind in Tabelle 2.6 zusammengefasst und in Abbildung 2.13 grafisch dargestellt. Im Folgenden werden die einzelnen Klassifikatoren nun kurz erläutert:

	Entwurf $\mathbf{A}$	Entwurf $\mathbf{p}$	Anwendung
K1	k_{best}	k_{best}	k
K2	k_{best}	$\tau_e + k_c$	$\tau_e + k_c$
K3	k_{best}	k	k
K4	k	k	k
K5	quasi-statisch	quasi-statisch	k

Tabelle 2.6: Übersicht über verschiedene Klassifikatoren: k zu jedem Abtastpunkt, k_{best} zu einem bestimmten Abtastpunkt, τ_e e. Triggerereignis, k_c Anzahl Abtastpunkte, die von K2 zusammengefasst werden.

K1: Der Klassifikator K1 klassifiziert unabhängig von Triggersignalen:

$$\hat{\mathbf{y}}_{K1}[k] = \Phi(\mathbf{A}, \mathbf{p}; \mathbf{x}[k]). \tag{2.9}$$

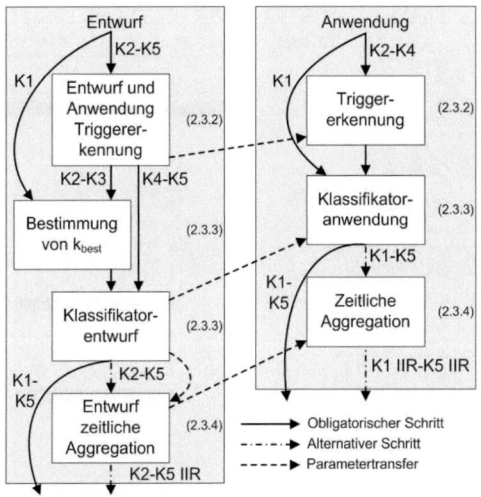

Abbildung 2.12: Schema des Ablaufs der Klassifikation für die verschiedenen zeitvarianten Klassifikatoren. In Klammern sind die Abschnitte dieser Arbeit angegeben, in denen auf das Thema eingegangen wird.

Die Merkmalsauswahl und -aggregation sowie die Parameter des Klassifikators sind statisch, somit ist die Erkennung eines Triggerereignisses nicht nötig. Die Frage nach dem Zeitpunkt des Entwurfs des Klassifikators ist allerdings zu lösen.

Der Klassifikator K1 führt den kompletten Entwurf zu einem bestimmten Zeitpunkt durch. Sowohl die Auswahl der Merkmale als auch die Parameter für die Aggregation und den Klassifikator werden zu ein und demselben Abtastpunkt bestimmt. Theoretisch ist es möglich, Datentupel mehrerer Abtastpunkte zu fusionieren, um eine breitere Datenbasis für die Ermittlung der Parameter zu erhalten. Da das Vorgehen optional ist, werden die entsprechenden Symbole in der Abbildung 2.13 in Grau dargestellt, der eine mindestens nötige Abtastpunkt ist mit schwarzen Symbolen gekennzeichnet. Während der Anwendungsphase ist der K1 der einzige Klassifikator, der nicht ausschließlich innerhalb des Zustands *CLASS* eine Entscheidung trifft. Da die Parameter nur zu einem einzigen Abtastpunkt bestimmt wurden, liegt für die Anwendungsphase nur ein einzelner Klassifikator vor. In Abbildung 2.12 ist für den K1 kein Entwurf der zeitlichen Aggregation eingezeichnet. Das liegt daran, dass der K1 keine Triggererkennung durchführt und somit lediglich konstante Parameter für die Aggregation verwenden kann. Dementsprechend ist die Möglichkeit zur zeitlichen Aggregation in der Anwendungsphase vorhanden, ein Entwurf ist allerdings nicht nötig.

K2: Der Klassifikator K2 fasst die Merkmale über mehrere Abtastpunkte $k_c \leq \kappa_{max}$ zusammen und lernt zu einer definierten Zeit k_c nach einem Triggerereignis an. Die Abbildung des Klassifikators ist somit zusätzlich abhängig von der Anzahl aggregierter Abtast-

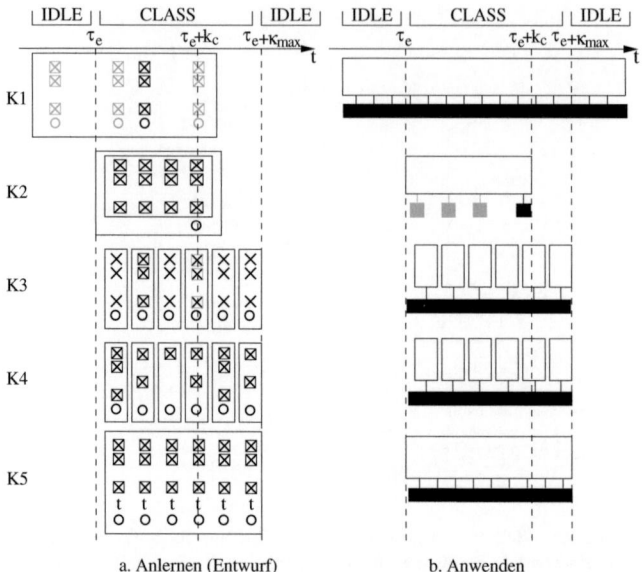

a. Anlernen (Entwurf)   b. Anwenden

Abbildung 2.13: Zeitlicher Ablauf der Merkmalsauswahl, des Anlernens und der Klassifikation, ⊠: Merkmale nehmen am Entwurf der Merkmalsauswahl teil, ×: ausgewählte Merkmale, ○: Klassenlabel für den Entwurf, t: Zeit seit Triggersignal als Merkmal, □: Zusammengefasstes Merkmal (nur Anlernen bei K2) bzw. Klassifikatoren (Anlernen und Anwenden), ■: Klassifikation, Linien: Verbindung Klassifikator → Klassifikation, grau: optionale Vorgänge

punkte k_c und stellt ein Beispiel für einen zeitaggregierten Klassifikator dar. Der K2 gibt nur zu einem Zeitpunkt nach jedem Triggerereignis ein gültiges Klassifikationsergebnis aus:

$$\hat{\mathbf{y}}_{K2}[\tau_e + k_c] = \Phi_{k_c}\big(\mathbf{A}_{k_c}, \mathbf{p}_{k_c}; (\mathbf{x}[\tau_e]; \ldots; \mathbf{x}[\tau_e + k_c])\big). \tag{2.10}$$

Der K2 wählt zunächst Merkmale zu einem bestimmten Abtastpunkt aus und fusioniert die Merkmale über der Zeit. Lediglich zu einem einzigen Zeitpunkt werden dann die Parameter des Klassifikators bestimmt. In der Abbildung 2.13 wird der Zeitpunkt durch den kleinen Kreis (○) symbolisiert. Die Fusion der Merkmale wird durch den zusätzlichen Rahmen um die ausgewählten Merkmale dargestellt. Die Merkmale können z.B. durch Bildung der Summe aller betrachteten Abtastpunkte fusioniert werden und der fusionierte Wert für den Klassifikator als Merkmal verwendet werden. Der K2 erzeugt sein Ergebnis nur zum Zeitpunkt $k_c + \tau_e$ und damit automatisch innerhalb des Zustands *CLASS*. Allerdings kann je nach Struktur des Klassifikators die Ausgabe von Zwischenergebnissen ermöglicht werden (gekennzeichnet durch graue ausgefüllte Quadrate in Abbildung 2.13b.), nicht aber außerhalb des Zustands *CLASS*. Eine zeitliche

Aggregation der Entscheidungen dieses Klassifikators ist nur mit der Möglichkeit d) aus Abbildung 1.2 möglich.

K3: Der Klassifikator K3 arbeitet mit einer zeitinvarianten Merkmalsauswahl und Merkmalsaggregation, aber zeitabhängigen Parametern für die Entscheidung:

$$\hat{\mathbf{y}}_{K3}[k] = \Phi\big(\mathbf{A}, \mathbf{p}(\kappa[k]); \mathbf{x}[k]\big). \tag{2.11}$$

Somit reagiert er zwar auf Änderungen der Repräsentation einer Klasse in einer Zeitreihe, nicht aber auf einen Wechsel zwischen relevanten Zeitreihen. Wichtig ist, dass die Parameter nicht in Abhängigkeit von k zu verwenden sind, sondern in Abhängigkeit von $\kappa[k]$. Nur so kann auf die in den Lerndaten enthaltenen zeitvarianten Informationen zugegriffen werden.

In der Anwendungsphase hat der K3 Abtastpunkt eigene Informationen und verwenden diese in Abhängigkeit von der relativen Zeit seit dem letzten Triggerereignis. Er bestimmt zu einem Zeitpunkt (optional zu mehreren über fusionierte Datentupel mehrerer Abtastpunkte) die Merkmale, mit denen der Klassifikator arbeiten soll. Der Zeitpunkt ist in der Abbildung 2.13 durch das Kreuz im schwarzen Quadrat gekennzeichnet (ein optionaler weiterer Abtastpunkt ist durch das graue Quadrat mit einem schwarzen Kreuz gekenntzeichnet). Bei den weiteren Abtastpunkten werden diese Merkmale zwar für den Entwurf des Klassifikators verwendet, die Auswahl der Merkmale erfolgt allerdings nur zu dem einen Zeitpunkt. Die Abtastpunkte des Entwurfs des Klassifikators sind durch die Kreise symbolisiert, die verwendeten Merkmale durch die Kreuze. Durch die Auswahl der Zeitreihen zu einem einzigen Abtastpunkt sind die gewählten Zeitreihen je nach Verhalten nur für den Abtastpunkt repräsentativ, zu dem die Merkmalsauswahl stattgefunden hat.

K4: Der Klassifikator K4 bestimmt sowohl die Parameter für die Merkmalsauswahl und Merkmalsaggregation als auch für die Klassifikation in Abhängigkeit von der Zeit:

$$\hat{\mathbf{y}}_{K4}[k] = \Phi\big(\mathbf{A}(\kappa[k]), \mathbf{p}(\kappa[k]); \mathbf{x}[k]\big). \tag{2.12}$$

Zumindest über Lerndaten liefert er deshalb zu jedem Abtastpunkt den optimalen Klassifikator. Sowohl die mögliche Änderung der Repräsentation einer Klasse in der Zeitreihe als auch der veränderte Informationsgehalt einer Zeitreihe können durch den K4 geeignet verarbeitet werden.

Beim K4 wird für jeden Abtastpunkt eine eigene Merkmalsauswahl durchgeführt. Die Bestimmung der Parameter des Klassifikators wird dann jeweils mit den für diesen Abtastpunkt ausgewählten Merkmalen durchgeführt. Die Anwendungsphase stimmt mit dem K3 überein, allerdings sind in der Regel mehr Merkmale zu extrahieren. Die gleiche Anwendungsphase ist in Abbildung 2.13b. zu sehen.

K5: Der zeitinvariante Klassifikator K5 verwendet die Information der Zeit seit dem Triggersignal als $(L+1)$. Merkmal, wobei L die Anzahl Zeitreihen im Datensatz gekennzeichnet:

$$\hat{\mathbf{y}}_{K5}[k] = \Phi\big(\mathbf{A}, \mathbf{p}; (\mathbf{x}[k]; \kappa[k])\big). \tag{2.13}$$

Das zusätzliche Merkmal wird in Abbildung 2.13 durch das „t" dargestellt. Er arbeitet in der Entwurfsphase nicht auf den Zeitreihen, sondern betrachtet alle Abtastpunkte als separate Beispiele (Lerndatensatz mit $N \cdot \kappa_{max}$ Datentupeln). Um einen zu großen

Lerndatensatz zu vermeiden, kann auch eine niedriger abgetastete Zeitreihe (z.B. nur jeder fünfte Abtastpunkt) verwendet werden. Die Parameter selbst sind zeitinvariant.

Beim K5 wird ebenfalls wie beim K1 und K3 zu jedem Zeitpunkt die gleiche Merkmalsauswahl verwendet. Die Entwurfsphase ist beim K5 allerdings nicht mit den anderen Klassifikatoren zu vergleichen. Die Lerndaten werden so verändert, dass jeder Abtastpunkt ein eigenes Datentupel wird. Der Bezug zur Zeit wird dadurch hergestellt, dass die Zeit seit dem letzten Triggerereignis immer als Merkmal an den Klassifikator übergeben wird. Dieses zusätzliche Merkmal kann während der Merkmalsauswahl nicht entfernt werden. In der Anwendungsphase liegt nur ein einzelner Klassifikator vor. Die zeitliche Information wird aber, genau wie während des Entwurfs, als zusätzliches Merkmal übergeben.

Ein Klassifikator mit zeitvariantem $\mathbf{A}$, aber statischem $\mathbf{p}$ (also $\Phi(\mathbf{A}(\kappa[k]), \mathbf{p}, \mathbf{x}[k])$) ist nicht sinnvoll. Eine variable Merkmalsauswahl muss auch zwingend eine variable Parameterbestimmung zur Folge haben.

Durch die zeitabhängigen Parametrierungen bei K3 und K4 entstehen Multi-Klassifikator-Systeme, während bei K1, K2 und K5 einfache Klassifikatoren entworfen werden. Je nach relativem Zeitpunkt werden die entsprechenden Klassifikatoren (hier: die Parametrierungen der Klassifikatoren) ausgewählt.

Zum Entwurf der Merkmalsauswahl und -aggregation für einen bestimmten Zeitpunkt bei K1, K2 und K3 bietet sich die Verwendung des „besten" Zeitpunktes k_{best} an.

Bestimmung des besten Entwurfszeitpunktes   Die Klassifikatoren K1-K3 und K5 verwenden einen einheitlichen Merkmalssatz für alle Abtastpunkte.

In der vorliegenden Arbeit liefert die maximale Merkmalsrelevanz über der Zeit sowohl den Merkmalssatz als auch den Abtastpunkt zum Anlernen (k_{best}), wobei $Q_{\mathcal{I}_{\text{ZR}}}[k]$ die Merkmalsrelevanz der Merkmale in der Indexmenge $\mathcal{I}_{\text{ZR}}$ zum Zeitpunkt k beschreibt (siehe auch Abschnitt 2.4):

$$k_{\text{best}} = \underset{k}{\operatorname{argmax}}\, Q_{\mathcal{I}_{\text{ZR}}}[k]. \tag{2.14}$$

$$\mathcal{I}_{\text{best}} = \underset{\mathcal{I}_{\text{ZR}}}{\operatorname{argmax}}\, Q_{\mathcal{I}_{\text{ZR}}}[k]. \tag{2.15}$$

Das Ergebnis sind sowohl der Abtastpunkt k_{best}, zu dem die Auswahl der Merkmale stattgefunden hat, als auch die ausgewählten Merkmale, die in der Indexmenge $\mathcal{I}_{\text{best}}$ enthalten sind. Nachteil ist, dass die Merkmale u.U. nur in einem kleinen Bereich um den gewählten Abtastpunkt gute Klassifikationsgüten ermöglichen. Je mehr sich die Signale mit der Zeit ändern, desto schlechter wird das Klassifikationsergebnis. Um das Problem zu behandeln, können die Daten unterschiedlicher Abtastpunkte fusioniert werden und über diese Daten angelernt werden. Das Anlernen über mehrere Abtastpunkte eines Merkmalssatzes kann den Durchschnitt des Klassifikationsfehlers verbessern, führt aber eventuell zu einer Reduktion der maximalen Klassifikationsgüte. Da das Verfahren bei der Anwendung eines einzelnen Abtastpunktes zu mindest für einen Zeitpunkt eine gute Klassifikationsgüte garantiert, wird es in der vorliegenden Arbeit verwendet.

Weitere Möglichkeiten sind denkbar, wie z.B. den Mittelwert der Merkmalsrelevanz über der Zeit zu betrachten. Minimale Werte werden betrachtet, da nicht zwingend augenblicklich nach einem Triggerereignis Informationen in den Zeitreihen enthalten sind. Die weiteren Möglichkeiten werden in der vorliegenden Arbeit ebenfalls nicht betrachtet.

Das folgende Beispiel zeigt die Anwendung der Klassifikatoren auf den künstlichen Benchmarkdatensatz:

Beispiel 3: Zunächst werden die Ergebnisse der zeitvarianten Klassifikatoren bei einer optimalen Triggererkennung ausgewertet[6]. Dies entspricht dem Entwurf und der Anwendung auf dem Datensatz *Bench A*. Die Fehler der Klassifikatoren sind in Abbildung 2.14 dargestellt. Für die Klassifikation wird ein Bayes-Klassifikator als interner Klassifikator verwendet, die Auswahl von zwei Merkmalen wird mit einer multivariaten Varianzanalyse durchgeführt.

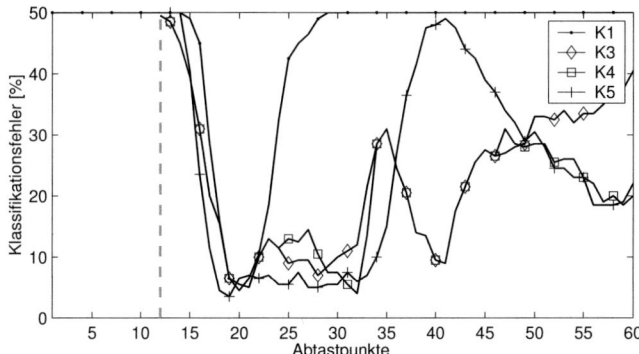

Abbildung 2.14: Ergebnis über Testdaten der zeitvarianten, Klassifikatoren auf dem Benchmarkdatensatz *Bench A*. Der K2 ist ein zeitaggregierter Klassifikator und daher im nächsten Beispiel enthalten.

Der K1, der die kurzfristigen zeitvarianten Änderungen in den Zeitreihen nicht berücksichtigt und verarbeitet, erzielt zu einem Zeitpunkt ein gutes Klassifikationsergebnis. Kurze Zeit nach dem Abtastpunkt, zu dem der Klassifikator entworfen wurde, sinkt die Klassifikationsgüte auf einen Wert, der einer zufälligen Entscheidung entspricht. Die restlichen Klassifikatoren können das Ergebnis des K1 im weiteren Verlauf der Zeitreihe deutlich überbieten. Der K3, der lediglich die Änderungen der Parameter berücksichtigt, nicht aber die Unterschiede im Informationsgehalt der Zeitreihen über der Zeit, erzielt am Ende der Zeitreihen ein schlechteres Ergebnis als z.B. der K4. Die unterschiedlich gestaltete Integration der Zeit in den K5 liefert nicht so gute Ergebnisse wie die Integration beim K3 und K4. Der vierte Abschnitt wird vom K5 nicht korrekt klassifiziert, während der K3 und der K4 gute Klassifikationsergebnisse erzielen. Die Ursache liegt in der nicht ausreichenden Auflösung der Zeit im transformierten Datensatz des K5.

Die unterschiedlichen Fähigkeiten im Umgang mit den Zeitvarianzen äußern sich sehr deutlich im Mittelwert des Klassifikationsfehlers, siehe auch Tabelle 2.7. Die Tabelle gibt den minimalen und mittleren Klassifikationsfehler an. Für die Klassifikatoren K3, K4 und K5 wurde der mittlere Klassifikationsfehler erst ab dem Triggerereignis berechnet. Weitere Informationen sind der Abtastpunkt mit der minimalen Klassifikationsgüte (k_{opt}) und dem Abtastpunkt, zu dem der Klassifikationsfehler „erträglich" ist (k_{ok}, hier: Abtastpunkt mit einem Klassifikationsfehler kleiner oder gleich 5%). Für k_{ok} und k_{opt} gilt

$$k_{ok} \leq k_{opt}. \tag{2.16}$$

Gleichheit wird nur in speziellen Fällen erreicht, wie in dem hier vorliegenden Benchmarkdatensatz

---

[6]Da der K2 ein zeitaggregierter Klassifikator ist, wird er erst im folgenden Abschnitt behandelt.

Bench A für die Klassifikatoren K1 und K3. Das Unterschreiten der Schwelle für den „erträglichen" Klassifikationsfehler muss mit dem Erreichen des minimalen Klassifikationsfehlers zusammenfallen.

Klassifikator	Minimaler	Mittlerer	Abtastpunkt	
	Klassifikationsfehler [%]		k_{opt}	k_{ok}
K1	4.5	43.9	20	20
K3	5	23.1	21	21
K4	4	20.5	32	21
K5	3.5	23.5	19	18

Tabelle 2.7: Ergebnis der zeitvarianten Klassifikatoren auf dem Benchmark-datensatz *Bench A*. Minimaler und mittlerer Klassifikationsfehler, Abtast-punkt des besten Klassifikationsfehlers (k_{opt}) und erster Abtastpunkt mit einem Klassifikationsfehler kleiner oder gleich 5% (k_{ok}).

Der folgende Abschnitt beschreibt kurz das Vorgehen für die Bestimmung des besten Abtastpunktes und diskutiert mögliche Alternativen.

2.3.4 Modifizierte Parameter zur zeitlichen Aggregation der Entscheidungen

Da Abtastpunkte einer Zeitreihe in der Regel nicht voneinander unabhängig sind, sondern miteinander korreliert sind [204], ist anzunehmen, dass die zeitaggregierten Klassifikatoren robuster sind und bessere Klassifikationsgüten erzielen. Der K2 ist ein solcher zeitaggregierter Klassifikator. Die restlichen Klassifikatoren sind zwar nicht per se zeitaggregiert, können aber zu zeitaggregierten Klassifikatoren umgewandelt werden.

Der K2 stellt die in Abschnitt 1.2.2 erwähnte fehlende Methodik bei der Aggregation der Klassifikationsentscheidung dar. Der K2 erzeugt nur eine einzelne Entscheidung, die Aggregation findet bereits in einem vorhergehenden Schritt bei der Generierung der für die Klassifikation verwendeten Merkmale statt. In der vorliegenden Arbeit wird der K2 als Abstandsklassifikator implementiert:

$$\hat{y}[\tau_e + k_c] = \operatorname*{argmin}_{c} \left(\sum_{k_s=1}^{k_c} (z[k_s + \tau_e] - \overline{z_c}[k_s])^2 \right). \tag{2.17}$$

$\overline{z_c}[k]$) ist der Mittelwert des aggregierten Merkmals zum Zeitpunkt $\kappa[k]$ für die Klasse c. Insofern kann K2 als K3 mit einer zeitlichen Aggregation über der Distanz interpretiert werden. Deshalb ergibt sich eine geschlossene Form für beliebige k_c, die das Produzieren und Ausgeben von Zwischenergebnissen ermöglicht. In der vorliegenden Arbeit wird der K2 jeweils nur auf einer einzigen aggregierten Zeitreihe angewendet. Für mehrdimensionale Räume muss das Quadrat entsprechend angepasst werden zu $((\mathbf{z}-\boldsymbol{\mu})^T(\mathbf{z}-\boldsymbol{\mu}))$, wobei $\boldsymbol{\mu}$ den Erwartungswert symbolisiert.

Für die weiteren Klassifikatoren muss zum einen natürlich berücksichtigt werden, dass bereits durch die Merkmalsextraktion vergangene Abtastpunkte Einfluss nehmen können, z.B. bei der Filterung einer Zeitreihe. Dies führt bereits zu einer bestimmten Aggregation, die implizit vorgenommen wird. Zum anderen gibt es eine andere Alternative als die direkte

Aggregation von Merkmalen über der Zeit, die z.T. Informationsverlust zur Folge hat: die Aggregation von Entscheidungen über der Zeit (siehe Ausführungen in Abschnitt 1.2.2).

Dafür müssen statt scharfer Klassen $\hat{y} = \Phi(\cdot ; \cdot)$ unscharfe Zugehörigkeiten $\hat{\boldsymbol{\mu}}_y = \Phi_\mu(\cdot ; \cdot)$ bestimmt werden, mit

$$\hat{\boldsymbol{\mu}}_y = \begin{pmatrix} \hat{\mu}_1 & \cdots & \hat{\mu}_C \end{pmatrix}^T, \quad \hat{\mu}_c \geq 0, \quad \sum_{c=1}^{C} \hat{\mu}_c = 1. \tag{2.18}$$

Eine scharfe Entscheidung entsteht dann durch $\hat{y}[k] = \mathrm{argmax}_c \, \hat{\mu}_c[k]$.

Im vorliegenden Fall bietet sich für die Fusion der Entscheidungen bei allen Klassifikatoren außer K2 ein unter Umständen zeitvarianter IIR-Filter an:

$$\hat{\boldsymbol{\mu}}_{y,Fusion}[k] = \theta[k] \cdot \hat{\boldsymbol{\mu}}_{y,Fusion}[k-1] + (1 - \theta[k]) \cdot \hat{\boldsymbol{\mu}}_y[k]. \tag{2.19}$$

Die finale Entscheidung erfolgt dann mit $\hat{y}[k] = \mathrm{argmax}_c \, \hat{\mu}_{c,Fusion}[k]$. Ein konstanter Filter-Parameter $0 \leq \theta \leq 1$ erfordert einen Kompromiss zwischen Klassifikationsgüte und Geschwindigkeit des Klassifikators. Ein zunehmendes θ verbessert die Ergebnisse, ist aber langsamer, da vergangene Entscheidungen erst vergessen werden müssen. Konstante Filter-Parameter entsprechen linearen Filtern, bei denen vergangene Abtastpunkte geringer gewichtet werden als aktuelle. Für eine gleiche Gewichtung aller Abtastpunkte ist ein zeitvarianter Filter-Parameter nötig:

$$\theta[k] = 1 - \frac{1}{\kappa[k]}, \text{ für } \kappa[k] > 0 \tag{2.20}$$

In der vorliegenden Arbeit wird die Verwendung eines zeitabhängigen Parameters vorgeschlagen, der einen guten Kompromiss aus Klassifikationsgüte und Geschwindigkeit darstellt. Die Verwendung des Klassifikationsfehlers über Lerndaten $F_L(\kappa[k])$ zum Zeitpunkt $\kappa[k]$ nach einem bekannten Triggerereignis ermöglicht eine zeitvariante Berechnung von θ [38, 39]:

$$\theta[k] = 1 - \frac{a(\kappa[k])}{\sum\limits_{i=\tau_e}^{k} a(\kappa[i])} \text{ mit} \tag{2.21}$$

$$a(\kappa[k]) = \max\left(0, 1 - \frac{F_L(\kappa[k])}{F_{\text{zufall}}}\right) \tag{2.22}$$

F_{zufall} beschreibt den Klassifikationsfehler, der bei einer zufälligen Zuordnung der Datentupel zu den Klassen erzielt wird. Im Falle gleicher a-priori Wahrscheinlichkeiten für die Klassen des Datensatzes gilt $F_{\text{zufall}} = 1 - \frac{1}{C}$. Der vorgeschlagene zeitvariante Parameter bewirkt einen guten Kompromiss aus Klassifikationsgüte und Geschwindigkeit, weil er Zeitpunkte mit einer guten Klassifikationsgüte über Lerndaten stärker gewichtet. Das erhöht die Geschwindigkeit in sicheren Bereichen und friert die Ergebnisse in unsicheren Bereichen ein.

Beispiel 4: Die zeitliche Aggregation der Klassifikationsentscheidung erfolgt über die Filterparameter nach Gleichungen (2.19)-(2.22). Die Ergebnisse der Klassifikatoren auf dem Datensatz *Bench A* sind in Tabelle 2.8 zusammengefasst und in Abbildung 2.15 dargestellt (es wird wie im vorherigen Abschnitt ein Bayes-Klassifikator mit zwei über MANOVA ausgewählten Merkmalen verwendet).

Der Klassifikationsfehler der zeitaggregierten Klassifikatoren (K2, K3 IIR und K4 IIR)[7] fällt nach dem Beginn der Informationen weniger schnell ab als bei den nicht-zeitaggregierten Klassifikatoren.

---

[7]Der Einfachheit halber werden im Folgenden die zeitaggregierten Klassifikatoren, die den Klassifikationsfehler über Lerndaten verwenden, jeweils nur als K3 IIR, K4 IIR, usw. bezeichnet. Zeitaggregierte Klassifikatoren mit statischen Filterparametern werden z.B. als K4 IIR 0.9 bezeichnet

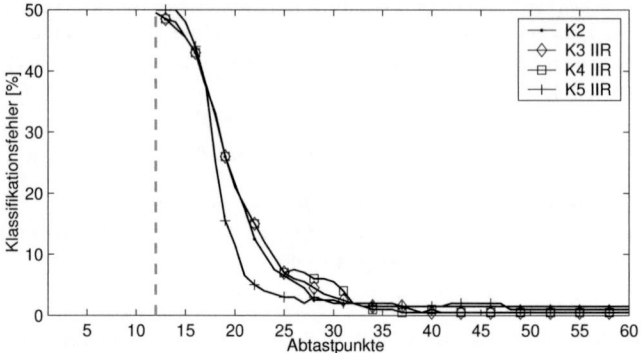

Abbildung 2.15: Ergebnis der zeitvarianten und zeitaggregierten Klassifikatoren auf dem Benchmarkdatensatz *Bench A*

Diese Verzögerung wurde bereits bei der Einführung der zeitaggregierten Klassifikatoren beschrieben. Die Zeitpunkte k_{opt} und k_{ok} liegen deutlich später als bei den nicht-zeitaggregierten Klassifikatoren. Auf der anderen Seite wird durch die Filterung der Fehler nicht nur nicht mehr schlechter, sondern verbessert sich gegenüber den anderen Klassifikatoren deutlich (siehe auch Ergebnisse in Tabelle 2.8 und Abbildung 2.15).

| Klassifikator | Minimaler | Mittlerer | Abtastpunkt | |
	Klassifikationsfehler [%]		k_{opt}	k_{ok}
K2	1.5	9.6	37	27
K3 IIR	0.5	9.4	39	28
K4 IIR	0.5	9.5	37	31
K5 IIR	1	8.4	48	22

Tabelle 2.8: Ergebnis der zeitvarianten und zeitaggregierten Klassifikatoren auf dem Benchmarkdatensatz *Bench A*. Minimaler und mittlerer Klassifikationsfehler, Abtastpunkt des besten Klassifikationsfehlers (k_{opt}) und erster Abtastpunkt mit einem Klassifikationsfehler kleiner oder gleich 5% (k_{ok}).

Während die nicht-zeitaggregierten Klassifikatoren einen minimalen Fehler von 3.5% erreichen, wird der Fehler durch die Aggregation auf bis zu 0.5% verbessert. Auch die mittleren Klassifikationsfehler zeigen eine deutliche Verbesserung der Klassifikatoren gegenüber den nicht-zeitaggregierten Klassifikatoren. Alle zeitaggregierten Klassifikatoren erreichen einen mittleren Klassifikationsfehler von unter 10%. Bei den nicht-zeitaggregierten Klassifikatoren lagen die mittleren Klassifikationsfehler alle oberhalb von 20%.

Um den Einfluss des Filterparameters θ zu demonstrieren, wird der K4 mit verschiedenen Parametern für die zeitliche Aggregation angewendet. Tabelle 2.9 enthält die Ergebnisse für die verschiedenen Parameter. Dabei kommen die Werte $0.1, 0.3, 0.5, 0.7, 0.9$ und 0.99 für konstante Filterparameter θ zum Einsatz. Ebenfalls in der Tabelle enthalten ist der Wert des bereits vorgestellten K4 IIR mit zeitlicher Aggregation über den Klassifikationsfehler und eines K4 mit IIR Filter, bei dem jeder Abtastpunkt die gleiche Gewichtung gemäß Gleichung (2.20) erhält (bezeichnet mit K4 IIR GG).

Klassifikator	Minimaler Klassifikationsfehler [%]	Mittlerer	Abtastpunkt k_{opt}	k_{ok}
K4 IIR 0.1	5.0	20.2	20	20
K4 IIR 0.3	4.5	19.6	21	21
K4 IIR 0.5	2.0	18.6	21	21
K4 IIR 0.7	2.5	16.5	26	22
K4 IIR 0.9	0.5	11.8	35	30
K4 IIR 0.99	34.5	41.6	58	keiner
K4 IIR	0.5	9.5	37	31
K4 IIR GG	0.5	10.0	37	31

Tabelle 2.9: Vergleich verschiedener Filterparameter für den K4. Minimaler und mittlerer Klassifikationsfehler, Abtastpunkt des besten Klassifikationsfehlers (k_{opt}) und erster Abtastpunkt mit einem Klassifikationsfehler kleiner oder gleich 5% (k_{ok}).

Der Klassifikator mit sehr kleinem Filterparameter $\theta = 0.1$ verhält sich nahezu wie ein Klassifikator ohne zeitliche Aggregation, da er sehr schnell auf Änderungen in der Entscheidung reagiert. Eine Verbesserung der Klassifikationsfehler stellt sich erst ab $\theta = 0.5$ ein. Eine zeitliche Verzögerung ist noch nicht erkennbar. Mit weiter steigendem Filterparameter verringert sich der Fehler auf 0.5% (bei $\theta = 0.9$), allerdings auch mit einer merklichen Verzögerung der Entscheidung um 15 Abtastpunkte. Der Klassifikator K4 IIR 0.99 ist ein Beispiel für einen Klassifikator mit zu langsamem Filter. Die Entscheidungen werden so stark gefiltert, dass im Vergleich zu nicht-zeitaggregierten Klassifikatoren deutlich schlechtere Ergebnisse erzielt werden. Im Gegensatz zu allen anderen Klassifikatoren wird nicht einmal der „erträgliche" Klassifikationsfehler in Höhe von 5% unterschritten, der Fehler bleibt bei über 34%.

Zwar ist die Verzögerung beim Klassifikator mit variablem Filterparameter stark ausgeprägt, der Klassifikator erzielt aber sowohl den besten minimalen als auch mittleren Klassifikationsfehler. Ähnlich gut ist die Filterung mit gleicher Gewichtung aller Abtastpunkte (K4 IIR GG). Die Filterung hat allerdings den Nachteil, für Abtastpunkte in einem Bereich mit wenigen Informationen das gleiche Gewicht zu verwenden wie in einem Bereich mit viel Informationen. Das Mittel der Wahl ist also die variable Filterung in Abhängigkeit vom Klassifikationsfehler über Lerndaten.

Bei Anwendung eines K4 IIR auf den Datensatz *Bench B* wird ein geringfügig schlechteres Ergebnis erzielt (1.5% statt 0.5%). Für den Vergleich wurde ein Typ 2 Datensatz mit einem Grundrauschen von $N(0, 0.3)$ verwendet. Die Triggererkennung erkennt beim Datensatz *Bench B* fünf Versuche nicht und zwei falsch[8].

Eine Ursache für das sehr gute Klassifikationsergebnis ist der geringe Abstand der geschätzten von den realen Triggern. Bei qualitativ schlecht zu erkennenden Triggerereignissen sind geeignete Verfahren zu entwickeln und einzusetzen, mit denen die Triggerereignisse hinreichend gut erkannt werden können und der Abstand zu den realen Triggerereignissen nicht zu groß wird. Die Betrachtung der Triggererkennung bei solchen Datensätzen und die Entwicklung geeigneter Verfahren ist allerdings nicht Gegenstand dieser Arbeit.

---

[8]Die nicht erkannten Triggerereignisse wurden in die Bewertung nicht einbezogen. Das Vorgehen ist konsistent mit der realen Online-Klassifikation. Ein nicht erkannter Versuch kann nicht klassifiziert werden und ist somit weder falsch noch richtig.

2.3.5 Anwendung auf Benchmarkdatensätze aus der Literatur

Im folgenden Beispiel wird die Anwendung des K4 IIR auf verschiedene Benchmarkdatensätze beschrieben. Die verwendeten Datensätze und einige ihrer Parameter sind in Tabelle 2.10 zusammengefasst. Eine kurze Beschreibung der Datensätze ist im Anhang enthalten (Abschnitt B.8-B.10).

Allgemein gilt, dass der Vergleich mit anderen Algorithmen etwas schwierig ist, da jeweils unterschiedliche Arten der Auswertung verwendet wurden. Einige teilen einen Datensatz in zwei Datensätze und verwenden einen als Lern-, den anderen als Testdatensatz. Andere wenden eine 5-fache Crossvalidierung an, manche eine 10-fache. Aber trotz der unterschiedlichen Auswertungen sind die Ergebnisse im Großen und Ganzen miteinander vergleichbar. Für die vorliegende Arbeit wurde, wenn keine Unterteilung in Lern- und Testdaten vorlag, eine 10x5-fache Crossvalidierung angewendet. Ansonsten wurde die Auswertung auf den Lern- und Testdaten durchgeführt.

Name	Anzahl Klassen C	Anzahl Datentupel N	Anzahl Lerndatentupel N_L	Anzahl Testdatentupel N_T	Anzahl Zeitreihen L	Anzahl Abtastpunkte K
CBF[9][257]	3	798	—	—	1	128
JVowels[10][156]	9	640	270	370	12	29
ECG[11][219]	2	200	—	—	2	90

Tabelle 2.10: Benchmarkdatensätze mit Zeitreihen. JVowels und ECG beinhalten Originaldaten mit unterschiedlich langen Zeitreihen. Die Längen der Zeitreihen wurden auf die maximale Länge der Zeitreihen vereinheitlicht.

Tabelle 2.11 enthält Ergebnisse, die für die verwendeten Benchmarkdatensätze in der Literatur zu finden ist. Außerdem wurden die Ergebnisse des K4 IIR Zeitreihenklassifikators aus der vorliegenden Arbeit eingetragen. Die Parameter der verwendeten Klassifikatoren werden im Anhang kurz erläutert (Kapitel B).

Name	[156]	[123]	[124]	[249]	[89]	[94]	K4 IIR
CBF		0.0%	0.0%	0.75%	0.38%	0.5%	0.38%
JVowels	3.8%			1.41%	4.05%		1.08
ECG					15.5%		10.6%

Tabelle 2.11: Ergebnisse über Benchmarkdatensätzen mit Zeitreihen

Wie anhand der Ergebnisse zu erkennen ist, erzielt der K4 IIR bei allen Datensätzen sehr gute Ergebnisse. Sowohl beim CBF- als auch beim JVowels-Datensatz weisen die zitierten Klassifikatoren bereits sehr geringe Fehlerquoten auf. Diese noch zu verbessern, ist nur schwer möglich, auch wenn es dem K4 IIR bei JVowels gelingt. Für den ECG-Datensatzes wird eine Verbesserung von immerhin 5%-Punkten erreicht. Durch die durchweg positiven Ergebnisse ist die grundsätzliche Funktionalität des Ansatzes nachgewiesen.

---

[9]Quelle:http://www.montefiore.ulg.ac.be/~geurts/thesis.html
[10]Quelle: [105]
[11]Quelle:http://www.cs.cmu.edu/~bobski/pubs/tr01108.html

2.3.6 Zusammenfassung

Die Tabellen 2.6 und 2.12 fassen noch einmal die beschriebenen Klassifikatoren zusammen und zeigen, für welche Anwendungskategorie die Klassifikatoren geeignet sind. B2 ähnelt B3 und wird daher nicht explizit betrachtet. Durch die zeitliche Fusion können die Klassifikatoren K3-K5 grundsätzlich auch für zeitaggregierte Entscheidungen verwenden werden.

	Anwendung für (siehe Abbildung 2.8)	Anzahl Merkmale	Anzahl Klassi-fikatoren	Anzahl Datentupel LDS
K1	A1/A4	L	1	N
K2	B3	$L \cdot k_c$	1	N
K3	A2/A3	L	K	N
K4	A2/A3	$L(k)$	K	N
K5	A2/A3	$L+1$	1	$N \cdot \kappa_{max}$

Tabelle 2.12: Zusammenhang zwischen vorgestellten Klassifikatoren und Anwendungskategorien (LDS: Lerndatensatz)

In Tabelle 2.13 ist eine Übersicht über die für die Anwendungen verwendeten zeitvarianten Klassifikatoren und ihre Eigenschaften enthalten. Dabei wurden zunächst die nicht-zeitaggregierten und anschließend die zeitaggregierten Klassifikatoren zusammengefasst.

Klassifikator	zeit-aggregiert	zeit-variant
K1	nein	nein
K3	nein	ja
K4	nein	ja
K5	nein	nein
K2 (DA, Bayes)	ja	ja
K3 IIR	ja	ja
K4 IIR	ja	ja

Tabelle 2.13: Übersicht über die verwendeten zeitvarianten Klassifikatoren und deren Eigenschaften.

Die vorgestellten zeitvarianten Klassifikatoren erzielen nicht zwingend deutlich bessere Ergebnisse als ein statischer Klassifikator. Der Vorteil der zeitvarianten Klassifikatoren ist abhängig von der Struktur des Merkmalssatzes. Nur wenn die Zeitreihen zeitvariante Eigenschaften besitzen, hat der K3 gegenüber dem K1 einen Vorteil. Des Weiteren hat der K4 gegenüber dem K1 und K3 nur dann einen Vorteil, wenn zusätzlich die informationstragenden Zeitreihen im Verlauf eines Versuchs wechseln. In bestimmten Anwendungsgebieten muss auch der Nachteil in Bezug auf den Rechenaufwand Erwähnung finden. Bei einer Anwendung der Klassifikatoren auf einem PC ist nicht mit Problemen zu rechnen, da die Rechenleistung und der verfügbare Speicher um ein Vielfaches höher sind als die beschriebenen Klassifikatoren benötigen. Bei der Anwendung der zeitvarianten Klassifikatoren auf einem Mikrocontroller können die erhöhten Rechen- und Speicheranforderungen allerdings zu Problemen führen. In

Anbetracht der stark gestiegenen Leistungsfähigkeit von PCs innerhalb kürzester Zeit ist allerdings abzusehen, dass auch Mikrocontroller die nötige Leistungsfähigkeit erlangen werden. Tabelle 2.14 enthält zusammengefasst eine Schätzung des Rechen- und Speicheraufwands der Klassifikatoren. Es handelt sich dabei nicht um gemessene Werte, sondern um eine Einschätzung anhand des Aufbaus der Klassifikatoren. In den Abschnitten 4.2.4 und 4.3.4 werden diese Schätzungen anhand realer Daten überprüft.

	Rechen-effizienz	Speicher-effizienz	Robustheit	Bemerkung
K1	+	+	−	Gut und schnell bei Problemen ohne zeitvariantes Verhalten
K2	o	−	o	Verbesserte Klassifikationsgüte durch Einbeziehung mehrerer Abtastpunkte
K3	+	−	o	Verbesserte Klassifikationsgüte bei zeitvarianten Klassenmittelwerten
K4	−	−	+	Verbesserte Klassifikationsgüte bei zeitvarianten Klassenmittelwerten und zeitvariantem Informationsgehalt der Zeitreihen
K5	+	+	+	Ähnlich dem K4

Tabelle 2.14: Übersicht über geschätzte Eigenschaften der zeitvarianten Klassifikatoren. Mit Robustheit ist die Robustheit gegenüber zeitvarianten Änderungen in den Zeitreihen gemeint. Der Rechenaufwand bezieht sich jeweils nur auf die Anwendungsphase der Klassifikatoren.

Die verschiedenen Klassifikatoren unterscheiden sich in der Anwendungsphase kaum in der benötigten Rechenzeit. Wird intern der gleiche Klassifikator verwendet (z.b. Bayes), so benötigen K1, K2, ..., K5 alle die gleiche Rechenzeit. Unterschiede gibt es allerdings in der Rechenzeit für die Extraktion der Zeitreihen und im benötigten Speicher. Der Rechenaufwand für die Merkmalsextraktion wirkt sich natürlich nur bei der Online-Klassifikation aus. Je nach Extraktion kann der Aufwand den der Klassifikatoren deutlich übersteigen.

Der K1 bestimmt nur einen einzelnen Parametersatz, benötigt also nur wenig Speicher. In O-Notation ergibt sich eine konstante Speicherkomplexität, also $O(1)$. Während der Anwendung wird lediglich ein einzelner Klassifikator angewendet, die Anzahl an zu extrahierenden Zeitreihen ist minimal. Der K2 benötigt, je nach Vorgehen bei der Aggregation, deutlich mehr Speicher. Bei einer Umsetzung als Abstandsklassifikator müssen die Klassenmittelwerte einer Vielzahl an Abtastpunkten gesichert werden, um die Berechnung in der Anwendungsphase zu ermöglichen. Allerdings ist die Anzahl an verwendeten Merkmalen eingeschränkt, so dass eine kürzere Rechenzeit als beim K4 zu erwarten ist und sich eine Speicherkomplexität von $O(k_c)$ ergibt.

Der K3 benötigt in der Anwendungsphase maximal so viel Rechenzeit wie der K1. Die Anzahl zu extrahierender Zeitreihen stimmt mit denen des K1 überein. Allerdings werden die Parameter des Klassifikators zeitabhängig bestimmt, so dass eine deutlich höhere Anforderung bezüglich des Speichers auftritt. Hier ergibt sich ein Speicherbedarf, der abhängig ist von der Anzahl an Abtastpunkten: $O(\kappa_{max})$. Ähnlich sieht es beim K4 aus, der allerdings zusätzlich zum vielen Speicher unter Umständen eine höhere Anzahl an Zeitreihen benötigt, um das Klassifikationsergebnis zu verbessern. Dadurch wird die benötigte Rechenzeit wegen der zusätzlichen Zeitreihen erhöht. Wie sehr sich die Berechnung der zusätzlichen Zeitreihen auf die Rechenzeit auswirkt, hängt stark vom Extraktionsverfahren ab. Einfache Verfahren wie gleitende Mittelwerte kommen mit wenigen Rechenschritten aus, komplexe Verfahren wie Butterworth-Filter benötigen deutlich mehr Zeit.

Der K5 wird ebenfalls als statischer Klassifikator angelegt und hat gegenüber dem K1 keine Nachteile in Bezug auf Rechenzeit und Speicherbedarf ($O(1)$). An dieser Stelle sei bereits darauf hingewiesen, dass sich die zunächst positiven Ergebnisse des K5 auf dem künstlichen Datensatz *Bench A* bei realen Anwendungen nicht bestätigen lassen. Die realen Datensätze sind deutlicher komplexer, so dass der Klassifikator nicht in der Lage ist, gute Ergebnisse zu generieren. Die Einschätzung der Robustheit des Klassifikators K5 ist demnach nicht auf komplizierte Anwendungen übertragbar.

Eine Verbesserung der Nachteile des K4 ist z.b. durch eine zusätzliche Vorverarbeitung der Zeitreihen möglich, beispielsweise durch eine Bestimmung ähnlicher Abtastpunkte, für die identische Parameter verwendet werden können [195].

Eine alternative Betrachtung der Komplexität in Abhängigkeit von den Klassen oder der Anzahl an Datentupeln kann die strukturellen Unterschiede der Klassifikatoren nicht aufzeigen. Der K1 benötigt $O(C)$ Speicher, wenn die Komplexitätsabschätzung in Abhängigkeit von der Anzahl der Klassen erstellt wird[12]. Der K4 benötigt entsprechend $O(\kappa_{max} \cdot C) = O(C)$ Speicher, da κ_{max} konstant ist und somit in der O-Notation vernachlässigt wird. In Kapitel 4 wird ein Vergleich der Klassifikatoren in Bezug auf die Komplexität an realen Werten durchgeführt.

2.4 Merkmalskarten als neue Methode zur Visualisierung des Informationsgehalts von Zeitreihen

2.4.1 Beschreibung der Merkmalskarten

Der Informationsgehalt von Merkmalen bzw. Zeitreihen ist ein wichtiges Maß für die Merkmalsauswahl. Die Bestimmung des Informationsgehalts erfolgt in der Regel durch einzelne Bewertungsfunktionen oder so genannte Wrapper-Verfahren, die die Güte eines Klassifikators einbeziehen (siehe auch Abschnitt 1.2.2).

Neben der Auswahl relevanter Merkmale ist ein weiteres Ziel der Wissensgewinn der Benutzer. In medizinischen Anwendungen steht teilweise weniger das Ergebnis von Klassifikatoren im Vordergrund als der Entscheidungsweg oder die verwendeten Merkmale (siehe z.B. [304]: Bestimmung von Listen mit relevanten Merkmalen zum Vergleich mit den in der Praxis verwendeten Merkmalen). Folgende Ziele werden mit der Visualisierung des Informationsgehalts verfolgt:

- Das Auftreten von zeitvariantem Verhalten in Zeitreihen soll erkannt und geeignete Klassifikationsverfahren ermittelt werden.

- Die Extraktion von Merkmalen aus den originalen Daten soll erleichtert werden.

---

[12]Die Komplexität ist zusätzlich vom internen Klassifikator abhängig. Eine SVM benötigt z.b. wegen der paarweisen Klassenvergleiche für $C > 2$ $O(C^2)$ Speicher.

Die Bestimmung und Visualisierung des Informationsgehalts ist also eine wichtige Aufgabe im Data-Mining. Je nach Problemtyp sind unterschiedliche Bedingungen vorhanden:

- Werden Zeitreihen betrachtet, kann der Informationsgehalt mit der Zeit variieren, eine zeitabhängige Berechnung und Visualisierung ist nötig:

$$Q_l[k] = \Psi(\mathbf{z}_{l,\mathcal{I}_L}[k], y_{\mathcal{I}_L}), \tag{2.23}$$

wobei $Q_l[k]$ den univariaten Informationsgehalt der Zeitreihe l zum Abtastpunkt k, $\mathbf{z}_{l,\mathcal{I}_L}[k]$ die Zeitreihen l der Lerndatentupel (angegeben durch die Indexmenge $\mathcal{I}_L$) zum Abtastpunkt k und $y_{\mathcal{I}_L}$ die Klassenzugehörigkeit der Lerndatentupel bezeichnet. Beim multivariaten Informationsgehalt werden die verwendeten Zeitreihen durch eine Indexmenge $\mathcal{I}_{ZR}$ bezeichnet und der zeitvariante, multivariate Informationsgehalt bestimmt durch

$$Q_{\mathcal{I}_{ZR}}[k] = \Psi(\mathbf{z}_{\mathcal{I}_{ZR},\mathcal{I}_L}[k], y_{\mathcal{I}_L}). \tag{2.24}$$

- Werden aus den Zeitreihen statische Merkmale extrahiert, ist auch der Informationsgehalt statisch:

$$Q_l = \Psi(\mathbf{x}_{l,\mathcal{I}_L}, y_{\mathcal{I}_L}), \tag{2.25}$$

wobei $\mathbf{x}_{l,\mathcal{I}_L}$ das Einzelmerkmal l der Lerndatentupel (angegeben durch die Indexmenge $\mathcal{I}_L$) bezeichnet. Der multivariate Informationsgehalt mit verwendeten Einzelmerkmalen $\mathcal{I}_{EM}$ wird äquivalent zu Gleichung (2.24) definiert durch

$$Q_{\mathcal{I}_{EM}} = \Psi(\mathbf{x}_{\mathcal{I}_{EM},\mathcal{I}_L}, y_{\mathcal{I}_L}). \tag{2.26}$$

Die Unterscheidung ist hier explizit nicht für Typ 1 und Typ 2 Probleme vorgenommen worden. Denn es kommt in erster Linie auf die Extraktion der Merkmale an. Auch bei einem Typ 1 Problem kann die Betrachtung des Informationsgehalts von Zeitreihen interessante und nützliche Informationen liefern (siehe z.B. Abschnitt 6.4). Da für die Klassifikation in solchen Fällen allerdings in der Regel statische Merkmale berechnet werden, die dann keinen expliziten zeitlichen Bezug mehr besitzen, ist diese Darstellung hier eher eine Ausnahme. Bei Typ 2 Problemen ist immer die zeitabhängige Bestimmung nötig. Selbst, wenn bei einem Problem vom Typ 2 die Zeitreihe in kleine Segmente geteilt wird und in den Segmenten statische Merkmale berechnet werden, so führt die Aneinanderreihung der verschiedenen Segmente notwendigerweise zu einem zeitabhängigen Informationsgehalt.

In der vorliegenden Arbeit wird meist die univariate bzw. multivariate Varianzanalyse [282] als Bewertungsfunktion verwendet. Dadurch ergeben sich Werte für den Informationsgehalt im Bereich $[0,1]$. Das Bewertungsmaß für einen Wrapper-Ansatz, der den Klassifikationsfehler über Lerndaten (oder einer Crossvalidierung) verwendet, kann äquivalent zu Gleichung (2.22) bestimmt werden. Durch die Normierung auf den Klassifikationsfehler bei zufälliger Wahl der Klassen und die Vermeidung negativer Werte durch Bildung des Maximums mit 0 wird auch hier ein Bereich von $[0,1]$ erzielt. Die Güte 0 entspricht dann einer Klassifikationsgüte kleiner oder gleich der Güte bei einer zufälligen Klassenzuordnung.

Durch die folgende Gleichung (2.27) wird der Informationsgehalt von Abtastpunkten kurz nach dem Trigger erhöht, um Zeitreihen (oder Zeitreihenkombinationen) zu wählen, die schnelle Entscheidungen ermöglichen. Diese Transformation wurde entsprechend des Bewertungsmaßes für den Datensatz IIIb aus [22] hergeleitet.

$$\tilde{Q}_l[k] = \frac{Q_l[k]}{k - k_{\text{trig}}}, \text{ für } k > k_{\text{min}} > k_{\text{trig}}. \tag{2.27}$$

Bei der Visualisierung des Informationsgehalts muss zunächst der univariate bzw. multivariate Fall unterschieden werden. Im univariaten Fall erhält jedes Merkmal einen ihm eigenen Informationsgehalt. Im multivariaten Fall wird die Kombination der Merkmale bewertet, auf den Informationsgehalt einzelner Merkmale kann nicht zurückgerechnet werden.

Bezüglich der Visualisierung ist die nächste nötige Unterscheidung, ob der Informationsgehalt über der Zeit variabel ist oder nicht. Ein statischer Informationsgehalt kann in Form der absoluten Relevanzen textuell oder grafisch dargestellt werden. Bei einem zeitlichen Verlauf ist die textuelle Darstellung extrem unübersichtlich. Aus diesem Grund wird eine neue Darstellungsform eingeführt, die im Folgenden „Merkmalskarten" genannt wird.

Bei der Darstellung handelt es sich um eine 3-dimensionale Darstellung des Informationsgehalts. Auf der x-Achse wird die Zeit dargestellt, auf der y-Achse die Merkmale. Die z-Achse enthält den Informationsgehalt in Form von Farben oder Graustufen. Es ergibt sich eine Abbildung, die Ähnlichkeit zu Spektrogrammen hat. Durch diese Art der Darstellung sind die zeitlichen Änderungen im Informationsgehalt leicht zu erfassen und verschiedene Merkmale können miteinander verglichen werden. Außerdem ist im univariaten Fall leicht zu erkennen, welche Zeitreihen grundsätzlich Informationen tragen. Auf die kann dann der Schwerpunkt bei der Extraktion von weiteren Zeitreihen gelegt werden. Der Hinweis ist allerdings nur hinreichend, nicht notwendig! Es können auch aus originalen Zeitreihen, die nach der Merkmalskarte keine Informationen tragen, informationsreiche Merkmale extrahiert werden. So ein Fall liegt z.B. vor, wenn die Informationen in der originalen Zeitreihe im Rauschen untergehen. Wird das Rauschen durch eine Filterung unterdrückt, kann die Information extrahiert werden.

Das Vorgehen bei der Erstellung der Karten wird in Abbildung 2.16 deutlich. Die einzelnen Verläufe der Relevanzen der Zeitreihen werden in einer Abbildung zusammengefasst und ergeben eine 3D-Abbildung. Wegen der besseren Lesbarkeit wird die dritte Dimension ausschließlich durch die Farben bzw. Graustufen dargestellt.

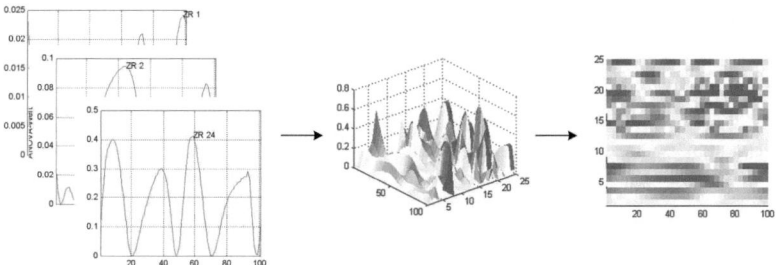

Abbildung 2.16: Schema für die Erstellung von Merkmalskarten. Die Kurven einzelner Zeitreihen werden zu einer einzelnen Abbildung kombiniert und die dritte Dimension durch eine farbige Darstellung (bzw. verschiedene Grauabstufungen) der Punkte abgebildet

Die folgenden zwei Darstellungen werden verwendet:

• Betrachtung des Informationsgehalts einzelner Zeitreihen über der Zeit

$$Q_{l,\text{visu}}[k] = Q_l[k], \tag{2.28}$$

wobei $Q_l[k]$ nach Gleichung (2.23) bestimmt wird.

• Relativer Zugewinn zum Informationsgehalt einer gegebenen Vorauswahl von s Zeitreihen und der Hinzunahme einer zusätzlichen Zeitreihe über der Zeit

$$Q_{l,\text{visu}}[k] = \frac{Q_{\mathcal{I}_{\text{ZR}} \cup \{l\}}[k] - Q_{\mathcal{I}_{\text{ZR}}}[k]}{1 - Q_{\mathcal{I}_{\text{ZR}}}[k]}, \tag{2.29}$$

wobei $Q_{\mathcal{I}_{\text{ZR}}}$ dem Informationsgehalt der s gewählten Zeitreihen nach Gleichung (2.24) entspricht. $Q_{\mathcal{I}_{\text{ZR}} \cup \{l\}}$ bezeichnet den Informationsgehalt der s vorausgewählten Zeitreihen erweitert um die l. Zeitreihe. Für vorausgewählte Zeitreihen $l \in \mathcal{I}_{\text{ZR}}$ gilt $Q_{l,\text{visu}}[k] = 0$, für $k = 1, \ldots, K$.

Die erste Visualisierung entspricht dem univariaten Informationsgehalt. Für jede Zeitreihe und jeden Abtastpunkt wird der Informationsgehalt über ein beliebiges Verfahren bestimmt und mit Hilfe der beschriebenen Darstellung visualisiert. Da die Abtastpunkte einer Zeitreihe in der Regel nicht statistisch unabhängig sind, gilt das auch für den Informationsgehalt der Zeitreihen. Aus diesem Grund kann die Anzahl an Abtastpunkten reduziert werden, um Speicherplatz und Rechenzeit zu sparen.

Die zweite Visualisierung kontrolliert Kombinationen von Merkmalen auf ihren Informationsgehalt (multivariat). Dabei werden die relativen Änderungen dargestellt. Der Grund liegt in der farbigen Darstellung. Insbesondere in gedruckten Abbildungen sind sehr geringe Änderungen der absoluten Werte nicht mehr zu unterscheiden. Bei Anzeige der relativen Änderungen sind die Unterschiede meist deutlicher und somit leichter zu erfassen. Zusätzlich wird das absolute Maximum des Informationsgehalts angezeigt, so dass eine Beurteilung der absoluten Werte einzelner Kombinationen möglich ist.

Beispiel 5: In diesem Beispiel werden die Ergebnisse der Anwendung der Visualisierungen auf den Benchmarkdatensatz *Bench A* dargestellt.

Die Merkmalskarten in Abbildung 2.17 entsprechen univariaten Merkmalskarten gemäß Gleichung (2.28) (Abbildung 2.17(a) mit dem ANOVA-Verfahren, Abbildung 2.17(b) mit einem K3) und multivariaten Merkmalskarten gemäß Gleichung (2.29) (Abbildung 2.17(c) mit einem MANOVA-Verfahren und Abbildung 2.17(d) mit einem K3; die dritte Zeitreihe wurde jeweils manuell vorausgewählt). Die Werte wurden jeweils ausschließlich über den Lerndaten bestimmt.

Der qualitative Verlauf des Informationsgehalts stimmt bei beiden Verfahren überein. Lediglich Unterschiede in den Skalierungen sind in den beiden Abbildungen zu erkennen. Die Daten des Wrapper-Ansatzes scheinen außerdem etwas mehr zu rauschen. Das zeitvariante Verhalten der Zeitreihen wird in den Merkmalskarten sehr deutlich (mit Ausnahme der vierten Zeitreihe, bei der kein zeitvariantes Verhalten vorliegt). Die Merkmalskarten erhöhen die Interaktivität bei der Extraktion der Daten und helfen, geeignete Merkmale oder Zeitreihen zu extrahieren. Die Aufteilung der Zeitreihen in fünf verschiedene Bereiche ist mit Hilfe der Karten sehr leicht ersichtlich. Die Einzüge bei der Merkmalsextraktion können gezielt eingesetzt werden, um für einen Bereich spezifische Merkmale zu extrahieren. Bestimmte Merkmalsarten wie z.B. die Position eines Extremwerts sind aus den Abbildungen nicht direkt zu erkennen. Dennoch ist auch für solche Merkmale die Kenntnis verschiedener informationstragender Bereiche hilfreich. Bei der Extraktion von Merkmalen kann weiterhin auf die Extraktion von Daten aus der vierten Zeitreihe verzichtet werden, wie leicht aus der Merkmalskarte abzuleiten ist.

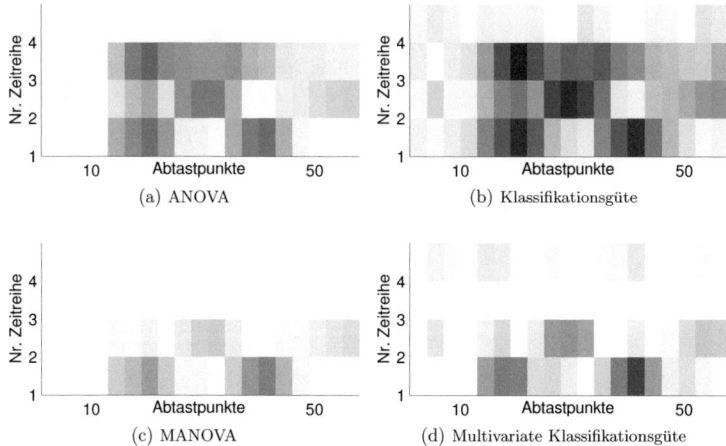

Abbildung 2.17: Beispiel einer Merkmalskarte mit ANOVA, MANOVA und univariatem bzw. multivariatem Wrapper-Ansatz zur Bestimmung des Informationsgehalts. Die Nummern der Zeitreihen sind aus Gründen, die im verwendeten Programm zur Generierung der Abbildungen liegen, jeweils an der Unterseite der Zeilen für die Zeitreihen.

Bei der multivariaten Merkmalskarte wurde die Zeitreihe 3 vorausgewählt. Die Merkmalskarten zeigen eine leichte Steigerung des Informationsgehalts durch die Zeitreihe 1 (um Abtastpunkt 20) und einen stärkeren Anstieg in derselben Zeitreihe um Abtastpunkt 40. Die Ursache liegt darin, dass der Informationsgehalt der Zeitreihen 1 und 3 im zweiten Abschnitt nahezu identisch ist. Im vierten Abschnitt hingegen ist der Informationsgehalt der Zeitreihe 1 höher als in der Zeitreihe 3. Dadurch ist in vierten Abschnitt bei Hinzunahme der Zeitreihe 1 zur Zeitreihe 3 ein stärkerer Anstieg des multivariaten Informationsgehalts zu beobachten. Die Zeitreihe 2 kann den multivariaten Informationsgehalt erwartungsgemäß im dritten Abschnitt erhöhen.

Die Anwendung der Verfahren zur Bestimmung und Visualisierung des Informationsgehalts haben die beiden Thesen zu Beginn des Abschnitts bestätigt:

- Durch die Merkmalskarten ist zeitvariantes Verhalten in Zeitreihen leicht zu erkennen und zu beschreiben.

- Geeignete Zeitreihen und Bereiche für die Extraktion von Merkmalen können anhand der neuen Darstellungsform gut nachvollzogen werden.

Beides führt zu einem Wissensgewinn der Benutzer. Das Vorgehen der Klassifikationsverfahren ist für die Benutzer leichter nachzuvollziehen, was sowohl das Wissen der Benutzer erhöht, aber auch die Akzeptanz der Verfahren erhöht. Letzteres ist insbesondere im medizinischen Bereich wichtig.

2.4.2 Anwendung der Merkmalskarten zur Validierung des Datensatzes

Mit Hilfe der Merkmalskarte kann untersucht werden, ob bei der Verwendung des Datensatzes zum Entwurf eines Klassifikators bei der Anwendung Probleme zu erwarten sind. Solche Probleme können z.b. durch systematische Fehler bei der Aufnahme der Daten entstehen.

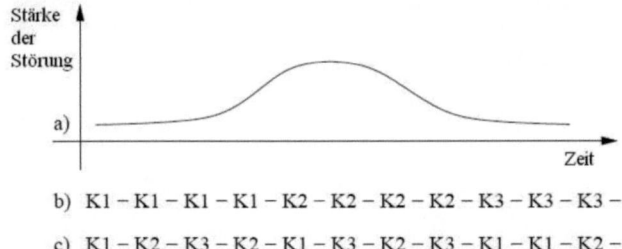

Abbildung 2.18: Beispiel zweier Aufnahmesitzungen. a) Verlauf der Störung der Aufnahme. b) Reihenfolge der Klassen in der ersten Aufnahmesitzung, c) Reihenfolge der Klassen in der zweiten Aufnahmesitzung

In Abbildung 2.18 ist ein Beispiel für eine Sitzung mit fehlerhafter Aufnahme enthalten. Teil a) des Bildes zeigt eine Kurve, die den Einfluss von Störungen auf die Aufnahme wiedergibt. Der Einfluss teilt sich in drei Abschnitte auf, zunächst liegt kaum Störung vor, dann eine relativ starke Störung und abschließend wieder keine Störung. Wird die Aufnahme so durchgeführt, wie in b) dargestellt, wirkt sich die Störung ausschließlich auf die Aufnahme der Daten für die Klasse 2 aus. Die Daten der Klasse 1 und Klasse 3 sind frei von Störungen. Liegt die Störung z.B. in Form einer bestimmten Frequenz vor (z.B. 50 Hz, die Frequenz des Wechselstroms) enthalten Bandpässe in diesem Bereich für die Klasse 2 nur durch die Störung bereits andere Werte. Ein Klassifikator wird selbstverständlich diese Informationen verwenden, um die Klassen voneinander zu trennen. Ein solches Merkmal kann bei anschließenden Anwendungen des Klassifikators zu großen Problemen führen.

Um solche Probleme zu vermeiden, sollten Aufnahmesitzungen wie in Teil c) der Abbildung durchgeführt werden. Durch die zufällige Auswahl der Klasse mit Hilfe einer entsprechenden Versuchsplanung wird die Störung auf die Klassen verteilt und der Einfluss minimiert. Der Klassifikator kann die Störung nicht für eine Unterscheidung verwenden, da sie in mehreren Klassen auftritt.

Mit Hilfe der Merkmalskarten können Zeitreihen, bei denen die Quelle der Information nicht eindeutig klar ist, erkannt werden. Informationstragende Zeitreihen dürfen nur in einem Bereich auftreten, in dem Aktivität vorliegt (also nach einem Triggerereignis). Vor einem Triggerereignis und nach dem Ende eines Versuchs dürfen keine verwertbaren Informationen vorliegen. Liegen dennoch Informationen vor, ist entweder die Erkennung des Versuchs fehlerhaft und muss korrigiert werden. Die zweite Möglichkeit ist, dass bei der Aufnahme ein Fehler gemacht wurde und die Zeitreihen nicht zur Auswertung geeignet sind. In einem solchen Fall muss die Aufnahme wiederholt werden oder zumindest die Menge der betroffenen Zeitreihen ausgeschlossen werden.

Im folgenden Beispiel wird die Merkmalskarte des Datensatzes ENG A[13] (siehe Kapitel 5) erstellt.

Beispiel 6: Beim hier vorliegenden Datensatz, der ausführlich in Kapitel 5 vorgestellt wird, wurden die Daten am Ischiasnerv einer Ratte während eines mechanischen Reizes aufgenommen. Der mechanische Reiz wurde durch die Verwendung eines Semmes-Weinstein-Filaments an jeweils einer Zehe der Ratte durchgeführt. In dem Versuch wurden die Zehen nicht in einer zufälligen Reihenfolge stimuliert.

Die Erkennung der Stimulationen ist in dem Versuch relativ leicht zu bewerkstelligen [198]. Eine fehlerhafte Erkennung der Stimulationen kann ausgeschlossen werden. Dennoch zeigt die Merkmalskarte deutlich, dass Informationen vor dem Triggerereignis in einigen Zeitreihen enthalten sind, siehe Abbildung 2.19(a). Das Triggerereignis ist durch die schwarze senkrechte Linie gekennzeichnet.

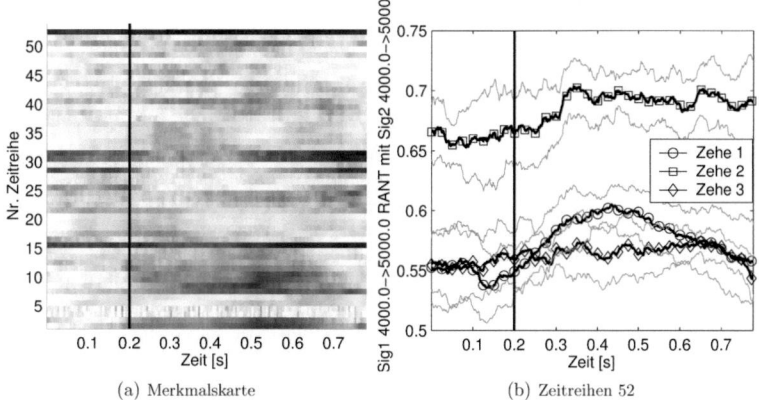

(a) Merkmalskarte   (b) Zeitreihen 52

Abbildung 2.19: Beispiel einer Merkmalskarte mit ungültigen Zeitreihen. a) ANOVA-Merkmalskarte. b) Beispiel für die Zeitreihe 52 des ENG-Datensatzes. Schwarze senkrechte Linie: Triggerereignis.

In Abbildung 2.19(b) sind die Daten der Zeitreihen 52, für die verschiedenen Zehen gemittelt, dargestellt. Für die Zeitreihe ist in der Merkmalskarte für den kompletten Versuch ein starker Informationsgehalt angezeigt. Es ist deutlich zu erkennen, dass der Mittelwert der Zehe 2 deutlich oberhalb der anderen beiden Zehen liegt, auch vor dem Triggerereignis. Diese Information wird vom Klassifikator verwendet, wie ebenfalls in Kapitel 5 gezeigt wird. Da der Mittelwert bereits vor dem Triggerereignis eine derartig starke Abweichung von den restlichen Zehen zeigt, ist die Quelle der Information als nicht zuverlässig einzustufen. Eine solche Zeitreihe darf für die Klassifikation nicht verwendet werden.

Um derartige Zeitreihen auszuschließen, kann z.B. die Merkmalsauswahl (siehe Abschnitt

---

[13]Der Datensatz ENG A besteht eigentlich aus 5801 Datentupeln. Für die Betrachtung der Merkmalskarte im vorliegenden Beispiel wurden die Versuche aber bereits 2000 Abtastpunkte vor dem Trigger extrahiert, der Datensatz ist ansonsten identisch. Die zusätzlichen Abtastpunkte werden benötigt, um das Verhalten der Zeitreihen vor dem Trigger bewerten zu können.

1.2.2) angepasst werden. Es werden diejenigen Merkmale ausgeschlossen, deren Informations-gehalt bereits vor einem Triggerereignis zu hoch ist und damit Informationen enthalten, die bei einem korrekt durchgeführten Versuch nicht enthalten sein können (nämlich vor dem Be-ginn eines Versuchs). Um die Zeitreihen auszuschließen werden zwei Offsets k_{O1}, k_{O2} definiert, die die Zeitspanne vor dem Triggerereignis angeben. Eine Zeitreihe l wird nicht ausgewählt, falls der maximale Informationsgehalt der Zeitreihe über einem frei zu wählenden Schwellwert Q_{max} liegt:

$$\max\left(Q_l[k_{trig} - k_{O1}], \ldots, Q_l[k_{trig}] - k_{O2}\right) \geq Q_{max}. \tag{2.30}$$

Ebenfalls denkbar ist die Verwendung des Mittelwertes, durch den einzelne Ausreißer im Informationsgehalt weniger berücksichtigt werden.

2.5 Erweitertes Konzept für Klassifikatoren mit Rückweisungs-optionen

2.5.1 Einführung und Beschreibung des Konzepts

Dieser Abschnitt behandelt die Einbettung von Verfahren zur Rückweisung von Entschei-dungen in der Zeitreihenklassifikation. Dabei wird auf bekannte Verfahren zurückgegriffen, die bisher aber in einem anderen Kontext verwendet werden. Für die Einbindung in die Zeitreihenklassifikatoren werden die Verfahren auf einzelne Abtastpunkte angewendet. Der Grund ist, dass bei den vorgestellten Klassifikatoren nicht eine finale Entscheidung bewertet wird, sondern die Klassifikation für jeden Abtastpunkt erfolgt. Die Rückweisung einzelner Abtastpunkte wird durch $\hat{y}_R[k] > C$ kodiert, wobei C die Anzahl an Klassen im Datensatz angibt. Eine Zusammenfassung von Abtastpunkten zu einer Entscheidung innerhalb eines Segments mit einer vollständigen Rückweisung wegen widersprüchlicher Informationen ist leicht zu erreichen, z.B. durch Schwellwerte für zurückgewiesene Datentupel und bzw. oder eine kontinuierliche Filterung mittels Gleichung (2.21); darauf wird in der vorliegenden Arbeit allerdings nicht eingegangen. Durch die Anwendung der Verfahren auf aggregierte Entschei-dungen wird in der vorliegenden Arbeit eine implizite Aggregation der Rückweisungsent-scheidung durchgeführt. Bisherige Arbeiten weisen Zeitreihen meist durch die Betrachtung von Ähnlichkeitsmaßen zurück. Einige solcher Verfahren sind in Abschnitt 1.2.2 vorgestellt worden.

Im Gegensatz zur Rückweisung wegen Unsicherheit kann die Rückweisung wegen zu we-nigen Informationen zu einer kompletten Rückweisung eines Versuchs führen. Liegen für zu viele Abtastpunkte (mehr als $k_{rück}$) keine Entscheidungen vor, wird gar keine Entscheidung getroffen. Es gilt also:

$$\hat{y}_R[k] = \begin{cases} C + 2 & \text{falls card}\left(\{\tilde{k} \mid \hat{y}[\tilde{k}] > C, \, \forall \tilde{k} = 1, \ldots, K\}\right) > k_{rück} \\ \hat{y}[k] & \text{sonst}, \end{cases} \tag{2.31}$$

wobei C die Anzahl an Klassen im Datensatz angibt.

Die Ursache für die schärfere Behandlung des Rückweisungsgrunds ist, dass die Entschei-dungsgrundlage wegfällt, wenn für zu viele Abtastpunkte gar keine Entscheidung getroffen werden kann. Bei der Rückweisung wegen widersprüchlicher Informationen kann durch die zeitliche Aggregation der Entscheidungen eine Absicherung erfolgen und eine endgültige Ent-scheidung möglich sein. Als Erweiterung kann die kumulierte a-posteriori Wahrscheinlichkeit betrachtet werden und eine finale Rückweisungsentscheidung getroffen werden.

Die Rückweisung von Klassifikationsentscheidungen hat insbesondere das Ziel, die Anzahl an Fehlklassifikationen zu verringern [83, 93]. Wird vom Computersystem keine Entscheidung getroffen und die Ursache für die Rückweisung bekannt gegeben, kann der Benutzer weitere Informationen sammeln und für die Entscheidung heranziehen bzw. dem Entscheidungssystem erneut vorlegen.

Die Verfahren zur Rückweisung von Klassifikationsentscheidungen sind allerdings nicht zwingend in der Lage, den Klassifikationsfehler zu verringern. Datentupel einer Klasse, die deutlich im Bereich einer anderen Klasse liegen, können von keinem Klassifikator erkannt und korrekt klassifiziert werden.

Bei einer Bewertung der Klassifikationsgüte darf nicht nur die Anzahl korrekt klassifizierter Datentupel betrachtet werden. Die Anzahl an Rückweisungen kann meist so weit erhöht werden, dass alle Datentupel korrekt zugeordnet werden. Aus diesem Grund wurde ein Qualitätsmaß eingeführt, das sowohl die Entscheidungen als auch die Zahl an Rückweisungen berücksichtigt, der so genannte Genauigkeits-Rückweisungs-Kompromiss (engl: *accuracy-rejection tradeoff*) [93] (z.T. auch *error-reject tradeoff*). Das Maß ist zweidimensional und enthält die Wahrscheinlichkeit für eine Rückweisung sowie die Wahrscheinlichkeit einer korrekten Klassifikation. Eine grafische Darstellung kann in Form so genannter Genauigkeits-Rückweisungs-Abbildungen (engl: *accuracy-rejection planes*) [93] erfolgen. Da die realen Wahrscheinlichkeiten nicht ermittelt werden können, verbleibt die Schätzung durch

$$P_{\text{entschieden}} = \frac{\text{card}\,(\mathcal{N}_e)}{N_T} \tag{2.32}$$

$$P_{\text{korrekt}} = \frac{\sum\limits_{n \in \mathcal{N}_e} \delta_{\hat{y}_n, y_n}}{\text{card}\,(\mathcal{N}_e)}, \text{ mit} \tag{2.33}$$

$$\mathcal{N}_e = \{n \mid \exists\, c \in \{1, \dots, C\} : \delta_{\hat{y}_n, c} = 1\}. \tag{2.34}$$

$P_{\text{entschieden}}$ bezeichnet die Anzahl durchgeführter Entscheidungen $\mathcal{N}_e$ im Verhältnis zur maximal möglichen Anzahl an Entscheidungen (entspricht Anzahl an Datentupeln im Testdatensatz: N_T) und ist damit eine Schätzung der Wahrscheinlichkeit für die Durchführung einer Entscheidung. Die Wahrscheinlichkeit für eine korrekte Klassifikation (P_{korrekt}) wird nur in Abhängigkeit der klassifizierten Beispiele bestimmt. Das Symbol $\delta_{i,j}$ entspricht dem *Kronecker-Delta* und stellt eine einfache Möglichkeit dar, korrekte Klassifikationen zu codieren: $\delta_{i,j} = 1$, falls $i = j$, sonst 0. Wird eine Entscheidung zurückgewiesen, kann das durch $\hat{y} > C$ codiert werden.

Chow hat vor einigen Jahrzehnten eine Regel beschrieben, die zum optimalen Genauigkeits-Rückweisungs-Verhältnis eines Klassifikators führt [51]. Die Optimalität der Regel liegt darin, für eine definierte Fehlerwahrscheinlichkeit die minimale Rückweisungsrate zu erzielen. Sie besagt, dass nur dann eine Entscheidung getroffen wird, wenn die maximale a-posteriori Wahrscheinlichkeit einer Klasse oberhalb einer definierten Schwelle liegt:

$$\hat{y} = \begin{cases} c = \text{argmax}_{c \in \{1, \dots, C\}}\, P(c|x), & \text{falls } \max_c P(c|x) \geq T \\ C + 1 & \text{sonst} \end{cases} \tag{2.35}$$

Die Optimalität der Regel ist allerdings nur für Probleme mit bekannten a-posteriori Wahrscheinlichkeiten nachweisbar [83, 84]. Diese Annahme ist bei realen Problemen nicht erfüllt, die a-posteriori Wahrscheinlichkeiten werden durch die Klassifikatoren lediglich approximiert. In [84] wird nachgewiesen, dass die Verwendung klassenabhängiger Schwellwerte mindestens genauso gute, meist jedoch bessere, Genauigkeits-Rückweisungs-Kompromisse erzielt als die

Verwendung eines einzelnen Schwellwerts. Die Bestimmung der Schwellwerte ist aber noch nicht effizient gelöst, sondern erfolgt durch eine iterative Approximation.

Für die Rückweisung von Klassifikationsentscheidungen ist somit die Berechnung von a-posteriori Wahrscheinlichkeiten nötig. Einige Klassifikatoren verwenden für ihre Entscheidung Wahrscheinlichkeiten, wie z.B. der Bayes-Klassifikator. Andere Klassifikatoren, wie z.b. der k-nearest-neighbor Klassifikator oder die Support-Vektor-Maschine, verwenden keine Verteilungsannahmen, um eine Entscheidung zu treffen. Bei den k-nearest-neighbor Klassifikatoren kann offensichtlich die Häufigkeit der einzelnen Klassen in der betrachteten Nachbarschaft als eine Art a-posteriori Wahrscheinlichkeit betrachtet werden. Bei einer SVM wird häufig der Abstand des Beispiels von der Trennfläche verwendet. Eine Beschreibung verschiedener Techniken für die Bestimmung von a-posteriori Wahrscheinlichkeiten für verschiedene Klassifikatoren findet sich in [75, 83, 318].

In Abschnitt 1.2.2 wurde bereits kurz auf zwei Gründe für die Rückweisung einer Klassifikationsentscheidung eingegangen:

- Das Beispiel liegt in einem Bereich, in dem mehrere Klassen ähnlich verteilt vorkommen (widersprüchliche Informationen).

- Für den Bereich, in dem das Beispiel liegt, liegen so wenige Informationen vor, dass eine Aussage über die Klassenzugehörigkeit fraglich erscheint.

Der erste Fall beschreibt den Fall von nicht-eindeutig beschriebenen Klassen, also Beispiele mit ähnlichen Merkmalsausprägungen, die aber zu unterschiedlichen Klassen gehören.

Der zweite Fall hat Gemeinsamkeiten mit der so genannten Ausreißerdetektion. Wird dem Klassifikator ein Datentupel präsentiert, über das in den gelernten Daten zu wenig Informationen vorhanden ist, muss es zurückgewiesen werden. In einem solchen Fall sind die a-posteriori Wahrscheinlichkeiten der einzelnen Klassen klein, das Datentupel kann nach Chows Regel zurückgewiesen werden, vgl. Gleichung (2.35).

Trotz der Ähnlichkeit zur Ausreißerdetektion wird in der vorliegenden Arbeit bei der Rückweisung von Klassifikationsentscheidungen nicht von Ausreißerdetektion gesprochen. Der Grund ist, dass die Ausreißerdetektion sich in erster Linie mit dem Löschen von suspekten Datentupeln in Lerndaten beschäftigt. Das Problem zu automatisieren ist extrem schwierig, da die Ausreißer bereits auf die Algorithmen Einfluss nehmen. Ein Beispiel ist die Detektion eines Ausreißers anhand der Verteilung der Lerndaten. Sind nur wenige Lerndaten vorhanden, wie bei praktischen Problemen häufig der Fall, haben Ausreißer großen Einfluss auf die Schätzung der Verteilung und erzeugen somit Fehler in der Definition von Ausreißern. Auch das fehlerhafte Entfernen korrekter Datentupel aus dem Lerndatensatz muss vermieden werden, um den Lerndatensatz nicht unnötig zu verkleinern. Die Ausreißerdetektion wird meist als ein Vorverarbeitungsschritt angewendet und muss zumindest halbautomatisch durchgeführt werden. Ebenfalls berücksichtigt werden muss die Tatsache, dass auch die Merkmalsauswahl und -aggregation (siehe Abschnitt 1.2.2) durch die Existenz von Ausreißern erschwert wird. Da die Verfahren zur Ausreißerdetektion ähnlich arbeiten wie Klassifikatoren, müssen zu große Merkmalsräume vermieden werden, um die Ergebnisse nicht zu verfälschen. Auf das Problem wird in der vorliegenden Arbeit allerdings nicht weiter eingegangen.

In der vorliegenden Arbeit werden drei Verfahren vorgestellt, um die Entscheidung in dünnbesetzten oder widersprüchlichen Bereichen zu verweigern:

- Ein Bayes-Klassifikator und ein distanzbasierter Ansatz, der den Abstand eines Datentupels von den Klassenmittelwerten bewertet (Abschnitt A.2.1).

- Eine Support-Vektor-Maschine und der Abstand zur Trennebene für die Rückweisung bei widersprüchlichen Informationen und ein unüberwachtes one-class Verfahren zur Rückweisung in dünnbesetzten Bereichen (Abschnitt A.2.2).

- Ein k-nearest-neighbor Klassifikator, der die relativen Häufigkeiten der Nachbarn in unterschiedlichen Klassen für die Rückweisung bei widersprüchlichen Informationen verwendet, und ein dichtebasierter Ansatz, der die Anzahl an Nachbarn innerhalb einer definierten Umgebung um das unbekannte Datentupel bewertet (Abschnitt A.2.3).

Die Verfahren können ebenfalls für die Detektion von Ausreißern in Lerndaten verwendet werden, darauf wird in der vorliegenden Arbeit allerdings nicht im Einzelnen eingegangen.

Die Beschreibung der Verfahren findet sich im Anhang der Arbeit (Abschnitte A.2.1, A.2.2 und A.2.3). Die vorgestellten Verfahren sind ursprünglich für den Einsatz auf Einzelmerkmalen konstruiert worden. Da für die Anwendung auf Zeitreihen entweder extrahierte Einzelmerkmale oder einzelne Abtastpunkte einer Zeitreihe verwendet werden, sind keine weiteren Anpassungen der Verfahren nötig (bis auf die eingangs erwähnten bei der Rückweisung wegen zu wenigen Informationen). Die Sicherheit einzelner Rückweisungen kann durch die Verwendung zeitaggregierter Klassifikationsentscheidungen oder Merkmale erhöht werden. Die Beschreibung der Verfahren findet anhand von Einzelmerkmalen statt. Bei der Anwendung auf Zeitreihen kann ohne Beschränkung der Allgemeinheit

$$\mathbf{x} = \mathbf{z}[k] \tag{2.36}$$

verwendet werden[14].

Zu beachten ist, dass die Einbettung der Verfahren in einen nicht zeitvarianten Klassifikator (K1) nicht funktionieren kann. Für jeden Abtastpunkt müssen die Parameter für die Entscheidung, ob ausreichend Informationen vorliegen, bestimmt werden. Beim K1 wird dies, aufgrund der Struktur des Zeitreihenklassifikators, nur zu einem einzigen Abtastpunkt getan. Zu den restlichen Abtastpunkten werden also Parameter verwendet, die mit den aktuellen Abtastpunkten nichts zu tun haben. Daraus folgt, dass mehr oder weniger alle Entscheidungen zurückgewiesen werden. Das gleiche gilt für den K2, der per Definition nur zu einem einzigen Abtastpunkt entworfen wird (eine Ausnahme ergibt sich, wenn durch das Design des K2 die Ausgabe von Zwischenergebnissen möglich ist und dementsprechend der Entwurf angepasst werden kann).

Trotz der Anwendbarkeit der Verfahren auf Problemen mit Zeitreihen, sind allerdings weitere Nachbearbeitungen denkbar, wie z.B. die Fusion der Entscheidungen für die einzelnen Abtastpunkte. Nach einer kurzen Beschreibung möglicher zeitlicher Aggregationen werden die Verfahren auf dem künstlichen Benchmarkdatensatz angewendet.

2.5.2 Darstellung von Methoden zur zeitlichen Aggregation der Rückweisung

In der vorliegenden Arbeit wird eine indirekte Aggregation der Rückweisung vorgenommen. Indirekt deswegen, weil die Entscheidung für oder gegen eine Rückweisung ausschließlich auf aggregierten Sicherheiten der Klassifikatoren beruht.

---

[14]Alternativ können aus den Zeitreihen in unterschiedlichen Segmenten Einzelmerkmale extrahiert werden. Dadurch ergibt sich allerdings leicht das Problem, dass sehr große Merkmalsräume mit nur wenigen Datentupeln entstehen.

Da die Entscheidungen der Klassifikatoren in der vorliegenden Arbeit nicht in Form einer endgültigen Entscheidung bewertet werden, sondern immer bezogen auf einzelne Abtastpunkte der Zeitreihe, reicht die Form der Aggregation vollkommen aus. Diese Art der Bewertung liegt in erster Linie in der angenommenen Anwendung der kontinuierlichen Klassifikation ohne zeitliche Verzögerung.

Wird eine endgültige Entscheidung getroffen, oder eine „lokal endgültige" Entscheidung (innerhalb eines Segments), können die Entscheidungen für die Segmente komplett zurückgewiesen werden. In einem solchen Fall können die einzelnen Entscheidungen für oder gegen eine Entscheidung zusätzlich aggregiert werden und eine Entscheidung für das komplette Segment getroffen werden. Dabei sind sehr einfache Verfahren denkbar, wie z.b. die Betrachtung der Anzahl an Abtastpunkten, für die keine Entscheidung getroffen wird. Ist diese Zahl über einem Schwellwert, wird für das Segment keine Entscheidung getroffen. In diesem Fall findet der Grad der Rückweisung kein Gewicht. Geringe Unsicherheiten (z.B. 80% Sicherheit bei einem Zwei-Klassen-Problem) wirken sich genauso stark aus wie starke Unsicherheiten (z.B. nur 55% Sicherheit bei einem Zwei-Klassen-Problem).

Ebenfalls denkbar ist ein Vorgehen, bei dem „unscharfe Rückweisungen" aufsummiert werden: Bei dem Vorgehen hat die Ausprägung der Unsicherheit Einfluss auf die endgültige Rückweisungsentscheidung. Je nach Klassifikator entspricht die „unscharfe Rückweisung" der Sicherheit des Klassifikators (zum Beispiel beim Bayes-Klassifikator), siehe auch Abbildung 2.20. In Teil a) der Abbildung werden unscharfe Entscheidungen fusioniert, z.B. mit Hilfe von Schwellwerten für die Anzahl zurückgewiesener Entscheidungen. In Teil b) werden zunächst unscharfe Entscheidungen für die Rückweisung aus der Sicherheit der Klassifikation bestimmt (z.B. kann bei der SVM der Abstand von der Trenngeraden quantisiert werden und daraus ein Wert für die Sicherheit der Entscheidung gebildet werden) und über der Zeit fusioniert. Die einzelnen Entscheidungen der Rückweisung werden dann mit Hilfe der fusionierten Werte bestimmt.

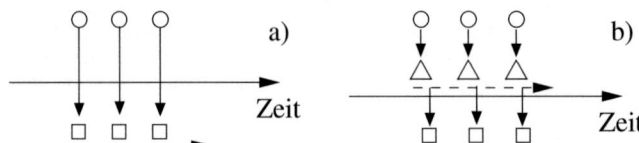

Abbildung 2.20: Schema der Aggregation bei der Rückweisung. a) Bestimmung der Rückweisung (Quadrat) anhand der Sicherheit (Kreis) und Fusion der unscharfen Rückweisungsentscheidungen, b) Bestimmung unscharfer Rückweisungen (Dreieck) und Fusion dieser unscharfen Rückweisungen. Die einzelnen Entscheidungen werden aus den aktuellen unscharfen Rückweisungen bestimmt.

Bei der zeitlichen Aggregation können auch weitere Merkmale, wie z.B. häufige Wechsel der Entscheidung, verwendet werden. Auch wenn die einzelnen Entscheidungen jeweils als sicher eingestuft werden, ist bei einem stetigen Wechsel der Entscheidung die Sicherheit der Entscheidung durchaus in Frage zu stellen.

2.5.3 Anwendung auf den künstlichen Benchmarkdatensatz

Zunächst werden die Ergebnisse der Klassifikatoren mit der Möglichkeit zur Rückweisung bei der Anwendung auf den künstlichen Benchmarkdatensatz gezeigt. In diesem Abschnitt kommt der künstliche Datensatz mit hinzugefügten Ausreißern zum Einsatz (*Bench C*), die von den Verfahren korrekt erkannt werden sollen.

Als interne Klassifikationsverfahren kommen für die zeitvarianten Klassifikatoren jeweils die beschriebenen Klassifikationsverfahren mit der Möglichkeit zur Rückweisung zum Einsatz. Als Zeitreihenklassifikator wird jeweils der K4 mit zeitlicher Aggregation über den Klassifikationsfehler über Lerndaten verwendet (K4 IIR), da er in der Anwendung der beste Klassifikator ist.

Die gewählten Parameter für die internen Klassifikationsverfahren, die Klassifikationsgüte[15] sowie die Rückweisungsquote, sind in Tabelle 2.15 dargestellt. Alle drei Verfahren (Bayes, SVM, k-NN) erreichen eine Klassifikationsgüte von 100% (bei einer Güte ohne Rückweisung von 97.6%), jeweils über Testdaten. Für die Rückweisung wegen zu wenigen Informationen bei Zeitreihen wird der Parameter $k_{rück} = 10$ gesetzt. Die Parameter für die Verfahren wurden heuristisch bestimmt. Die hier angegebenen Werte können bei anderen Datensätzen als Richtwerte verwendet werden, sie sind aber für jeden Datensatz individuell zu optimieren.

Klassifikations-verfahren	Parameter (siehe A.2)	Klassifikations-güte [%]	Rückweisungen [%]	Erkannte Ausreißer
Bayes	s_u = 0.55 s_a = 6.2	100%	7.1%	alle
SVM	s_u = 0.525 s_a = −0.05 p = 2 σ = 0.8 Υ = 5	100%	7.1%	alle
k-NN	s_u = 0.535 s_a = 2 k = 7 α_{knn} = 0.05 β_{knn} = 0.15	100%	7.6%	alle

Tabelle 2.15: Parameter der internen Klassifikationsverfahren und die Ergebnisse bei der Anwendung auf die Testdaten des künstlichen Benchmarkdatensatzes. Die Rückweisungsquote wurde zum Zeitpunkt des minimalen Klassifikationsfehlers bestimmt.

Für die Bewertung wurde die Anzahl an zurückgewiesenen Datentupeln zum Zeitpunkt der maximalen Klassifikationsgüte verwendet. Am wenigsten Rückweisungen erfolgen bei der SVM und beim Bayes-Klassifikator, die lediglich für 7.1% der Datentupel keine Entscheidung treffen. Alle eingefügten Ausreißer werden durch das Rückweisungsverfahren der SVM und auch durch das distanzbasierte Verfahren erkannt und zurückgewiesen. Der k-nearest-neighbor Klassifikator weist 7.6% der Datentupel zurück. Mindestens 4.76% der Datentupel müssen zurückgewiesen werden, da es sich um die eingefügten Ausreißer handelt (also zehn

---

[15] In der Literatur findet sich bei der Bewertung von Klassifikatoren mit Rückweisung immer die Güte (entspricht 100% − Klassifikationsfehler) und die Quote an Rückweisungen. Daher wird auch in der vorliegenden Arbeit in einem solchen Fall die Klassifikationsgüte angegeben, statt wie sonst der Klassifikationsfehler.

Datentupel von 210 Testdatentupeln).

Abbildung 2.21 gibt einen Überblick über den Verlauf der Klassifikationsentscheidungen in Form eines Histogramms. In das Histogramm wurde für jeden Abtastpunkt die Anzahl an Datentupeln eingetragen, für die eine Entscheidung getroffen wurde, die wegen Unsicherheit zurückgewiesen wurden und die wegen zu wenig Informationen zurückgewiesen wurden. Die Häufigkeiten wurden wegen der einfachen Lesbarkeit übereinander gestapelt, so dass sich immer eine Gesamtzahl von 210 Datentupeln ergibt (entspricht N_T).

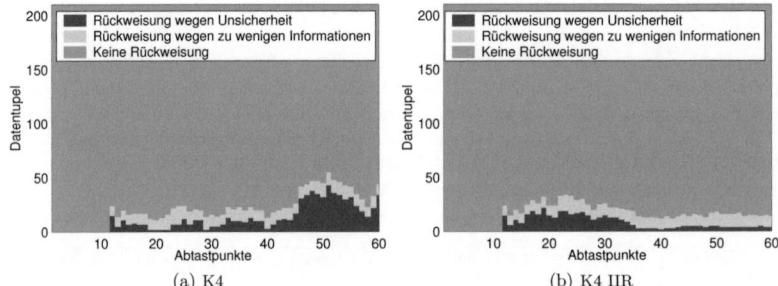

(a) K4   (b) K4 IIR

Abbildung 2.21: Gestapeltes Histogramm über die Anzahl an Rückweisungen wegen unsicherer Entscheidung, Rückweisungen wegen zu wenigen Informationen und die Anzahl an durchgeführten Entscheidungen pro Abtastpunkt.

In Abbildung 2.21(a) ist das Histogramm für einen K4 mit Bayes als internem Klassifikationsverfahren dargestellt. Im direkten Vergleich mit dem Histogramm des K4 IIR (Abbildung 2.21(b)) ist deutlich die höhere Rückweisungsquote am Ende der Zeitreihe zu erkennen. Während durch die zeitaggregierten Entscheidungen beim K4 IIR die Rückweisungen zum Ende tendenziell abnehmen, steigt sie bei der Klassifikation ohne zeitliche Aggregation (K4) wieder an. Im letzten Teil der Zeitreihe sind nur noch wenig Informationen enthalten (siehe Abschnitt 2.2), so dass nur durch die Aggregation der Informationen eine hohe Sicherheit beibehalten werden kann. Die Quote an zurückgewiesenen Datentupeln wegen zu wenigen Informationen bleibt bei beiden Verfahren konstant. Die Ursache ist, dass lediglich die künstlich eingefügten Ausreißer als Datentupel mit zu wenigen Informationen erkannt werden können und alle erkannten Datentupel zu jedem Abtastpunkt korrekt zurückgewiesen werden.

Durch die Wahl der Parameter der Verfahren für die Rückweisung kann ein Kompromiss aus Rückweisung und Klassifikationsgüte erzielt werden. Die Ergebnisse verschiedener Kombinationen können in Genauigkeits-Rückweisungs-Abbildungen visualisiert werden. Die Darstellung derartiger Abbildungen lohnt sich für den K4 IIR nicht, da die Klassifikationsgüte zu schnell das Optimum erreicht. Die Anzahl an zurückgewiesenen Datentupel ist bereits bei großzügig gewählten Parametern sehr gering, bei gleichzeitig optimaler Klassifikationsgüte (100%).

Aus diesem Grund wird das gleiche Problem mit einem nicht-zeitaggregierten K4 Klassifikator behandelt und die Verfahren für die Rückweisung mit verschiedenen Parametern ausgestattet. Die ersten Einstellungen für die Parameter s_u und s_a entsprechen dabei den Parametern, bei denen keine Rückweisung erfolgt (beim Bayes-Klassifikator wird z.b. der erlaubte Abstand vom Klassenmittelwert auf Unendlich gesetzt). Der Parameter s_a bleibt dann bei allen Verfahren konstant, da mit dem eingestellten Parameter alle Ausreißer erkannt werden. Der Parameter für die Sicherheit einer Entscheidung und Rückweisung bei widersprüchlichen Informationen s_u wird variiert. Die Parameter in der Genauigkeits-Rückweisungs-Abbildung sind nicht immer äquidistant verteilt. Das liegt daran, dass für unterschiedliche Parameter zum Teil gleiche Ergebnisse erzielt werden. Aus Gründen der Übersichtlichkeit wird in die Genauigkeits-Rückweisungs-Abbildung jeweils nur der kleinste Parameter mit diesem Ergebnis eingetragen (siehe Abbildung 2.22).

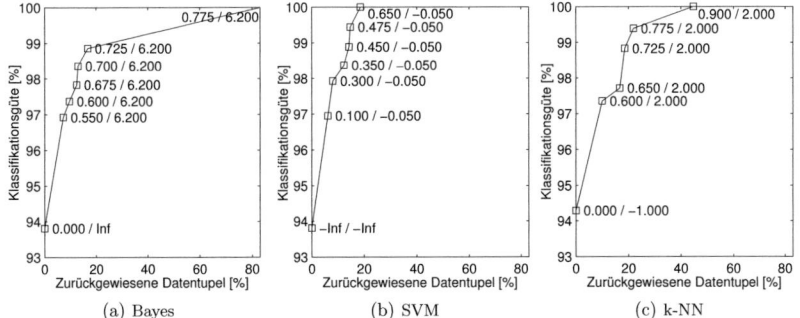

(a) Bayes   (b) SVM   (c) k-NN

Abbildung 2.22: AR-Abbildungen bei der Rückweisung ohne zeitliche Aggregation beim künstlichen Benchmarkdatensatz (a) Bayes-Klassifikator, (b) SVM, (c) k-nearest-neighbor

Der Bayes-Klassifikator erzielt ohne Rückweisung von Entscheidungen und ohne zeitliche Aggregation der Klassifikationsentscheidungen eine maximale Klassifikationsgüte von 93.8%. Bis zu einem Parameter von $s_u = 0.725$ bleibt die Rückweisungsquote in einem relativ geringen Rahmen (von ca. 7% bis 17%), während die Klassifikationsgüte immerhin auf 98.9% steigt. Für das letzte Prozent ist dann eine Steigerung der Rückweisungen auf 83.3% nötig. Die SVM erreicht ebenfalls ohne Rückweisung eine maximale Klassifikationsgüte von 93.8%. Die Anzahl an zurückgewiesenen Datentupeln ist allerdings deutlich geringer. Eine Klassifikationsgüte von 100% wird bereits bei einer Rückweisung von 18.6% erreicht. Der k-nearest-neighbor Klassifikator erreicht eine leicht schlechtere Klassifikationsgüte ohne Rückweisung (94.3%). Die Quote an Rückweisungen liegt bei einer Klassifikationsgüte von 100% mit 45% zwischen dem Bayes-Klassifikator und der Support-Vektor Maschine.

Die Anwendung der Verfahren ist ebenfalls auf Probleme mit Einzelmerkmalen möglich. Als Demonstration, werden die drei Verfahren auf den IRIS-Datensatz (siehe Abschnitt B.11) angewendet. Die Ergebnisse werden ausführlich in Kapitel C im Anhang diskutiert.

Bei der Anwendung auf den IRIS-Datensatz geht es weniger um eine Kontrolle der Qualität der Rückweisung, sondern vielmehr um den Nachweis der Anwendbarkeit auf derartige Probleme. Für alle drei Verfahren konnte die Anwendbarkeit nachgewiesen werden. Der Bayes-Klassifikator weist am wenigsten Datentupel zurück, hat aber auch die geringste Klassifikationsgüte. SVM und k-NN erreichen beide eine etwas höhere Klassifikationsgüte, müssen auf der anderen Seite aber auch mehr Datentupel zurückweisen.

2.5.4 Zusammenfassung

Die Funktionalität aller drei Verfahren konnte sowohl für die Anwendung auf Zeitreihen als auch auf Einzelmerkmalen nachgewiesen werden. Die Verfahren liefern ähnliche Ergebnisse, Vorzüge einzelner Verfahren beschränken sich auf bestimmte Anwendungsgebiete (siehe z.B. Abschnitt 6.3). Das k-NN Verfahren benötigt mehr Parameter als die beiden anderen Verfahren und ist somit schwieriger an das gegebene Problem anzupassen. Auf der anderen Seite ist der k-NN in der Lage, sehr variable Klassengrenzen zu produzieren, wie in einer späteren Anwendung ersichtlich wird, siehe Abschnitt 6.3. Der Bayes-Klassifikator kann die Rückweisung sehr schnell berechnen, die Berechnung der Rückweisung wegen zu wenig Informationen ist demgegenüber bei der SVM relativ kompliziert.

Die Verfahren sind jeweils für die verschiedenen Anwendungen zu testen und die Parameter geeignet anzupassen. Bei nicht zu komplexen Datensätzen ist der Bayes-Klassifikator wegen der einfachen Parametrierung und schnellen Berechnung zu bevorzugen.

2.6   Validierung bei der Klassifikation von Zeitreihen

Die Aufgabe eines Klassifikators ist, anhand bekannter Daten (Lerndaten) Muster und Regeln zu erkennen, um anschließend unbekannte Daten (Testdaten) zu den Klassen zuordnen zu können. Liegen Datensätze ohne Aufteilung in Lern- und Testdaten vor, ist das Anlernen und Anwenden auf dem gleichen Datensatz nicht empfehlenswert. Da der Klassifikator ausschließlich auf den Daten angewendet wird, auf denen er trainiert wurde, ist die Gefahr eines kleineren Fehlers als bei der Anwendung auf unbekannte Testdaten sehr groß. Insbesondere bei Problemen mit wenigen Datentupeln und einer großen Anzahl ausgewählter Merkmale lernt der Klassifikator die Muster eher auswendig und generalisiert nicht (Bezeichnung: Überanpassung, „overfitting") [122]. Bei der Anwendung auf reale Daten kann der Fehler dann deutlich höher ausfallen als durch die Lerndaten suggeriert wird. Für eine Übersicht über Methoden zu verbesserten Schätzungen des Klassifikationsfehlers siehe [119].

Eine der bekanntesten Methoden ist die Crossvalidierung [119]. Bei der v-fachen Crossvalidierung wird der Datensatz in v etwa gleich große Teile geteilt. Der Klassifikator wird mit $(v-1)$ Teilen entworfen und auf dem verbliebenen Teil angewendet. Das Vorgehen wird v-mal wiederholt, so dass der Klassifikator auf jedem vorhandenen Datentupel genau einmal angewendet wird. Da dem Klassifikator beim Entwurf Daten vorenthalten werden, ist der berechnete Fehler in der Regel höher als bei einer Anwendung auf dem kompletten Datensatz. Andererseits, wenn es nur wenige unsichere Entscheidungen am Randbereich zweier Klassen gibt, kann es durch eine „günstige" Aufteilung der Daten dazu kommen, dass bei der Crossvalidierung keine Fehler auftreten.

Um solche zufälligen Effekte etwas zu verringern, wird eine v-fache Crossvalidierung meist mehrfach (v_{rep}-mal) durchgeführt und der Mittelwert der erzielten Ergebnisse gebildet (z.B. 10x5-fache Crossvalidierung: $v_{rep} = 5$ Durchläufe mit jeweils $v = 10$). Variationen der Crossvalidierung sind die so genannte Leave-one-out Methode (Crossvalidierung mit $v = N_L$) und Bootstrap [76], bei der eine zufällige Auswahl mit Zurücklegen der Datentupel erfolgt.

Die Anwendung der Crossvalidierung auf kontinuierliche Klassifikationsergebnisse bezüglich der Zeit erlaubt zwei Varianten, die im Rahmen der vorliegenden Arbeit folgendermaßen festgelegt wurden:

- Bestimmung von Klassifikationsfehlern für jeden kompletten Durchlauf und anschließende Mittelung

$$\gamma_{cv}[k] = \frac{1}{v_{rep}} \cdot \sum_{i=1}^{v_{rep}} \Gamma(F_i[k]) \tag{2.37}$$

oder

- Mittelung der Fehlerkurven jedes kompletten Durchlaufs und anschließende Bestimmung der Güten

$$\gamma_{cv}[k] = \Gamma \left(\frac{1}{v_{rep}} \sum_{i=1}^{v_{rep}} F_i[k] \right), \tag{2.38}$$

wobei F_i die Zeitreihe des Klassifikationsfehlers und Γ eine beliebige Bewertungsfunktion (z.B. Minimum) bezeichnet. Die Summe in Gleichung (2.38) meint eine elementweise Addition der Zeitreihen und eine elementweise Division durch das Skalar v_{rep}.

Welche Variante zum Einsatz kommt, hängt von der Fragestellung ab. Soll ein spezielles Maß, wie z.B. der minimale Klassifikationsfehler geschätzt werden, muss die erste Variante gewählt werden. Für jeden kompletten Durchlauf einer Crossvalidierung wird das Gütemaß berechnet und anschließend durch Mittelung abgesichert.

Die beiden Vorgehensweisen unterscheiden sich durchaus, denn die Minima der Durchläufe müssen nicht zu gleichen Abtastpunkten sein. Bei einer Mittelung der Kurven können diese sich also quasi „wegmitteln" und ein neues, tendenziell größeres Minimum entstehen.

In der Literatur findet sich zu Crossvalidierung bei der Zeitreihenklassifikation nahezu nichts. Der Grund ist, dass in der Regel nur einzelne, skalare Entscheidungen getroffen werden, wie z.B. in [65]. In einem solchen Fall unterscheidet sich die Crossvalidierung nicht von der bei Einzelmerkmalsklassifikatoren. Genauso verhält es sich bei der Modellentwicklung, die in [109, 274] beschrieben wird. Hier werden die Modelle über skalare Bewertungsmaße beurteilt. Die Crossvalidierung wird dann ebenfalls über diesen Maßen vorgenommen.

Da die erste Variante für die Schätzung der Güten besser erscheint und in der Literatur zu den beschriebenen Vorgehensweisen keine Erfahrungswerte zu finden sind, wird in der vorliegenden Arbeit die erste Variante verwendet.

2.7 Zusammenfassung

In Kapitel 2 wurde auf die Probleme bei zeitvarianten Daten eingegangen und ein Lösungsvorschlag in Form zeitvarianter Klassifikatoren vorgestellt. Ausgehend von einer Kategorisierung von Anwendungen und Klassifikatoren wurden abstrakte Klassifikatoren eingeführt. Deren Funktionalität wurde anhand eines künstlichen Benchmarkdatensatzes nachgewiesen, dessen Erstellung ebenfalls Gegenstand des Kapitels war. In der Anwendung konnte gezeigt werden, dass durch die zeitvarianten Klassifikatoren das Ergebnis deutlich verbessert werden kann. Zusätzlich bringt die zeitliche Aggregation der Entscheidungen einen großen Vorteil und verringert abermals die Fehlerquote. Um eine zu starke Verzögerung für die Klassifikationsentscheidungen zu vermeiden, wurde ein neuer zeitvarianter Filterparameter vorgestellt, der schnell in Bereichen mit hohen Sicherheit reagiert und langsam in Bereichen mit geringen Sicherheiten. Dadurch werden die Vorteile der langsamen Filter (bessere Sicherheit) mit denen der schnellen Filter (schnellere Entscheidung) kombiniert.

Im Zusammenhang mit den zeitvarianten Klassifikatoren ist eine neue Darstellung für den Informationsgehalt von Zeitreihen eingeführt worden, die in der vorliegenden Arbeit als Merkmalskarte bezeichnet wird. Die Darstellung ist für verschiedene Verfahren zur Bestimmung des Informationsgehalts anwendbar.

Um die Anzahl an Fehlklassifikationen zu verringern, wurden Klassifikationsverfahren vorgestellt, die mit einer Option zur Rückweisung von Klassifikationsentscheidungen ausgestattet werden können. Dabei sind Verfahren gewählt und verwendet worden, die in das Konzept der zeitvarianten Klassifikatoren gut einzugliedern sind. Der Nachweis der Funktionalität erfolgte anhand des künstlichen Benchmarkdatensatzes.

3 Implementierung

3.1 Das Programmpaket Gait-CAD

Seit 1998 werden am Forschungszentrum Karlsruhe Algorithmen zur Klassifikation entwickelt und in einer Vielzahl von medizinischen und technischen Anwendungen eingesetzt. Die Anwendungen basierten meist auf Matlab, weshalb die Toolbox KAFKA (**Ka**rlsruher **F**uzzy-Modellbildungs-, **K**lassifikations- und datengestützte **A**nalyse-Toolbox) als offene Entwicklungsplattform für methodische Weiterentwicklungen von Data-Mining Verfahren entwickelt wurde. Ab dem Jahr 2001 verschob sich der Fokus zunehmend in den Bereich der Klassifikation von Zeitreihen. Insbesondere während des von der DFG geförderten Projekts „Diagnoseunterstützung in der Ganganalyse" (Förderkennzeichen: GE 1139-1, BR 1303-6) entstand daher eine weitere Matlab-Toolbox: Gait-CAD (Gait: englisch für Gang und CAD: computer aided diagnosis) [176, 200]. Diese Toolbox wurde in erster Linie für die Analyse von Zeitreihen im Bereich der Ganganalyse eingesetzt und dementsprechend auf das Anwendungsfeld ausgerichtet und teilweise spezialisiert.

Eine Verallgemeinerung der Toolbox Gait-CAD erfolgte ab dem Jahr 2004, inklusive einer Integration der meisten Funktionalitäten aus KAFKA. Das Ziel war, in Matlab die Auswertung und Visualisierung hochdimensionaler Daten zu ermöglichen. Bei der Entwicklung wurde Wert auf offene Benutzerschnittstellen, einfache Adaption an neue Anwendungsgebiete und einfache Erweiterung der Funktionalität gelegt. Viele Änderungen und Neuerungen sind im Rahmen der vorliegenden Dissertation entwickelt und implementiert worden.

Im November 2006 wurde Gait-CAD, nach einer umfassenden Umstrukturierung der grafischen Benutzeroberfläche, als freie Software in einer ersten deutschsprachigen Version im Internet unter der GNU General Public License (GNU GPL) veröffentlicht [41, 196, 197]. Die Anwendungsgebiete der Toolbox Gait-CAD haben sich von ausschließlicher Ganganalyse in weitere Felder erstreckt, unter anderem für die in der vorliegenden Arbeit beschriebenen Brain Machine Interfaces und die Analyse von Nervensignalen [38, 198] (siehe auch Kapitel 4 und 5), Handkraftmessungen [233] und mehr. Natürlich wird auch weiterhin im Bereich der Ganganalyse mit Hilfe dieser Toolbox gearbeitet [37, 176, 304], siehe auch Kapitel 6.

Gait-CAD setzt Matlab (getestet für Version 5.3 und 7.0) voraus und erfordert in vielen Fällen keine zusätzlichen kommerziellen Toolboxen. Ausnahmen sind einzelne Befehle, die z.B. die Signal-Processing-Toolbox, die Statistik-Toolbox oder die Wavelet-Toolbox verwenden.

Bei der Entwicklung von Gait-CAD sind Datenstrukturen entwickelt worden, durch die die Daten der Projekte effizient gespeichert und verarbeitet werden können. Die Strukturen sind ausführlich in [176, 197] beschrieben, daher wird auf einer erneute Einführung in der vorliegenden Arbeit verzichtet.

Eine Liste mit weiterentwickelten oder neu implementierten Funktionen ist im Anhang aufgeführt (Abschnitt D). Die folgenden Abschnitte beschreiben zum einen die Umsetzung der zeitvarianten Klassifikatoren als wesentliche Neuentwicklung der vorliegenden Arbeit sowie neue Programmstrukturen, um die Erweiterbarkeit und Adaption der Toolbox zu optimieren.

3.2 Umsetzung der Zeitreihenklassifikatoren

Mit Gait-CAD bearbeitbare Projekte können verschiedene Strukturen haben (Tabelle 3.1), z.b. ausschließlich Einzelmerkmale oder Zeitreihen und Einzelmerkmale. Häufig sind auch Projekte mit Zeitreihen, aber nur einem einzigen Versuch (einem Datentupel: $N = 1$).

Um die zeitvarianten Klassifikatoren entwerfen zu können, müssen bestimmte Bedingungen erfüllt sein:

- Es müssen Zeitreihen existieren.

- Es müssen mehrere Datentupel pro Klasse vorliegen, um einen Klassifikator entwerfen zu können.

- Die Länge der Zeitreihen muss für alle Datentupel übereinstimmen, da es sonst zu Problemen beim Klassifikatorentwurf kommt.

- Die Ausgangsgrößen müssen bekannt sein, da überwachte Verfahren eingesetzt werden.

Diese Bedingungen können direkt in Bedingungen für die Struktur der Projekte in Gait-CAD umgesetzt werden. Mögliche Projekte, die in Gait-CAD vorliegen, können die in Tabelle 3.1 aufgeführten Dimensionen besitzen. Zeitreihen, Einzelmerkmale und Ausgangsgrößen werden in Matrizen gespeichert, deren Format in [176] eingeführt wurde.

Typ	Zeitreihen	Einzelmerkmale	Ausgangsgrößen
1	—	$N \times s_x$	$N \times s_y$
2	—	$N \times s_x$	—
3	$1 \times K \times L$	—	—
4	$N \times K \times L$	$(N \times s_x)$	$N \times s_y$
5	$N \times K \times L$	—	$N \times s_y$

Tabelle 3.1: Zulässige Dimensionen der Matrizen eines Gait-CAD Projekts

Lediglich die 4. bzw. 5. Variante ist von den Zeitreihenklassifikatoren verwertbar. Alle anderen verstoßen gegen mindestens eine Bedingung. Da für die Zeitreihenklassifikation die Anzahl an Einzelmerkmalen keine Rolle spielt, wird die 5. Variante im Folgenden mit der 4. Variante gleichgesetzt und nicht weiter behandelt. Mit Hilfe von Konvertierungen können die Projekte so umgewandelt werden, dass eine Verarbeitung der Daten möglich ist. Dafür sind zum Teil weitere Informationen nötig. Die Konversionen sind in Abbildung 3.1 enthalten.

In der Abbildung 3.1a) ist die Konvertierung der Typen 1 und 2 in den Typ 3 dargestellt. Diese Varianten enthalten nur Einzelmerkmale. Dennoch kann es sinnvoll sein, sie mit Zeitreihenklassifikatoren zu klassifizieren, z.B. wenn die Datentupel einer fortlaufenden Zeitreihe entstammen. Dafür müssen die Merkmale in eine Zeitreihe konvertiert werden. Die Datentupel werden durch die Konversion

$$N \times s_x \rightarrow 1 \times N \times s_x \tag{3.1}$$

in einzelne Abtastpunkte umgewandelt. Nun liegt ein einzelner Versuch mit s_x Zeitreihen und N Abtastpunkten vor, was der dritten Variante aus Tabelle 3.1 entspricht (mit $K = N$ und

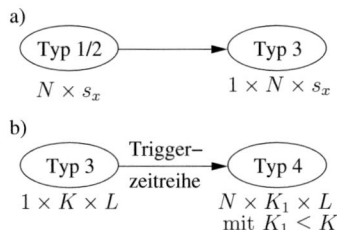

Abbildung 3.1: Konvertierungen. a) Projekt mit Einzelmerkmalen in ein Projekt mit einem Datentupel und den bisherigen Datentupeln als Abtastpunkte, b) Projekt mit einem Datentupel in ein Projekt mit mehreren Datentupeln durch die Verwendung einer Triggerzeitreihe

$L = s_x$). Die Variante wird normalerweise durch eine kontinuierliche Aufnahme von Zeitreihen erreicht, bei denen die Versuche z.B. durch Triggerereignisse voneinander getrennt sind. Die Aufnahme liegt zunächst als kontinuierliche Zeitreihe vor, die erst in die einzelnen Versuche und somit in einzelne Datentupel konvertiert werden muss. Die Triggerereignisse sind in einer Triggerzeitreihe enthalten, die immer dann von Null verschieden ist, wenn ein Triggerereignis auftritt. Es erfolgt also folgende Konversion (siehe unteres Bild in Abbildung 3.1):

$$1 \times K \times L \overset{\text{Triggerzeitreihe}}{\rightarrow} N \times K_1 \times L, \text{ mit } K_1 \leq K. \qquad (3.2)$$

Die benötigte Ausgangsgröße mit der Dimension $N \times 1$ kann ebenfalls durch die Triggerzeitreihe generiert werden.

Abbildung 3.2 stellt die Konvertierung einer einzelnen kontinuierlichen Zeitreihe in einzelne Versuche schematisch dar.

In der Darstellung a) ist die kontinuierliche Zeitreihe dargestellt. Zur besseren Übersicht sind die einzelnen Versuche markiert. Die Abbildung b) enthält die Triggerzeitreihe zur Konvertierung der kontinuierlichen Zeitreihe. Die Triggerzeitreihe enthält die Triggerereignisse, die in Abschnitt 2.3.1 eingeführt wurden. Die Triggerzeitreihe muss die gleiche Anzahl an Abtastpunkten besitzen wie die kontinuierliche Aufnahme. Die Amplitude der Triggerzeitreihe spezifiziert die Klassenzugehörigkeit der einzelnen Versuche und ist nur zu Abtastpunkten mit einem Triggerereignis von Null verschieden.

Durch die Definition der zu verwendenden Anzahl an Abtastpunkte vor (Preset) und nach (Offset) dem Triggerereignis werden die zu extrahierenden Bereiche definiert. Die Bereiche sind in der oberen linken Grafik in Abbildung 3.2 durch die strichpunktierten bzw. gestrichelten Linien dargestellt. Durch das Vorgehen kann auch bei eigentlich unterschiedlich langen Versuchen eine einheitliche Länge der Versuche durch geeignete Wahl des Presets und Offsets erzielt werden. Kann keine einheitliche Länge für die Extraktion erreicht werden, müssen die Zeitreihen der einzelnen Versuche anschließend in ihrer Länge durch Interpolation oder Unterabtastung einander angeglichen werden. In Gait-CAD wurden folgende Möglichkeiten implementiert:

- Interpolation der Zeitreihen durch Standard-Matlab-Funktionen (*resample*),

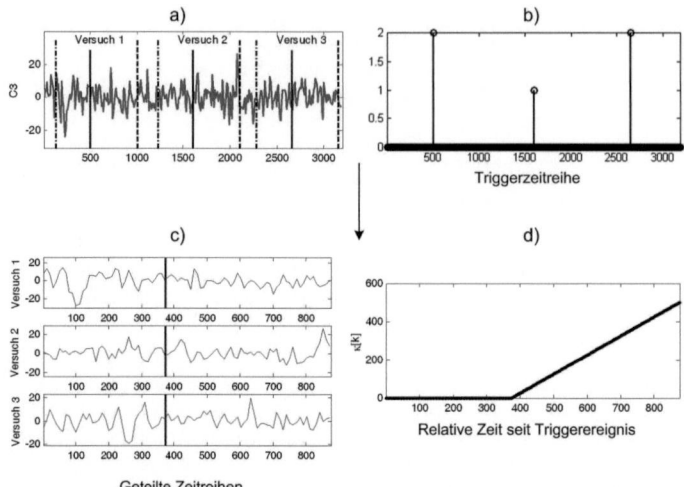

Abbildung 3.2: Schematischer Ablauf einer Konvertierung von Typ 3 in Typ 4. Die kontinuierliche Zeitreihe (a) wird mit Hilfe einer Triggerzeitreihe (b) in einzelne geteilte Zeitreihen konvertiert (c). Zusätzlich entsteht eine neue Zeitreihe, die die relative Zeit seit dem Triggerereignis enthält (d). Es gilt Preset= 375, Offset=500

- Auffüllen der kürzeren Zeitreihen mit Nullen und
- Beibehalten des letzten Wertes der kürzeren Zeitreihe.

Die Abbildung c) enthält die drei extrahierten Versuche. Auch in diese Abbildung wurde das Triggerereignis eingezeichnet. Es ist deutlich zu sehen, dass der für den Klassifikator interessante Bereich erst im Laufe der einzelnen Versuche beginnt. Die zugehörige relative Zeit seit einem Triggerereignis $\kappa[k]$ ist in Abbildung d) dargestellt. Diese Zeitreihe wird von den Klassifikatoren K2-K5 zum Entwurf verwendet. Da jeder Versuch die gleiche Anzahl an Abtastpunkten umfasst, gibt es genau ein $\kappa[k]$. Die Länge der Zeitreihe entspricht nun der Länge eines Versuchs, nicht wie bei der für die Konvertierung verwendeten Zeitreihe der Länge der originalen Zeitreihe.

Je nach gewähltem Zeitreihenklassifikator K1-K5 wird ein entsprechender Entwurf gemäß Gleichungen (2.9)-(2.13) durchgeführt, der grundsätzlich wie in Abbildung 2.12 abläuft.

Optional ist eine zusätzliche Vorverarbeitung der Zeitreihen möglich. Für die Klassifikatoren können die Zeitreihen intern verkleinert werden, so dass Rechenzeit und Speicherplatz gespart werden (z.B. durch Zusammenfassen von Abtastpunkten in gleitenden Fenstern durch Mittelung oder Extremwertbildung). Anschließend werden die Abtastpunkte für den Entwurf der Klassifikatoren bestimmt. Die Klassifikatoren K1, K2 und K3 verwenden jeweils nur einen einzelnen Abtastpunkt für den Entwurf, der K4 verwendet jeden Abtastpunkt. In diesem Schritt werden interne Speicherstrukturen eingeführt, durch die der folgende Entwurf der Klassifikatoren korrekt durchgeführt wird.

Es folgt der Entwurf der zeitvarianten Klassifikatoren. Durch eine geeignete Kapselung der internen Klassifikatoren können für den Entwurf bereits implementierte Verfahren eingesetzt werden. Beim Entwurf kommen insbesondere die Ergebnisse aus dem vorigen Schritt zum Einsatz. Der Entwurf umfasst die Merkmalsauswahl, die Merkmalsaggregation und die Bestimmung der Parameter des internen Klassifikators. Die einzelnen Klassifikatoren werden in einer speziellen Speicherstruktur gesichert, so dass mit Hilfe der relativen Zeit seit dem Triggerereignis $\kappa(k)$ auf den korrekten Klassifikator zugegriffen werden kann.

Als letzter Schritt muss die Bestimmung der Parameter für die zeitliche Aggregation der Klassifikationsentscheidungen durchgeführt werden. Bei konstanten Filterparametern ist die Berechnung trivial. Für dynamische zeitvariante Parameter wird der entworfene Klassifikator auf den Lerndaten angewendet. Anschließend werden die Filterparameter entsprechend den Gleichungen (2.19)-(2.22) berechnet. Die Entwicklung neuer Verfahren für die zeitliche Aggregation der Parameter ist leicht in die implementierten Verfahren zu integrieren.

Der K2 und der K5 erfordern intern eine Umwandlung der Daten, da die festgelegten Strukturen der Klassifikatoren nicht zu den herkömmlichen Projektdaten passen. Die eigentlichen Daten des Projekts werden nicht verändert. Auch bei den Klassifikatoren kann anschließend der oben erwähnte Ablauf durchgeführt werden, um die vorhandenen Klassifikationsverfahren zu verwenden.

Die Verwendung bereits implementierter und gekapselter Algorithmen für die internen Klassifikationsverfahren verringert die Fehleranfälligkeit und den Wartungsaufwand der zeitvarianten Klassifikatoren. Auch an der Stelle gilt, dass neue Verfahren leicht in die Strukturen zu integrieren sind, da alle Funktionen geeignet gekapselt wurden.

3.3 Plugins

Ein Ziel der vorliegenden Arbeit ist die Bereitstellung eines Methodenapparats und eines Softwarepakets für die Auswertung von Zeitreihen, das für verschiedene Anwendungsgebiete geeignet ist.

Um das Ziel zu erreichen, muss das Programmpaket mit wenig Aufwand an problemspezifische Gegebenheiten angepasst werden können. Bei der Analyse von Zeitreihen ist eine spezifische Gegebenheit z.B. die Quelle der Zeitreihe (beim EEG ist die Information z.B. in anderen Frequenzbereichen enthalten als im ENG). Die Qualität der Analyse von Zeitreihen hängt sehr stark von der Extraktion geeigneter Merkmale und neuer Zeitreihen ab. Welche Merkmale geeignet sind, variiert nach Anwendungsfeld. Die folgenden Schritte wie Merkmalsauswahl sowie Entwurf und Anwendung der Klassifikatoren sind in verschiedenen Anwendungsgebieten identisch.

Für Gait-CAD ist im Rahmen der vorliegenden Arbeit eine Schnittstelle entwickelt worden, die an das aus kommerziellen Softwarepaketen bekannte Konzept der Plugins angelehnt ist. Plugins sind Funktionen, die sich an ein definiertes Format (insbesondere eine definierte Schnittstelle) halten und dadurch von anderen Programmen verwendet werden können. Die Funktionen werden dabei als Black-Box behandelt, der interne Aufbau der Funktionen spielt für die Verwendung keine Rolle.

In Gait-CAD sind Plugins einzelne Matlab-Funktionen, die sich an folgendes Format halten müssen:

```
function [datenOut, ret, info] = pluginfct(paras, datenIn).
```

Die Schnittstelle ist durch den Funktionskopf zunächst nur syntaktisch definiert, insbesondere da Matlab keine typisierten Funktionsparameter verwendet. Daher ist es besonders wichtig, die notwendigen Datenstrukturen eindeutig zu beschreiben, sowohl syntaktisch, als auch semantisch. In der vorliegenden Arbeit wird nur grob die zur Verfügung gestellte Schnittstelle beschrieben, eine ausführliche Beschreibung der verwendeten Datenstrukturen kann in der Dokumentation von Gait-CAD nachgelesen werden [199]. Die Schnittstelle ist folgendermaßen definiert:

- Eingaben:

    - `paras`: enthält Parameter, die für die Ausführung der Funktion nötig sind. Da nicht bekannt ist, welche Parameter das Plugin benötigt, werden grundsätzliche alle über die Bedienoberfläche einstellbaren Parameter übergeben.
    - `datenIn`: enthält die Zeitreihen, aus denen Daten extrahiert werden sollen. Zusätzlich können z.B. Informationen über Daten eines Normkollektivs enthalten sein.

- Ausgaben:

    - `datenOut`: enthält die extrahierten Zeitreihen oder Einzelmerkmale, also das Endergebnis der Berechnung des Plugins.
    - `ret`: enthält zusätzliche Informationen zur Rückgabe.
    - `info`: enthält allgemeine Informationen zum Plugin.

Da Gait-CAD komplett mit Hilfe einer Benutzeroberfläche zu bedienen ist, müssen die Plugins Informationen über sich bereit stellen, um den Benutzern die Identifikation der für ihr Problem geeigneten Plugins zu ermöglichen, z.B. durch einen Bezeichner für die extrahierten Zeitreihen, der die Funktionsweise des Plugins ausreichend wiedergibt. Weiterhin sind Informationen für die interne Verarbeitung nötig. Dazu gehören z.B. Informationen welcher Art die Rückgabe ist (Zeitreihen oder Einzelmerkmale) und die Dimension der Rückgabe. Da die Informationen bereits vor dem ersten Ausführen der Plugins zur Extraktion von Daten aus Zeitreihen vorliegen müssen, geben die Funktionen die Informationen auch ohne die Übergabe von Zeitreihen zur Extraktion von Daten zurück. Die Übergabe von undefinierten Zeitreihen (durch Übergabe einer leeren Variablen für `datenIn`) ist eine Information für das Plugin, das lediglich die Informationen erwartet werden.

Die erweiterte Rückgabe durch `ret` ist nötig, da einige Plugins ihre Informationen zu Bezeichnern während der Verarbeitung von Zeitreihen anpassen können. Das ist z.B. bei Algorithmen der Fall, bei denen die Anzahl an Ausgaben von gewählten Parametern abhängt, wie bei der Hauptkomponentenanalyse. Ändert der Benutzer die Anzahl an Hauptkomponenten zwischen zwei Ausführungen des Plugins, müssen die Bezeichner der extrahierten Daten entsprechend angepasst werden. Da die Plugins am besten wissen, wie die Bezeichner anzupassen sind, führen sie die Anpassungen durch und geben das Ergebnis weiter. Eine weitere Information ist z.B. eine Fehlermeldung bei der Extraktion der Daten. Somit kann die Funktion, die das Plugin gerufen hat, den Fehler erkennen und die berechneten Daten verwerfen sowie eine definierte Fehlermeldung zur Verfügung stellen.

Die Integration eigener Plugins in das Programmpaket Gait-CAD soll möglichst einfach erfolgen. Aus diesem Grund wird ein definierter Ordner zur Verfügung gestellt, in dem die Plugins enthalten sind. Bei der Suche nach gültigen Plugins wird zunächst die korrekte Dateiendung geprüft. Da die Dateiendung nur ein sehr grobes Maß für die Gültigkeit ist, werden weitere Merkmale, wie die korrekte Anzahl an Ein- und Ausgaben sowie die korrekte Reaktion bei der Frage nach den Informationen des Plugins geprüft. Erst dann wird das Plugin als gültig eingestuft und zur Verwendung in Gait-CAD integriert. Durch die Prüfungen können Hilfsfunktionen, die zum Betrieb des Plugins nötig sind, im gleichen Ordner vorgehalten werden. Das stellt einen Vorteil gegenüber der Verteilung auf weitere Ordner dar, da bei der Verteilung auf mehrere Ordner die Ausführbarkeit der Funktionen auf Grund des Pfad-Systems von Matlab nicht gewährleistet ist.

3.4 Einzüge

Die Einzüge sind ein wichtiges Hilfsmittel in der Merkmalsextraktion aus Zeitreihen. Nicht immer sollen Daten aus einer kompletten Zeitreihe extrahiert werden. Ein Beispiel ist die Betrachtung des Mittelwerts oder der Extremwerte in bestimmten Abschnitten der Zeitreihe. Diese zeitlichen Beschränkungen müssen bei der Extraktion von Daten aus Zeitreihen berücksichtigt werden. Eine Möglichkeit ist die Verwendung der Einzüge.

Die Einzüge waren bereits in den ersten Versionen von Gait-CAD enthalten [176] und beziehen sich auf die in Tabelle 6.1 beschrieben Schrittphasen. Die Neuerung im Rahmen der vorliegenden Arbeit sind dynamische Einzüge. Das bisherige Vorgehen war, dass die Einzüge nach den definierten Längen der Schrittphasen fest im Programm verdrahtet wurden (siehe Tabelle 3.2).

Bezeichner	Kurzbezeichner	Abtastpunkte der Zeitreihe
Ganze Zeitreihe	STRI	$1\ldots101$
Standphase	ST	$1\ldots61$
Schwungphase	SW	$62\ldots101$
Initial Contact	IC	$1\ldots2$
Loading Response	LR	$1\ldots10$
Mid Stance	MSt	$11\ldots30$
Terminal Stance	TSt	$31\ldots51$
Pre Swing	PSw	$52\ldots61$
Initial Swing	ISw	$62\ldots74$
Mid Swing	MSw	$75\ldots88$
Terminal Swing	TSw	$89\ldots101$

Tabelle 3.2: Festgelegte Standardeinzüge in Gait-CAD bis zum Jahr 2005

Andere Anwendungsgebiete, bei denen die Länge der Zeitreihen nicht auf 101 Abtastpunkte normiert ist, können mit den bisher definierten Einzügen nicht arbeiten. Das bisherige Verfahren erlaubte aber nur komplizierte Anpassungen der Einzüge durch das Ändern von Quellcode. Ein weiterer Nachteil ist, dass schon in der Ganganalyse die statischen Einzüge nur unzureichende Schätzungen darstellen.

Im Rahmen der vorliegenden Arbeit wurde eine einfache Definition von Einzügen entwickelt, die außerdem die dynamische Berechnung der Einzüge individuell für einzelne Datentupel erlaubt. Die Definition erfolgt in Form von standardisierten ASCII-Dateien. In Tabellenform werden die einzelnen Einzüge definiert, wobei die Spalten der Tabelle durch ein Tabulatorzeichen und die Zeilen der Tabelle durch einen Zeilenumbruch symbolisiert werden. Die semantische Bedeutung ist festgelegt. Die Spalten enthalten:

- den Bezeichner des Einzugs,

- einen Kurzbezeichner zur Verwendung nach der Extraktion von Daten aus Zeitreihen,

- den ersten Abtastpunkt des Einzugs und

- den letzten Abtastpunkt des Einzugs.

Der Bezeichner liefert dem Benutzer wichtige Informationen, um den Umfang und die Zeitpunkte des Einzugs einschätzen zu können. Die Kurzbezeichner werden verwendet, um den extrahierten Einzelmerkmalen spezifischere Namen zu geben. Werden in verschiedenen Abschnitten einer Zeitreihe die Extremwerte extrahiert, muss die zeitliche Herkunft der extrahierten Daten im weiteren Verlauf der Analyse der Daten rekonstruierbar sein. In der Abbildung 6.2 sind z.b. die Merkmale MAX IC [Mean KneeFlexExt] V und MAX STRI [MeanDorsiPlanFlex] enthalten. Die Bezeichner IC und STRI geben die verschiedenen Einzüge an. IC steht für „Initial Contact" (aufsetzen der Ferse), „STRI" für Stride, also den kompletten Schritt. Die in der Ganganalyse verwendeten Bezeichner sind in Tabelle 3.2 enthalten.

Der Start- und Endpunkt definiert dann letztendlich den Bereich einer Zeitreihe, der für die Extraktion der Daten verwendet werden soll. Die Dynamik in der Definition der Einzüge wird durch die Möglichkeit zur Verwendung von Bezügen auf im Projekt enthaltene Einzelmerkmale erreicht. Die Extraktion von Einzelmerkmalen aus einer Zeitreihe unter Verwendung des i.ten Einzugs erfolgt nach folgender Formel:

$$x_{\text{extr}}[i] = f_{\text{Plugin}}\left(z[k_{\text{Einzug,min}}(i), \ldots, k_{\text{Einzug,max}}(i)]\right) \tag{3.3}$$

Beispiel 7: Bei der Ganganalyse können einige Schrittphasen direkt aus dem Schritt extrahiert werden. Zum Beispiel ist die Standphase definiert als die Phase, in der der betrachtete Fuß am Boden ist. Hebt der Fuß vom Boden ab, beginnt die Schwungphase, beim Aufsetzen der Ferse wieder die Standphase. Die Stand- und Schwungphase können also definiert werden als:

```
Standphase      ST_P    1          [FootOff]
Schwungphase    SW_P    [FootOff]+1 maxsize.
```

Die Standphase beginnt am Anfang der Zeitreihe, was durch die zeitliche Normierung der Daten auf einen vollständigen Schritt immer gewährleistet ist. Sobald der Fuß vom Boden abgehoben wird, beginnt die Schwungphase. Das Abheben des Fußes kann aus den Daten des Schritts extrahiert werden und der Zeitpunkt liegt in Form eines Merkmals vor (Bezeichner [FootOff]). Die Schwungphase beginnt einen Abtastpunkt nach dem Abheben des Fußes, also zum Zeitpunkt [FootOff] + 1 und endet am Ende des Schritts, der durch maxsize definiert wird.

Da der Zeitpunkt des Abhebens des Fußes individuell bei jedem Patienten unterschiedlich ist, ist die dynamische Definition der Schrittphasen ein großer Fortschritt. Neben dem Bezug auf Einzelmerkmale sind mathematischen Operatoren erlaubt, wie z.B.

```
[OppositeFootOff] + ([OppositeFootContact] - [OppositeFootOff]) / 2.
```

Die im Beispiel verwendeten Merkmale beschreiben das Abheben (OppositeFootOff) bzw. das Aufsetzen (OppositeFootContact) des nicht betrachteten Fußes. Wird also das linke Bein betrachtet, beschreiben die Merkmale das Aufsetzen und Abheben des rechten Fußes und andersherum.

Aus verschiedenen Gründen können keine allgemeinen Variablen oder Funktionen in den Definitionen verwendet werden. Das stellt allerdings keine Einschränkung dar, denn Variablen oder die Ergebnisse von Funktionen können in Einzelmerkmale exportiert werden und somit in der Definition von Einzügen verwendet werden.

Um projektspezifische Einzüge zu ermöglichen, werden die Definitionen beim Laden eines Projekts im gleichen Ordner gesucht und geladen. Des Weiteren ist ein Standardordner vorhanden, in dem Dateien mit Definitionen von Einzügen abgelegt werden können. Die Funktionalität der Plugins und der Einzüge wird durch die Definition von Standardeinzügen sichergestellt. Zum Beispiel ist das Extrahieren von Daten aus der kompletten Zeitreihe durch entsprechend definierte Einzüge sichergestellt.

3.5 Zusammenfassung

Die Zeitreihenklassifikatoren wurden erfolgreich in das bestehende Programmpaket Gait-CAD integriert. Durch die Implementierung der Konvertierungsfunktionen wird eine hohe allgemeine Verwendbarkeit der Klassifikatoren erreicht. Projekte unterschiedlicher Ausprägungen und Dimensionen können einfach verarbeitet werden. Die zusätzlich implementierten (hier nicht beschriebenen) Importfunktionen erlauben eine einfache Anwendung der Verfahren auf Projekte unterschiedlicher Herkunft.

Die Verwendung der Plugins sowie der Einzüge erlauben die Verfahren leicht an individuelle Probleme anzupassen. Da bei der Erstellung derartiger Toolboxen nicht auf alle Anwendungssituationen Rücksicht genommen werden kann, ist die intuitive Erweiterbarkeit ein sehr wichtiger Faktor.

Die verwendete Definition der Einzüge erlaubt sowohl die Einrichtung von Einzügen mit konstanten Bereichen, als auch die individuelle Definition für die einzelnen Datentupel. Letzteres geschieht über die Rechenvorschriften, in die die Merkmale der betrachteten Datentupel eingesetzt werden.

4 Brain Machine Interfaces

4.1 Übersicht

Brain Machine Interfaces werden verwendet, um mit Hilfe von Hirnsignalen verlorengegangene neuronale Strukturen zu ersetzen. Die Funktionsweise der Brain Machine Interfaces wurde bereits in Abschnitt 1.2.3 dargestellt. Detailliertere Literatur zu Brain Machine Interfaces und deren Definition findet sich z.b. in [215, 306].

Für die Anwendung der vorgestellten Methoden auf das Feld der Brain Machine Interfaces werden Datensätze aus der internationalen BCI Competition III[1] herangezogen. Der Wettbewerb wird alle zwei Jahre veranstaltet, um Methoden auf einheitlichen Datensätzen testen und vergleichen zu können. Zu diesem Zweck stellen diverse Gruppen Aufnahmen aus ihren Laboren zur Verfügung.

Die im Kapitel behandelten Versuche tragen zur Entwicklung von virtuellen Keyboards bei. Je nach Versuch werden Hirnsignale von Patienten oder Probanden verwendet, um kleine Klassifikationsprobleme (zwei Klassen) zu lösen. Mit Hilfe der zwei Klassen können Steuerungsaufgaben, wie z.B. die Wahl von Buchstaben auf einem Bildschirm, umgesetzt werden. Bei einer nachgewiesenen zuverlässigen Funktionalität können die Entwicklungen anschließend ausgebaut werden, um die komplette Steuerung eines Computers mit Hilfe von Brain Machine Interfaces umzusetzen.

Die in der vorliegenden Arbeit entwickelten Methoden werden auf EEG- und ECoG-Datensätze angewendet und die erzielten Ergebnisse erläutert. Die Aufzeichnungen der Daten resultierte in Zeitreihen vom Typ 2. Die Datensätze sind durch a-priori bekannte Triggerereignisse gemäß dem Verfahren in Abschnitt 3.2 in Daten vom Typ 1 transformiert worden.

In diesem Kapitel wird untersucht:

- ob mit Hilfe der Merkmalskarten eine bessere Visualisierung des Informationsgehalts möglich ist,

- ob die neuen zeitvarianten Klassifikatoren gegenüber den bisherigen Klassifikationsmethoden bessere Ergebnisse erzielen und

- inwieweit Rückweisungen von Klassifikationsentscheidungen die Ergebnisse beeinflussen.

In Abschnitt 4.2 wird zunächst die Anwendung der Verfahren auf EEG-Datensätze (nichtinvasive Aufzeichnung) beschrieben. Anschließend werden die Verfahren im Abschnitt 4.3 auf einen Datensatz mit einer invasiven Aufzeichnung der Hirnsignale (ECoG) eines Epilepsiepatienten angewendet.

---

[1]Daten unter *http://ida.first.fhg.de/projects/bci/competition_iii/*

4.2   EEG-Datensätze

4.2.1   Beschreibung der Datensätze

Der Datensatz IIIb [294] enthält EEG-Aufnahmen von drei Probanden (*O3vr*, *S4b*, *X11b*, Tabelle 4.1). Die Aufgabe ist, sich jeweils eine Bewegung der linken bzw. rechten Hand vorzustellen ($C = 2$). Jeder Versuch dauert 7 bzw. 8 Sekunden, wobei nach 2 Sekunden ein Bereitschaftssignal erscheint und nach 3 Sekunden die vorzustellende Bewegung auf einem Bildschirm angezeigt wird (bei *O3vr* nach 1 bzw. 2 Sekunden). Der Trigger Tr2 befindet sich folglich auf dem Abtastpunkt $k = 375$ (bzw. bei $k = 250$ bei *O3vr*). Zwischen den einzelnen Versuchen wird eine Pause zwischen 0.5 und 2 Sekunden eingelegt. Durch die Abtastrate von 125 Hz ergeben sich für die unterschiedlichen Datensätze die Parameter aus Tabelle 4.1.

Beschreibung	Bezeichner	O3vr	S4b	X11b
Triggerereignis	Tr2 mit $k = \tau_1$	250	375	375
maximale relative Zeit seit Triggerereignis	κ_{max}	750	500	500
Anzahl Lerndatentupel	N_{Lern}	320	540	540
Anzahl Testdatentupel	N_{Test}	160	540	540

Tabelle 4.1: Parameter der Datensätze *O3vr*, *S4b* und *X11b*

Als Originalzeitreihen liegen im Datensatz kontinuierliche Aufnahmen der zwei Kanäle C3 und C4 im 10/20-System (siehe [152]) vor (Typ 2). Die Zeitreihen können durch die Kenntnis der Triggerereignisse in einzelne Versuche unterteilt werden (Typ 1). Jeder Versuch enthält $K = 875$ bzw. $K = 1000$ (bei *O3vr*) Abtastpunkte, inklusive der Abtastpunkte, die vor dem Triggersignal Tr2 vorhanden sind. Die Anzahl an Abtastpunkten ergibt sich aus der Länge der Versuche (7 bzw. 8 Sekunden) und der Abtastrate von 125 Hz.

Als weitere Zeitreihen werden verschiedene Frequenzbänder (α-Band: $8 - 12$ Hz, β-Band: $13 - 30$ Hz, $1 - 3, 4 - 6, 7 - 9, \ldots, 28 - 30, 1 - 6, 7 - 12, 13 - 18, \ldots, 25 - 30$ Hz) sowie relative Anteile gleicher Frequenzbänder in unterschiedlichen Kanälen verwendet. Die Berechnung der relativen Anteile erfolgt nach folgender Formel [198]

$$S = \frac{S_{fb,C3}}{S_{fb,C3} + S_{fb,C4}},\eqno(4.1)$$

wobei $S_{fb,C3}$ den im Frequenzband fb gefilterten Kanal C3 beschreibt und $S_{fb,C4}$ den im Frequenzband fb gefilterten Kanal C4. Der Grund für die Verwendung der Merkmale ist der reduzierte Einfluss der absoluten Amplituden in den Kanälen. Durch die Normierung auf die Summe der beiden verwendeten Kanäle können Schwankungen, die sich auf alle Kanäle auswirken, heraus gerechnet werden. Die Verwendung der Summe im Nenner hat den Vorteil, die Wahrscheinlichkeit für das Teilen durch Null zu reduzieren. Zur Berechnung der Frequenzbänder kam ein Butterworth-Filter 5. Ordnung zum Einsatz, die gefilterten Signale wurden anschließend gleichgerichtet und mit einem IIR-Filter tiefpassgefiltert.

Für den Datensatz *O3vr* ergeben sich $L = 53$ Zeitreihen. Aufgrund der höheren Anzahl an Versuchen in den Datensätzen *S4b* und *X11b* wird die Anzahl der Zeitreihen für diese Datensätze auf $L = 29$ reduziert, um einen verringerten Speicher- und Rechenaufwand zu erhalten. Dafür werden die Zeitreihen entfernt, die als informationsarm eingestuft werden können (der maximale ANOVA-Wert liegt unter einem bestimmten Schwellwert). Eine Übersicht über die extrahierten Zeitreihen findet sich in den Tabellen B.1, B.2 und B.3.

4.2.2 Merkmalskarten

Die Betrachtung der Merkmalskarten bei den EEG-Datensätzen verdeutlicht die Notwendigkeit des patienten- oder probandenspezifischen Entwurfs von Klassifikatoren (Abbildung 4.1) und bestätigt das Ziel, mit Hilfe der Merkmalskarten eine bessere Visualisierung des Informationsgehalts zu ermöglichen.

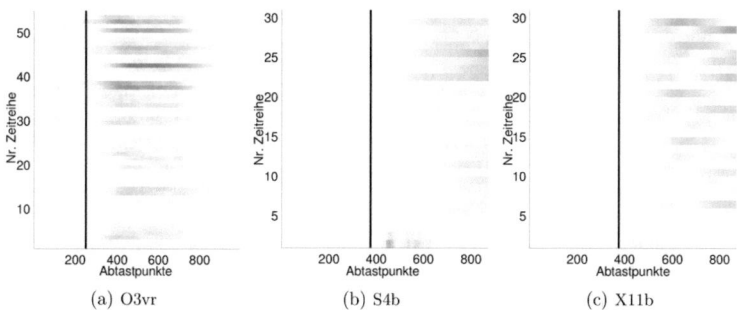

(a) O3vr   (b) S4b   (c) X11b

Abbildung 4.1: Merkmalskarten der EEG-Datensätze *O3vr*, *S4b* und *X11b*. Als Bewertungsmaß wurde ANOVA verwendet, für die Bewertung wurden jeweils ausschließlich die Lerndaten ausgewählt. Weiß: keine Informationen, schwarz: eindeutige Trennung möglich, schwarze senkrechte Linie: Triggerereignis Tr2

Beim Datensatz *O3vr* sind relativ viele einzelne sehr aussagekräftige Zeitreihen enthalten. Dazu gehören z.B. die Zeitreihen 37, 38 und 42. Diese Zeitreihen entsprechen Frequenzbändern, die als informationstragend bekannt sind: der relative Anteil im Alphaband $(8 - 12\ \text{Hz})$, der relative Anteil im Betaband $(13 - 30\ \text{Hz})$ und der relative Anteil im Frequenzband $10 - 12\ \text{Hz}$ als Teil des Alphabands.

In den anderen beiden Datensätzen *S4b* und *X11b* sind keine so deutlich informationstragenden Zeitreihen enthalten.

Das Betaband ist im Datensatz *S4b* zwar auch als informationstragend zu erkennen (Zeitreihe 22), aber nicht so stark, wie im Datensatz *O3vr*. Weiterhin sind im relativen Anteil des Frequenzbands $19 - 24\ \text{Hz}$ Informationen enthalten, die im Datensatz *O3vr* nicht so ausgeprägt sind (Zeitreihe 25). Sehr auffällig ist der im Verhältnis zu den anderen Datensätzen sehr ausgeprägte Informationsgehalt in den originalen Zeitreihen (Zeitreihen 1 und 2). Physiologisch ist das Ergebnis der Merkmalskarte leicht nachvollziehbar: es ist bekannt, dass bei der Ausführung von Bewegungen, und auch bei der Vorstellung der Ausführung von Bewegungen [229], ein so genanntes Bereitschaftspotenzial generiert wird, das im Gleichanteil des EEG zu finden ist. Nach dem Ausklingen des Bereitschaftspotenzials sind die Bewegungen meist im Bereich des Alpha- oder Betabands des EEG zu finden. Eine mögliche Erklärung für das nur sehr schwache oder nicht erkennbare Bereitschaftspotenzial in den anderen beiden Datensätzen ist, dass die Probanden Vorstellungen verwendet haben, die das Bereitschaftspotenzial nicht auslösen, oder dass die nur sehr geringen Unterschiede im Rauschen untergegangen sind.

Im Datensatz *X11b* finden sich die Informationen ebenfalls in erster Linie in den höheren Frequenzbändern des EEG. Die Informationen sind aber über der Zeit betrachtet relativ verstreut, die informationstragenden Zeitreihen wechseln häufiger als bei den anderen Datensätzen. Hier finden sich die meisten Informationen in den Frequenzbändern $25 - 30$ Hz (Zeitreihe 29), $19 - 24$ Hz (Zeitreihe 28) und $25 - 27$ Hz (Zeitreihe 26) jeweils als relative Anteile gemäß Gleichung (4.1). In der Zeitreihe mit dem absoluten Frequenzband[2] $25 - 30$ Hz (Zeitreihe 20) sind ebenfalls Informationen enthalten, wenn auch etwas weniger als in der Zeitreihe mit den relativen Anteilen.

Auffällig ist, dass bei allen Datensätzen die Zeitreihen mit den relativen Anteilen (Zeitreihen $21 - 29$ in den Datensätzen *S4b* und *X11b* und Zeitreihen $37 - 53$ im Datensatz *O3vr*) meist mehr Informationen enthalten als die absoluten Zeitreihen. Eine Erklärung ist, dass relative Anteile robuster sind gegen Schwankungen in der Amplitude des originalen Signals. Bei Hirnsignalen ist das Einhalten oder Kontrollieren generierter Amplituden sehr schwierig. Insbesondere, da es sich nicht um wirkliche Amplituden, sondern um die Intensität spezifischer Frequenzbänder handelt.

Die Merkmalskarten geben keinerlei Anhaltspunkte für unzuverlässige Zeitreihen (siehe Abschnitt 2.4.2): Da die Probanden zwischen den einzelnen Versuchen entspannt vor dem Versuchsaufbau saßen, können in keiner Zeitreihe bereits vor dem Triggerereignis Informationen enthalten sein, was durch die Betrachtung der Merkmalskarte bestätigt wird. Auch nach dem Triggerereignis vergeht noch einige Zeit, bis Informationen erkannt werden (die zeitliche Verzögerung ergibt sich durch die Reaktionszeit der Probanden). Zeitreihen im Datensatz, die vor dem Triggerereignis oder nach dem Ende eines einzelnen Versuchs für die Klassifikation relevante Informationen enthalten, müssten aus dem Datensatz entfernt werden, da die Herkunft der Informationen fragwürdig ist.

Die tatsächliche Güte einer Klassifikation ist anhand dieser Abbildungen nur sehr schwierig zu bewerten, da die Klassifikatoren verschiedene Kombinationen von Merkmalen bzw. Zeitreihen verwenden. Durch die Abbildungen wird aber insbesondere für die Datensätze *S4b* und *X11b* die Notwendigkeit eines zeitvarianten Klassifikators deutlich, da der Informationsgehalt der Zeitreihen über der Zeit sehr variiert.

4.2.3   Einzelmerkmalsklassifikatoren

Um die zeitvarianten Klassifikatoren mit anderen Ansätzen vergleichen zu können, werden die Ergebnisse nicht nur ins Verhältnis gesetzt zu den Ergebnissen der anderen Teilnehmer am Wettbewerb. Als weitere Vergleichsmöglichkeit bietet sich das „übliche" Vorgehen an, die Zeitreihen über eine bestimmte Zeit zu aggregieren und auf den gewonnenen Daten Klassifikatoren für Einzelmerkmale anzuwenden.

Die implementierten Methoden erlauben ein solches Vorgehen auf relative einfache Art und Weise. Durch die Möglichkeit der Definition von anwendungsspezifischen Einzügen (siehe Abschnitt 3.4) für die Merkmalsextraktion aus Zeitreihen können gezielt bestimmte Teile von Zeitreihen für die Merkmalsextraktion verwendet werden.

Als Einzelmerkmale werden folgende Werte aus den beschriebenen Zeitreihen extrahiert:

- Maximum (MAX)

---

[2]Wenn in der vorliegenden Arbeit von einem „absoluten" Frequenzband die Rede ist, dann ist eine Zeitreihe gemeint, die nicht aus einer Kombination anderer Zeitreihen nach Gleichung (4.1) bestimmt wurde.

- Position des Maximums (MAPO)

- Minimum (MIN)

- Position des Minimums (MIPO)

- Mittelwert (MEAN)

- Spannweite (Maximum - Minimum, engl.: Range of Motion, ROM).

Des Weiteren wird eine Hauptkomponentenanalyse durchgeführt und dadurch die Anzahl an Abtastpunkten der Zeitreihen reduziert. Die (hier: fünf) aggregierten Abtastpunkte werden als Einzelmerkmale gespeichert. Wichtig bei der Hauptkomponentenanalyse ist, dass der Entwurf der Hauptkomponenten ausschließlich über Lerndaten zu erfolgen hat. Insgesamt werden also 11 neue Merkmale pro Zeitreihensegment und Zeitreihe bestimmt. Die Zeitreihensegmente werden als folgende Abschnitte definiert:

- Ganze Zeitreihe

- Erste Hälfte der kompletten Zeitreihe

- Zweite Hälfte der kompletten Zeitreihe

- Jeweils 1 Sekunden lange Stücke ab Tr2 bis κ_{max}

Für die Datensätze ergeben sich damit die in Tabelle 4.2 enthaltenen Anzahlen an Einzelmerkmalen für die einzelnen Datensätze.

Datensatz	Anzahl neuer Merkmale	Anzahl Zeitreihensegmente	Anzahl Zeitreihen	Anzahl neuer Einzelmerkmale
S4b	11	7	29	$s_x = 29 \cdot 11 \cdot 7 = 2233$
X11b	11	7	29	$s_x = 29 \cdot 11 \cdot 7 = 2233$
O3vr	11	9	53	$s_x = 53 \cdot 11 \cdot 9 = 5247$

Tabelle 4.2: Anzahl Einzelmerkmale für *O3vr*, *S4b* und *X11b*

Die Klassifikation wird mit zwei Klassifikationsverfahren und folgenden Einstellungen durchgeführt:

- Bayes-Klassifikator mit acht ausgewählten Merkmalen über MANOVA, Diskriminanzanalyse auf drei Merkmale

- Support-Vektor-Maschine mit acht ausgewählten Merkmalen über informationstheoretische Maße, Diskriminanzanalyse auf drei Merkmale, polynomialer Kernel mit Kernel-Ordnung $p = 1$.

Die Ergebnisse der Klassifikatoren sind in Tabelle 4.3 zusammengefasst. Beide Verfahren liefern relativ ähnliche Ergebnisse, wobei jeweils die Testdaten zur Validierung des über Lerndaten entworfenen Klassifikators verwendet werden. Lediglich beim Datensatz *S4b* ist ein deutlicher Unterschied zwischen den beiden Klassifikatoren von ca. 4% erkennbar.

Klassifikator	Fehler im Datensatz [%]		
	O3vr	S4b	X11b
Bayes	12.0	15.4	14.4
SVM	12.6	11.7	14.4

Tabelle 4.3: Klassifikationsfehler [%] der Einzelmerkmalklassifikatoren für *O3vr*, *S4b* und *X11b*

4.2.4 Zeitvariante Klassifikatoren und Rückweisung

Zunächst wird in dem Abschnitt untersucht, ob die zeitvarianten Klassifikatoren gegenüber den bisherigen Klassifikationsverfahren eine Verbesserung der Ergebnisse ermöglichen. Die zeitvarianten Klassifikatoren K1, K3 und K4 werden mit zwei verschiedenen Klassifikationsverfahren ausgeführt: ein Bayes-Klassifikator und eine Support-Vektor-Maschine, jeweils mit vier über MANOVA ausgewählten Merkmalen.

Eine Ausnahme bildet der Klassifikator K2, dessen Merkmalsraum für das beschriebene Vorgehen zu groß ist. Deshalb wurden mit MANOVA und einer linearen Diskriminanzanalyse ein Aggregationsvektor **a** zu einem bestimmten Zeitpunkt ermittelt und die Merkmale über der Zeit aggregiert (in der vorliegenden Arbeit wurde der Zeitpunkt mit maximalem Informationsgehalt k_{best} verwendet, der gemäß Gleichung (2.14) bestimmt wird). Der K2 wurde entsprechend Formel (2.17) berechnet.

Der K5 kann durch die komplexe Struktur des Merkmalsraums nur mit der nichtlinearen SVM ausgeführt werden (Kernel-Ordnung $p = 2$).

Die zeitaggregierten Klassifikatoren K3 IIR und K4 IIR werden mit den Filtern aus den Gleichungen (2.19)-(2.22) ermittelt. Für die SVM wird der Abstand von der Trennfläche als Eingang für die zeitliche Aggregation verwendet, für den Bayes-Klassifikator die relative a-posteriori-Wahrscheinlichkeit.

Bei der Merkmalsauswahl werden die Relevanzen der Zeitreihen mit Hilfe der Gleichung (2.27) zeitlich gewichtet (mit $k_{min} = 438$). Durch die Gewichtung werden eher Merkmale gewählt, die zu einem frühen Zeitpunkt nach dem Triggerereignis gute Ergebnisse liefern. Die Gewichtung wirkt sich allerdings nicht beim K4 aus, da der K4 für jeden Zeitpunkt neue Merkmale bestimmt. Die zeitaggregierten Klassifikatoren profitieren von der zeitlich gewichteten Merkmalsauswahl, da sie die Entscheidungen über einen längeren Zeitraum aggregieren können. Werden Merkmale ausgewählt, die zu spät gute Klassifikationsgüten zulassen, können die Filter ihren Einfluss nicht hinreichend ausüben. Ein weiterer Grund für die Gewichtung war das im Wettbewerb verwendete Gütekriterium, das nicht nur den minimalen Klassifikationsfehler bewertet, sondern auch dessen Zeitpunkt. Für den K1 ist die Gewichtung nicht vorgenommen worden, da der K1 keinen Bezug zu einem Triggerereignis hat.

In Tabelle 2.14 wurden **qualitative Abschätzungen über die benötigte Rechenzeit und den Speicherbedarf** dargestellt. Um diese Abschätzungen zu untersuchen, werden die Rechenzeiten und der benötigte Speicher mit Hilfe von internen Matlab-Funktionen geschätzt. Die Rechenzeiten sind in der Einheit *flops* (flops ist die englische Abkürzung für floating point operations, zu Deutsch Gleitkommaoperationen) angegeben. Der Vorteil der Einheit ist die Unabhängigkeit vom ausführenden System, da nicht die Zeit, die für eine Rechenoperation benötigt wird, betrachtet wird, sondern die Anzahl an Rechenoperationen. Nachteil ist, dass nicht alle Funktionen eine korrekte Anzahl an verwendeten Rechenoperationen an Matlab melden. Dadurch ist ein Vergleich zwischen dem Bayes-Klassifikator und der SVM als internem Klassifikator der zeitvarianten Klassifikatoren nicht möglich. Da die Werte aber nur zu Vergleichszwecken zwischen den verschiedenen zeitvarianten Klassifikatoren herangezogen werden, sind systematische Fehler hinnehmbar.

Der benötigte Speicher gibt die Größe des verwendeten Speichers in Matlab an, also inklusive dem Speicher, der für die Verwaltung der Variablen nötig ist. Die Werte sind ausschließlich für die zeitaggregierten Klassifikatoren berechnet worden. Der Grund ist, dass die Aggregation der Entscheidungen über der Zeit vergleichsweise wenig Gleitkommaoperationen benötigt (ca. 12).

Für die zeitvarianten Klassifikatoren sind die ermittelten Werte für den Entwurf und die Anwendung der zeitvarianten Klassifikatoren mit Bayes als internem Klassifikator in Tabelle 4.4 zusammengefasst.

Klassifikator	Entwurf [flops]	Anwendung [flops pro Versuch und Abtastpunkt] Klassifikator + Extraktion = Summe					Speicher [KByte]
_O3vr_							
K1	$3.01 \cdot 10^9$	161	+	466	=	628	27
K2 IIR	$7.25 \cdot 10^8$	1116	+	466	=	1582	4586
K3 IIR	$8.00 \cdot 10^8$	161	+	466	=	628	5044
K4 IIR	$2.35 \cdot 10^9$	159	+	5361	=	5520	5032
K5 IIR	$9.77 \cdot 10^8$	285	+	2448	=	2733	49
_S4b_							
K1	$2.29 \cdot 10^9$	226	+	466	=	692	25
K2 IIR	$9.48 \cdot 10^8$	1147	+	466	=	1613	4280
K3 IIR	$1.02 \cdot 10^9$	226	+	466	=	692	4497
K4 IIR	$1.40 \cdot 10^9$	226	+	2681	=	2907	4573
K5 IIR	$3.30 \cdot 10^8$	729	+	1165	=	1894	32
_X11b_							
K1	$2.29 \cdot 10^9$	226	+	466	=	692	25
K2 IIR	$9.48 \cdot 10^8$	1147	+	466	=	1613	4280
K3 IIR	$1.02 \cdot 10^9$	226	+	466	=	692	4497
K4 IIR	$1.40 \cdot 10^9$	226	+	2681	=	2907	4573
K5 IIR	$4.50 \cdot 10^8$	1171	+	1515	=	2686	35

Tabelle 4.4: Geschätzter Rechenaufwand und Speicherbedarf der Klassifikatoren auf den EEG-Datensätzen _O3vr_, _S4b_ und _X11b_. Es wurden jeweils die zeitaggregierten Klassifikatoren verwendet, da die Aggregation beim nötigen Rechenaufwand nur eine sehr kleine Rolle spielt (ca. 12 Gleitkommaoperationen). Als interner Klassifikator wurde Bayes verwendet.

Für die Entwurfsphase ist die komplette Anzahl an benötigten Rechenoperationen angegeben. Da die Entwurfsphase nicht zeitkritisch ist, werden die Werte lediglich der Vollständigkeit halber aufgeführt. Es mag aber überraschen, dass der K1 in der Entwurfsphase am meisten Zeit benötigt, obwohl der K1 der einfachste Klassifikator ist. Der Grund ist, dass der K1 keine Rücksicht auf Triggerereignisse nimmt und daher mehr Abtastpunkte auf geeignete Merkmale untersucht.

Für die Anwendungsphase werden die benötigten Rechenoperationen auf einen Versuch (ein Datentupel) und einen Abtastpunkt normiert. Das erleichtert die Darstellung und erhöht die Lesbarkeit der Zahlen. Die Datensätze $S4b$ und $X11b$ erzielen nahezu identische Werte. Dies ist durch die Ähnlichkeit der Struktur der Datensätze begründet. Daher wird im Folgenden nur auf den Datensatz $(S4b)$ eingegangen. Die Aussagen gelten für den Datensatz $X11b$ ebenso.

In der Anwendungsphase sind zwei rechenaufwändige Vorgänge zu unterscheiden: zum einen die Extraktion der Daten für den Klassifikator, zum anderen die Anwendung des Klassifikators. Bei den vorliegenden Datensätzen und der durchgeführten Merkmalsextraktion sowie dem verwendeten Klassifikator (Bayes) ist der Einfluss der Merkmalsextraktion deutlich größer als der Einfluss der Anwendung der Klassifikatoren. Dadurch haben die Klassifikatoren mit kleinen Merkmalssätzen (K1, K2, K3) große Vorteile gegenüber den Klassifikatoren K4 und K5. Entscheidend für die Rechenzeit der Merkmalsextraktion ist nicht die Anzahl entworfener Klassifikatoren, sondern die Anzahl an Zeitreihen, die aus den originalen Daten extrahiert werden müssen. Da die meisten Zeitreihen rekursiv bestimmt werden oder zumindest mehrere Abtastpunkte bei der Extraktion beteiligt sind, reicht es nicht aus, nur die Zeitreihen zu extrahieren, die der aktuelle Klassifikator benötigt. Natürlich wirkt sich die Rechenzeit der Merkmalsextraktion nur bei einer Online-Klassifikation aus.

Das Verhältnis zwischen der benötigten Rechenzeit bei der Anwendung des Klassifikators und der Merkmalsextraktion wird von den extrahierten Zeitreihen und dem Klassifikationsverfahren beeinflusst. Bei einer SVM drehen sich die Werte für die Anwendung einer SVM und der Merkmalsextraktion um (z.B. 3759 Gleitkommaoperationen für die Anwendung der SVM und 2681 Gleitkommaoperationen für die Extraktion der Zeitreihen beim K4). Die Anzahl an Gleitkommaoperationen bei der Ausführung der SVM hängt insbesondere von der Anzahl an Support-Vektoren ab.

Unabhängig von der Verteilung der Gleitkommaoperationen in der Anwendungsphase können die Abschätzungen über die Rechenzeit und den Speicherbedarf bestätigt werden. Der K1 und der K3 benötigen bei der Anwendung am wenigsten Rechenzeit, der K4 am meisten.

Die große Zahl an Gleitkommaoperationen für den K2 ist dadurch zu erklären, dass kein eigener Algorithmus verwendet wird, sondern verallgemeinerte Klassifikatorfunktionen verwendet werden, die eine sehr umständliche Berechnung der Entscheidungsfunktion beim K2 erforderlich machen. Der Verzicht auf eine eigene Implementierung ist durch den verbesserten Wartungsaufwand begründet. Dennoch ordnet sich der K2 zwischen dem K1 und dem K4 ein. Auch der Speicherbedarf entspricht den Abschätzungen. Da der Speicherbedarf in erster Linie mit der Anzahl an verwendeten Merkmalen korreliert, ist diese Übereinstimmung leicht zu erklären.

Die Abschätzungen für den K5 konnten nicht bestätigt werden. Das Problem der zeitvarianten Klassifikation in ein Problem mit Einzelmerkmalen und der hinzugefügten Zeit zu konvertieren, erschwert den Entwurf geeigneter Klassifikatoren erheblich. Eine hohe Anzahl an Merkmalen ist nötig, um Klassifikationsgüten zu erreichen, die größer sind als das Ergebnis beim Raten der Klassen[3], was zu einem hohen Rechenaufwand führt.

Eine qualitative Aufwandsabschätzung gibt nur eine grobe Orientierung. Eine problemspezifische Quantisierung ist nötig.

Die **Betrachtung der Ergebnisse** zeigt, dass auch die Abschätzungen bezüglich der Verbesserung der Klassifikationsgüte korrekt waren (mit Ausnahme des K5). Die Ergebnisse

---

[3]Das Ergebnis beim Raten der Klasse entspricht $100\% - \frac{100\%}{C}$.

der Klassifikatoren sind in Tabelle 4.5 zusammengefasst.

	Fehler im Datensatz [%]					
	Minimum (Abtastpunkt)			Mittelwert ab Trigger		
Interner Klassifikator: Bayes						
ZR-Klassifikator	O3vr	S4b	X11b	O3vr	S4b	X11b
K1	13.8 (695)	22.8 (452)	23.0 (817)	34.1	48.8	46.4
K3	20.1 (384)	25.4 (545)	22.6 (603)	34.9	37.7	32.3
K4	15.1 (556)	21.5 (560)	21.5 (821)	30.8	31.4	30.7
K2 (DA, Bayes)	11.3 (838)	17.2 (607)	19.6 (866)	20.4	22.2	29.8
K3 IIR	16.3 (688)	19.8 (828)	12.4 (821)	21.2	26.7	29.0
K4 IIR	10.7 (983)	12.4 (875)	11.1 (868)	19.0	22.4	25.7
EM-Klassifikator	12.0	15.4	14.4	–	–	–
Interner Klassifikator: Support-Vektor-Maschine						
ZR-Klassifikator	O3vr	S4b	X11b	O3vr	S4b	X11b
K1	14.5 (493)	20.7 (453)	22.8 (831)	33.7	50.0	46.1
K3	14.5 (504)	21.5 (454)	21.9 (600)	29.9	36.3	31.7
K4	15.1 (556)	21.7 (455)	19.8 (779)	30.4	30.5	29.7
K5	18.2 (639)	27.6 (449)	27.8 (582)	31.6	50.1	47.8
K3 IIR	**10.1** (815)	14.1 (867)	13.0 (861)	**18.2**	22.2	28.0
K4 IIR	11.9 (756)	**10.9** (848)	**10.7** (872)	18.7	**20.6**	**24.8**
EM-Klassifikator	12.6	11.7	14.4	–	–	–
BCI Competition	10.7-47.8	11.5-46.2	16.5-45.6	–	–	–

Tabelle 4.5: Wert und Abtastpunkt des minimalen Fehlers und Wert des mittleren Fehlers der Klassifikatoren über Testdaten.

Die besten Ergebnisse erzielen die zeitaggregierten Klassifikatoren, die die SVM verwenden. Allerdings liegen die jeweils besten Ergebnisse der verwendeten internen Klassifikationsverfahren dicht beieinander. Die Auswahl des internen Klassifikationsverfahrens sollte daher in Abhängigkeit vom vorliegenden Datensatz durchgeführt werden.

Die in der vorliegenden Arbeit entwickelten zeitvarianten Klassifikatoren liefern leicht bis deutlich bessere Ergebnisse als die restlichen Teilnehmer im Wettbewerb[4]. Der mittlere Fehler wurde nicht explizit angegeben, so dass bei diesem Wert kein direkter Vergleich möglich ist.

Die großen Unterschiede zwischen dem K1 und dem K3 im Datensatz *O3vr* sind durch die unterschiedlichen Zeitpunkte des Anlernens zu erklären. Der K1 gewichtet die Merkmalsrelevanzen nicht in Abhängigkeit von der Zeit nach dem Triggerereignis. Dadurch können Zeitreihen gewählt werden, die eine bessere Trennung der Klassen ermöglichen.

Im Datensatz *O3vr* sind die zeitvarianten Unterschiede nicht so ausgeprägt wie in den anderen Datensätzen. Dementsprechend sind die Verläufe der nicht-aggregierten Klassifikatoren K3 und K4 dem des K1 sehr ähnlich (siehe Abbildung 4.2 für die Ergebnisse der SVM; die Ergebnisse des Bayes-Klassifikators sehen ähnlich aus, daher wurde auf eine grafische Darstellung verzichtet). Die Beobachtung schlägt sich auch im Mittelwert des Klassifikations-

---

[4]Für die Rangfolge im Wettbewerb wurde nicht der minimale Klassifikationsfehler bewertet sondern die maximale Steigung der Mutual Information [263]. Außerdem wurde der minimale Klassifikationsfehler im Wettbewerb erst ab $t = 3$s bewertet. Die gefilterten Ergebnisse der vorliegenden Arbeit sind bei Bewertungen ab $t = 3$s minimal schlechter (z.B. K3 IIR: 10.7%)

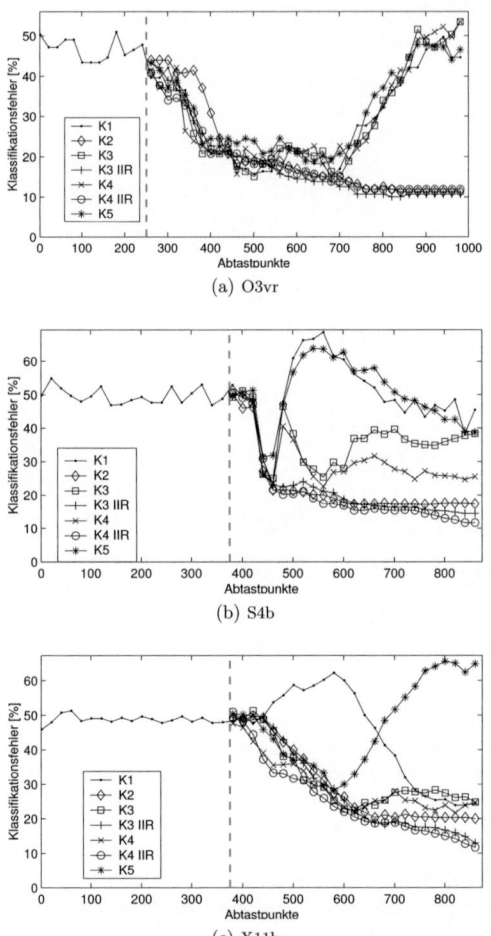

Abbildung 4.2: Klassifikationsfehler für die Datensätze *O3vr*, *S4b* und *X11b* über Testdaten. Aus Gründen der Übersichtlichkeit wurde nur jeder 20. Abtastpunkt eingezeichnet. Gestrichelte Linie: Triggerereignis Tr2

fehlers nieder, der bei K1, K3 und K4 nahezu identisch ist. Die zeitvarianten Klassifikatoren profitieren nur, wenn es unterschiedliche informationstragende Bereiche oder verschiedene Klassenmittelwerte über der Zeit gibt. Dies ist im Datensatz *O3vr* nicht der Fall, wie auch an den Merkmalskarten in Abschnitt 4.2.2 deutlich zu sehen ist. Lediglich durch die zusätzliche zeitliche Aggregation können die Klassifikatoren das Ergebnis gegenüber den Klassifikatoren K1, K3 und K4 auch bei *O3vr* deutlich verbessern. Interessant ist ein Unterschied zwischen Bayes und SVM bei diesem Datensatz. Während bei der SVM der K3 IIR ein leicht besseres Ergebnis erzielt als der K4 IIR, ist es beim Bayes-Klassifikator umgekehrt. In der Regel ist der K4 besser, da er mehr Informationen verwenden kann, als der K3. Eine Vermutung ist, dass bei *O3vr* systematische Unterschiede zwischen den Lern- und Testdaten vorliegen, was zu einem höheren Fehler führt: Der K3 verwendet immer die besten Merkmale des Datensatzes. Wenn der K4 zusätzlich andere Zeitreihen verwendet, die bei den Lerndaten bessere Ergebnisse erzielen, bei Testdaten aber schlechter sind, kann der K3 bessere Ergebnisse erzielen. Der Bayes-Klassifikator ist durch die Unterschiede offensichtlich weniger betroffen.

Der zeitaggregierte Klassifikator K2 erzielt hingegen im Datensatz *O3vr* deutlich bessere Ergebnisse als in den Datensätzen *S4b* und *X11b*. Die Ursache liegt auch hier in der Struktur des Datensatzes. Der K2 wurde als Abstandsklassifikator implementiert. In der verwendeten aggregierten Zeitreihe liegt die Information zur Trennung der Klassen so gut vor, dass bis zu einem bestimmten Zeitpunkt eine gute Klassifikationsgüte erreicht wird. Anschließend folgen nur noch Abtastpunkte, bei denen keine Zeitreihe eine deutliche Trennung ermöglicht. Da der Abstand zu beiden Klassen im etwa gleichen Maße erhöht wird, ändert sich die Entscheidung des Klassifikators nicht und der Fehler bleibt konstant.

Bei den Datensätzen *S4b* und *X11b* liegt zwar ein ähnliches Verhalten vor. Allerdings sind bei diesen Datensätzen die Informationen im ersten Teil der Zeitreihe nicht so deutlich, dass es zu einem sehr guten Klassifikationsergebnis reicht. Im weiteren Verlauf enthalten andere Zeitreihen die Informationen zur Trennung der Klassen, so dass der K2 sein Ergebnis nicht weiter verbessern kann.

Insgesamt erreichen die zeitvarianten Klassifikatoren nicht nur deutlich geringere Klassifikationsfehler, sondern auch deutlich bessere mittlere Fehler. Besonders deutlich werden die Auswirkungen im Datensatz *S4b*. Hier steigt der Fehler beim K1 und K5 auf deutlich über 50% an. Der Grund ist eine starke Unterschiede in den Klassenmittelwerten, die die Klassenzugehörigkeiten nahezu invertieren (siehe auch Abbildung 2.3). Der K5, der die zeitvarianten Unterschiede durch die Nutzung der Zeit als weiteres Merkmal lernen soll, ist bei keinem der Datensätze in der Lage gute Ergebnisse zu erzielen. Ein Grund ist ein sehr komplexer Merkmalsraum und eine notwendige Reduktion der Abtastpunkte bei der Transformation, um Speicherproblemen entgegenzuwirken. Daher wurde nur jeder 85. Abtastpunkt für jedes Datentupel im Lerndatensatz verwendet.

Auch die nicht-zeitaggregierten zeitvarianten Klassifikatoren verschlechtern sich im weiteren Verlauf der Zeitreihe deutlich. In diesem Bereich liegen kaum noch Zeitreihen mit relevanten Informationen vor, so dass korrekte Klassifikationsentscheidungen unwahrscheinlicher werden. Die zeitaggregierten Klassifikatoren erzielen weiterhin sehr gute Ergebnisse, sicht bar durch den reduzierten (mittleren) Klassifikationsfehler. Erreicht wird dies in erster Linie durch die gewählte dynamische Filterung, in die der Klassifikationsfehler über Lerndaten eingeht. In Bereichen, in denen über Lerndaten keine guten Ergebnisse erzielt werden konnten, werden die Entscheidungen deutlich weniger gewichtet als in Bereichen mit guten Ergebnissen über Lerndaten.

Im Vergleich mit den Einzelmerkmalsklassifikatoren schneiden die zeitvarianten und zeitaggregierten Klassifikatoren besser ab. Ein Vorteil der Zeitreihenklassifikatoren ist, dass nicht der komplette Versuch bekannt sein muss. Die extrahierten Einzelmerkmale beziehen sich zum Teil auf die komplette Zeitreihe, so dass immer der komplette Versuch abgewartet werden muss, bevor der Klassifikator eine Entscheidung treffen kann. Einen großen Anteil an der

Qualität der zeitvarianten Klassifikatoren hat die zeitvariante Aggregation der Entscheidung über der Zeit. Durch die Aggregation verlieren allerdings auch die zeitvarianten Klassifikatoren deutlich an Geschwindigkeit. Die zeitvarianten Klassifikatoren benötigen also für eine Entscheidung mit einer vergleichbaren Klassifikationsgüte wie die Einzelmerkmalsklassifikatoren ebenfalls etwas mehr Zeit, aber bereits deutlich vor dem Ende eines Versuchs werden sehr gute und robuste Klassifikationsgüten erzielt. Die Klassifikationsgüte ist dann meist konstant oder wird zum Ende noch leicht besser. Je nach Anwendung kann entschieden werden, zu welchen Zeitpunkt die endgültige Entscheidung zu treffen ist, um somit einen Kompromiss zwischen Klassifikationsgüte und Geschwindigkeit zu wählen.

Die zeitvarianten Klassifikatoren, insbesondere der K4, erzielen die besten Ergebnisse, benötigen auf der anderen Seite aber auch deutlich mehr Rechenzeit und Speicher. Die Abbildung 4.3 zeigt eine Kombination aus den Informationen der Tabelle 4.4 (benötigte Rechenzeit und benötigter Speicher) und den Informationen der Tabelle 4.5 (Klassifikationsfehler). Zur Veranschaulichung des Rechen- und Speicheraufwands wurden die Werte aus Tabelle 4.4 auf den Bereich $[0, \ldots, 1]$ normiert und der Mittelwert aus beiden Werten in die Grafik eingetragen. Der Vorteil des Vorgehens ist, dass der Kompromiss aus Speicher- und Rechenaufwand bewertet wird und es nicht reicht, wenn nur einer der beiden Aufwände gut ist.

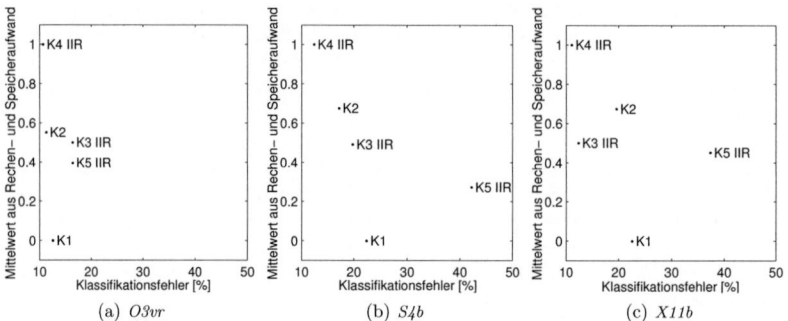

(a) *O3vr*   (b) *S4b*   (c) *X11b*

Abbildung 4.3: Vergleich von Rechen- und Speicheraufwand sowie dem Klassifikationsfehler. Der Rechen- und Speicheraufwand wurden auf den Bereich $[0, \ldots, 1]$ normiert und anschließend gemittelt.

Für den Datensatz *O3vr* stellt sich z.B. die Frage, ob der deutlich höhere Rechen- und Speicheraufwand gerechtfertigt ist. Die Verbesserung der Klassifikationsgüte ist relativ gering, wohingegen die Erhöhung im Rechenaufwand sehr deutlich ausfällt. Als Kompromiss ist z.B. der K2 anzusehen, der den Fehler etwas weniger verringert, aber deutlich weniger aufwändig zu berechnen ist. Bei den anderen beiden Datensätzen *S4b* und *X11b* sind die Änderungen im Klassifikationsfehler sehr deutlich sichtbar. Die Fehler werden jeweils um etwa die Hälfte verbessert. Zwar ist auch hier ein deutlicher Anstieg in der Rechenzeit und im Speicherbedarf festzustellen, allerdings ist der Anstieg durch die Verbesserung der Klassifikationsgüte gerechtfertigt. Beim Datensatz *X11b* kann als Alternative der K3 verwendet werden, da er nahezu gleich gute Ergebnisse liefert wie der K4, aber deutlich weniger Rechenzeit benötigt.

Nach dem Nachweis der verbesserten Klassifikationsergebnisse mit Hilfe der zeitvarianten

Klassifikatoren wird nun der letzte Punkt aus Abschnitt 4.1 untersucht, nämlich inwieweit Rückweisungen von Klassifikationsentscheidungen die Ergebnisse verbessern können. Wird der Klassifikator K4 mit der Möglichkeit zur **Rückweisung von Entscheidungen** verwendet, wird der Fehler leicht verringert. In Abbildung 4.4 sind verschiedene Genauigkeits-Rückweisungs-Abbildungen für die drei EEG-Datensätze enthalten.

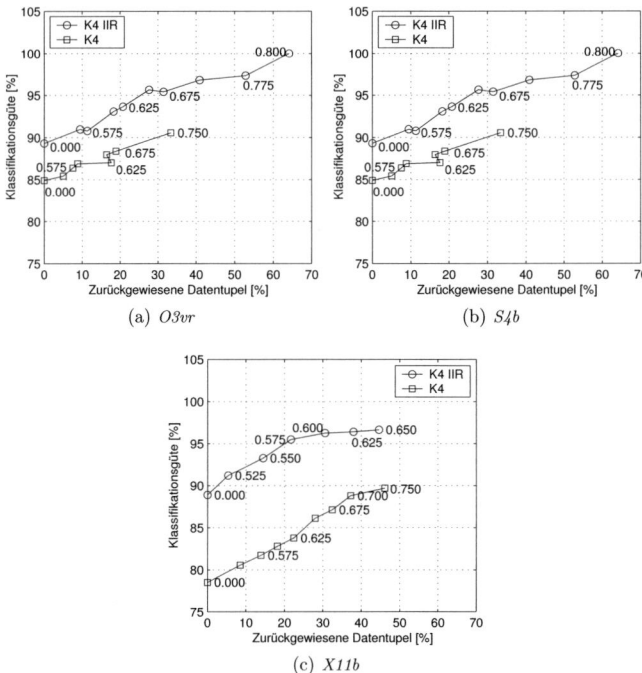

Abbildung 4.4: Genauigkeits-Rückweisungs-Abbildungen der EEG-Datensätze. Aus Gründen der Lesbarkeit ist häufig nur jeder zweite Wert für s_u an das Ergebnis geschrieben.

Als Klassifikator wird jeweils ein K4 mit und ohne zeitliche Aggregation verwendet. Als interner Klassifikator wird ein Bayes-Klassifikator mit vier über MANOVA ausgewählten Merkmalen verwendet. Auf eine Rückweisung wegen zu wenig Informationen wird verzichtet, da vor der Veröffentlichung der Datensätze Versuche entfernt wurden, die mit Artefakten behaftet waren. In einer realen Anwendung, bei der diese Information nicht vorliegt, müssen die weiteren Verfahren ausgenutzt werden, um z.B. fehlerhaft erkannte Triggerereignisse zu korrigieren. Der Parameter s_u für die Rückweisung wegen widersprüchlicher Informationen wird maximal so groß gewählt, dass ca. 60% der Datentupel zurückgewiesen werden. Treten identische Quoten für die Rückweisung bei widersprüchlichen Informationen bei unterschiedlich gewählten s_u auf, wird jeweils nur das kleinste s_u angezeigt.

Die maximale Klassifikationsgüte und die Quote an Rückweisungen sind zusätzlich in Tabelle 4.6 dargestellt.

| | maximale Klassifikationsgüte (Rückweisungsquote) | | | |
| | ohne Rückweisung | | mit Rückweisung | |
Datensatz	K4	K4 IIR	K4	K4 IIR
O3vr	84.9% (0%)	89.3% (0%)	90.7% (33.3%)	100% (64.1%)
S4b	78.5% (0%)	87.6% (0%)	91.6% (58.3%)	98.7% (57.6%)
X11b	78.5% (0%)	88.9% (0%)	89.7% (46.1%)	96.7% (44.6%)

Tabelle 4.6: Maximale Klassifikationsgüte und Rückweisungsquote in den EEG-Datensätzen über Testdaten

Der Einfluss der Rückweisung von Klassifikationsentscheidungen ist bei beiden Klassifikatoren in etwa gleich, auch wenn die Abbildung 4.4 etwas anderes suggeriert. Bei beiden Klassifikatoren wird eine Steigerung um etwa 10%-Punkte erreicht. Die zeitaggregierten Klassifikatoren starten allerdings von einer besseren Klassifikationsgüte. Durch die Rückweisung wird die Klassifikationsgüte von ca. 88% auf ca. 99% erhöht. Dabei wird allerdings nur noch für jedes zweite Datentupel eine Entscheidung getroffen. Mit einer Rückweisung von ca. 20% kann die Klassifikationsgüte allerdings bereits auf ca. 95% angehoben werden.

Bei den nicht-zeitaggregierten Klassifikatoren wird eine Steigerung von ca. 79% auf 90% erreicht, mit Ausnahme von O3vr, bei dem die Rückweisung nur eine Verbesserung von 85% auf 90% erreicht (allerdings auch bei einer geringeren Anzahl Rückweisungen). Wird eine Rückweisung von ca. 20% betrachtet, sind die Ergebnisse nicht deutlich schlechter. Hier beträgt der Unterschied in der Klassifikationsgüte zwischen der Rückweisung von 20% und ca. 45% nur ca. 1.5%-Punkte. Auch beim nicht-zeitaggregierten Klassifikator kann die Klassifikationsgüte auf ca. 100% verbessert werden (aus Gründen der Übersichtlichkeit nicht in Abbildung 4.4 enthalten). Dafür ist allerdings eine unannehmbare Rückweisungsquote von über 80% nötig. Interessanterweise tritt diese hohe Rückweisungsquote bereits bei geringen Steigerungen des Parameters s_u auf. Ohne die zeitliche Aggregation der Entscheidung scheint es eine obere Grenze für die Sicherheit der Entscheidung zu geben, die nur von einer geringen Anzahl an Datentupeln überschritten wird. Eine mögliche Ursache sind Ungenauigkeiten bei der Generierung der Signale durch den Probanden (z.B. durch Verwechslungen linke/rechte Bewegung). Bei einer geringen Verringerung der Schwelle s_u werden dann viele Entscheidungen zurückgewiesen. Die Sicherheit der zeitaggregierten Klassifikation steigt deutlich höher an, so dass höhere Schwellwerte gewählt werden können.

An einigen Stellen in der Abbildung 4.4 ist bei steigendem s_u und höherer Klassifikationsgüte eine geringere Anzahl an Rückweisungen festzustellen. Die Ursache liegt in der Ermittlung der Werte für die Rückweisung. Die Anzahl an zurückgewiesenen Datentupeln wird für den Abtastpunkt mit maximaler Klassifikationsgüte bestimmt. Bei identischer Klassifikationsgüte und verschiedenen Rückweisungsquoten wird die minimale Rückweisungsquote verwendet.

Mit dem in der vorliegenden Arbeit vorgestellten K1 ohne Rückweisung wurde in der BCI-Competition III der zweite Platz erzielt, bei insgesamt sieben eingereichten Verfahren [1, 22]. Durch die entwickelten zeitvarianten und zeitaggregierten Klassifikatoren (insbesondere des K4 IIR) kann das Ergebnis noch deutlich verbessert werden. Liegen, wie in diesem Datensatz, konkrete Informationen zu Triggerereignissen vor, ist es empfehlenswert, die Informationen in Form der zeitvarianten Klassifikatoren zu nutzen, um ein robusteres und besseres Verhalten zu erzielen.

4.3 ECoG-Datensatz

4.3.1 Beschreibung des Datensatzes

Eine örtlich und zeitlich höher aufgelöste Aufnahme als bei den EEG-Datensätzen ist im Datensatz I [161] des Wettbewerbs (Parameter siehe Tabelle 4.7) enthalten. Dem Probanden wurde ein Gitter mit 8x8 Platinelektroden auf dem rechten motorischen Kortex aufgelegt. Damit ergeben sich 64 Kanäle, die jeweils mit 1000 Hz aufgezeichnet werden.

Der Proband soll sich eine Bewegung der Zunge oder des linken kleinen Fingers vorstellen ($C = 2$). Ein Versuch dauert jeweils 3 Sekunden. Zunächst wird auch hier ein Bereitschaftssignal gegeben und anschließend die Aufforderung zur Vorstellung einer Bewegung. Die Aufnahme wird allerdings erst 0.5 Sekunden nach dem visuellen Hinweis gestartet, um Einflüsse durch Augenbewegungen zu vermeiden. Aus diesem Grund liegt der Datensatz bereits in Form von einzelnen Versuchen vor, nicht als kontinuierliche Zeitreihe. Nachteil des Vorgehens ist, dass durch das Einschwingen des Filters die Informationen der ersten Abtastpunkte verloren gehen.

Beschreibung	Bezeichner	ECoG
Triggerereignis	Tr2 mit $k = \tau_1$	1
maximale relative Zeit seit Triggerereignis	κ_{max}	750
Anzahl Lerndatentupel	N_{Lern}	278
Anzahl Testdatentupel	N_{Test}	100

Tabelle 4.7: Parameter des ECoG-Datensatzes

Der Lerndatensatz besteht aus $N_{Lern} = 278$ Versuchen, im Testdatensatz sind $N_{Test} = 100$ Versuche enthalten. Zwischen der Aufnahme der Lerndaten und der Testdaten lag ein Zeitraum von einer Woche. Eine derart lange Zeit zwischen zwei Aufnahmesitzungen erhöht die Gefahr, dass der Proband keine reproduzierbaren Zeitreihen generieren kann. Wie alle Klassifikatoren haben auch die zeitvarianten Klassifikatoren Schwierigkeiten, wenn sich die generierten Muster in den Lern- und Testdaten deutlich unterscheiden. Häufig sind die Probleme durch Änderungen der Amplituden in den generierten Mustern gekennzeichnet, zum Teil auch durch zeitliche Verschiebungen. Der Datensatz enthält damit ein gutes Beispiel für Probleme mit der Klassifikation von Daten aus unterschiedlichen Aufnahmesitzungen [209].

In einem Schritt zur Vorverarbeitung wird die Abtastrate auf 250 Hz reduziert. Anschließend werden die originalen Zeitreihen in verschiedenen Frequenzbändern gefiltert und die Relevanz der Zeitreihen bestimmt. Dennoch kann mit den extrahierten Zeitreihen keine gute Klassifikationsgüte erzielt werden (siehe Abbildung 4.5). Der Grund liegt in den zu starken Unterschieden zwischen den Aufnahmen der Lern- und Testdaten. Die Mittelwerte der beiden Zeitreihen weisen dermaßen starke Unterschiede auf, dass eine robuste Klassifikation nicht möglich ist. Die Amplituden unterscheiden sich etwa um den Faktor 3 bis 4.

Derartige Probleme sind bekannt und in [242] wurden verschiedene Möglichkeiten vorge-

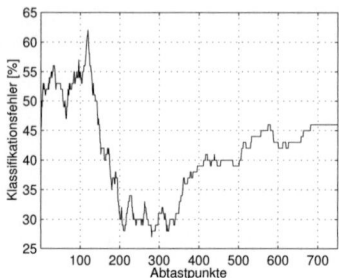

Abbildung 4.5: Klassifikationsfehler bei ungeschickter Merkmalsextraktion im ECoG-Datensatz. Der hohe Klassifikationsfehler erklärt sich durch starke Unterschiede im Lern- und Testdatensatz.

stellt, um dennoch zu robusten Klassifikatoren zu kommen. Das Aufzeichnen weiterer Sitzungen, wie im genannten Zitat vorgeschlagen, gestaltet sich bei dem hier vorliegenden Datensatz als extrem schwierig. Die Aufnahme kann nur bei geöffnetem Schädel erfolgen, was einen chirurgischen Eingriff erforderlich macht. Aufzeichnungen können also nur während ohnehin anstehender Eingriffe durchgeführt werden. Außerdem ist es zwar relativ einfach, einen Probanden zu bitten, einen Muskel mehr oder weniger stark anzuspannen. Aber ein bestimmtes Frequenzband in bestimmten Bereichen seines Hirns mehr oder weniger stark zu generieren, ist eine ungleich komplexere Aufgabe.

Eine andere Möglichkeit sind robustere Merkmale. Die Probleme liegen in starken variierenden Amplituden zwischen den Aufnahmesitzungen. Merkmale, die sich nicht direkt auf die Amplitude beziehen, sind weniger durch diese Unterschiede betroffen.

Da im Datensatz eine hohe Anzahl aufgezeichneter Kanäle vorliegt, wurden so genannte „Common Spatial Patterns" (CSP) berechnet [207, 238], siehe Abschnitt A.3 im Anhang. Bei Hirnsignalen müssen die Signale im Vorfeld in einem relativ breiten Band vorgefiltert sowie referenziert werden [238], um die Klassifikationsgüte zu verbessern [207]. Als Frequenzband wurde $8 - 30$ Hz gewählt, da es die für Bewegungen relevanten Alpha- und Betabänder enthält. Die Referenzierung wird gemäß Gleichungen (A.58) und (A.59) durchgeführt [238], um alle Kanäle zu normieren. Die Bestimmung der Referenz kann auf viele verschiedene Arten erfolgen, in der vorliegenden Arbeit wird der Mittelwert aller Kanäle über alle Abtastpunkte und Datentupel des Lerndatensatzes gemäß Gleichung (A.59) verwendet, wobei $k_{s,1} = 1$ und $k_{e,1} = K$ gilt. In der Anwendungsphase wird der gleiche Wert für die Referenzierung verwendet und die Zeitreihen entsprechend Gleichung (A.58) umgerechnet. Bei unterschiedlich starken Ausprägungen des ECoG in den Aufnahmesitzungen sind die Referenzwerte anzupassen, z.B. durch gleitende Filter, die den Referenzwert angleichen. Anschließend werden die Zeitreihen in einem breiten Frequenzband, das das Alpha- und Betaband enthält, mit einem Butterworth-Filter 5. Ordnung gefiltert. Dann erfolgt die Berechnung der CSP gemäß [238], siehe auch Abschnitt A.3. Die Berechnung basiert auf einer gleichzeitigen Linearisierung der Kovarianzmatrizen. Dabei wird die Berechnung der CSP in kleinen Segmenten der Zeitreihen durchgeführt, die jeweils eine Breite von 50 bzw. 100 Abtastpunkten besitzen. Für die Berechnung der CSP sind die Kovarianzmatrizen der Zeitreihen nötig. Wird die komplette

Zeitreihe verwendet, sind die Informationen zu ungenau für eine gute Berechnung der Transformationsvorschrift. Daher werden jeweils nur kleine Abschnitte der Zeitreihen verwendet, um die CSP zu bestimmen (die Start- und Endpunkte der Abschnitte entsprechen $k_{s,1}$ und $k_{e,1}$ aus Abschnitt A.3). Die Berechnung erfolgt für folgende Abschnitte:

$$[50, \ldots, 100], [100, \ldots, 150], [150, \ldots, 200], [200, \ldots, 300], [300, \ldots, 400], \ldots, [500, \ldots, 600].$$

Die Start- und Endpunkte wurden frei gewählt, wobei die Fensterbreiten kurz nach dem Beginn der Versuche kürzer gewählt wurden, um Unterschiede in der Anfangsphase besser erkennen zu können. Aus diesen Fenstern entstehen neue Zeitreihen gemäß Gleichung (A.72). Die Transformation der originalen Zeitreihen mit den CSP führt zu Varianzen in den transformierten Zeitreihen, die eine möglichst optimale Trennung erlauben. Für die Transformation werden jeweils die besten drei CSP für die zwei Klassen verwendet (insgesamt also $7 \cdot (2 \cdot 3) = 42$ CSP). Eine Berechnung der Varianzen in den Zeitreihen in einem gleitenden Fenster ($k_{s,2}$ bis $k_{e,2}$), führt zu neuen Zeitreihen, die für die Klassifikation verwendet werden. Um einen guten Kompromiss zwischen Klassifikationsgüte und Geschwindigkeit des Klassifikators zu erzielen, werden verschiedene Fensterbreiten probiert (entsprechen den Fenstern $k \in \{k_{s,2} \ldots k_{e,2}\}$, siehe Abschnitt A.3). Die Ergebnisse sind in Tabelle 4.8 aufgeführt.

Fensterbreite	20	30	40	50	60	70	80	90	100
Klassifikationsfehler	16%	14%	11%	9%	10%	9%	8%	10%	7%
Fensterbreite	120	160	200	240	280	320	380	480	580
Klassifikationsfehler	8%	8%	7%	10%	14%	19%	21%	25%	30%

Tabelle 4.8: Klassifikationsfehler über Testdaten bei verschiedenen Fensterbreiten für die Varianzberechnung der CSP-Merkmale im ECoG-Datensatz, siehe $k_{s,2}$ und $k_{e,2}$ in Abschnitt A.3

Die Tabelle zeigt, dass der Klassifikationsfehler von der gewählten Fensterbreite abhängt. Mit steigender Fensterbreite nimmt der Klassifikationsfehler ab (mit Ausnahme einer Fensterbreite von 60 Abtastpunkten). Ab einer bestimmten Breite (hier ab ca. > 120 Abtastpunkten; mit Ausnahme von 200 Abtastpunkten) dreht dieser Trend und der Klassifikationsfehler nimmt mit weiter steigender Breite zu. Dieser Effekt wird an der zunehmenden Vermischung von Informationen zu unterschiedlichen Zeitpunkten liegen.

Das Fenster mit einer Breite von 100 Abtastpunkten wird für den Datensatz verwendet, an dem die Diskussion der Ergebnisse erfolgt. Damit gilt also stets $k_{s,2} + 100 = k_{e,2}$. Die gewählte Breite erreicht eine gute Klassifikationsgüte und erzeugt eine vertretbare zeitliche Verzögerung bei der Merkmalsextraktion. Eine Liste mit Zeitreihen ist in der Tabelle B.4 enthalten.

4.3.2 Merkmalskarten

Wie schon in Abschnitt 4.2.2 wird auch für den ECoG-Datensatz zunächst untersucht, ob die Merkmalskarten eine bessere Möglichkeit zur Visualisierung des Informationsgehalts sind.

Abbildung 4.6 enthält den Informationsgehalt, der über die Klassifikationsgüte (links) beziehungsweise ANOVA (rechts) bestimmt wurde. In beiden Fällen werden ausschließlich die Datentupel der Lerndaten (ohne Crossvalidierung) verwendet. Die Relevanzen der ECoG-Daten zeigen, dass in den Originalzeitreihen $(1, \ldots, 64)$, im Gegensatz zu den neu extrahierten Zeitreihen, nur wenig Informationen vorhanden sind.

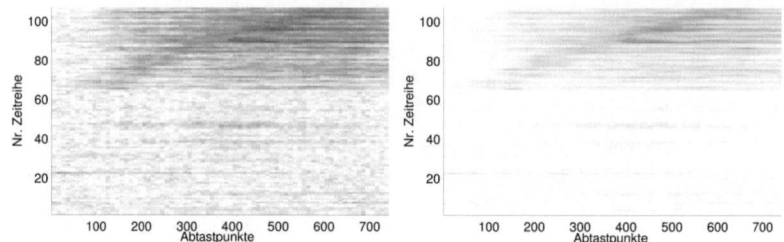

Abbildung 4.6: Informationsgehalt über Klassifikationsgüte (links) und ANOVA-Relevanzen (rechts) für den Lerndatensatz. Weiß: keine Information, Schwarz: eindeutige Trennung möglich. Zeitreihen 1 bis 64: Originalkanäle, Zeitreihen 65 bis 106: CSP-transformierte Zeitreihen

Beide Abbildungen enthalten eine markante schräge Linie, die den zeitlichen Verlauf des Informationsgehalts in den extrahierten Zeitreihen widerspiegelt. Die Linie verdeutlicht die Notwendigkeit zeitvarianter Klassifikatoren, um zu jedem Zeitpunkt die optimalen Merkmale für eine Klassifikation verwenden zu können. Der Verlauf der Kurve ist leicht einzusehen. Die ersten 64 Zeitreihen sind die originalen Zeitreihen. Anschließend folgen die CSP-transformierten Zeitreihen, wobei mit höher werdender Nummer der Zeitreihen der Ursprung des Zeitreihensegments für die CSP-Berechnung zeitlich später liegt. Die transformierten Zeitreihen enthalten natürlicherweise in den Zeitabschnitten am meisten Informationen, zu denen sie berechnet wurden, woraus der erkennbare zeitliche Verlauf abzuleiten ist.

Auch bei diesem Datensatz wird die leichte zeitliche Verzögerung nach dem Triggerereignis deutlich (der Trigger tritt zu $k = 1$ auf). Insbesondere in Abbildung 4.6(b) ist erkennbar, dass die Zeitreihen erst nach einiger Zeit Informationen enthalten. Die Merkmalskarten enthalten also keinerlei Anhaltspunkte für unzuverlässige Zeitreihen.

Insgesamt ergibt sich anhand der gewonnen Erkenntnisse, dass die Verwendung der Merkmalskarten eine sinnvolle Ergänzung zu bisherigen Verfahren der Bewertung des Informationsgehalts darstellt.

4.3.3 Einzelmerkmalsklassifikatoren

Für die Klassifikation des Problems mit Hilfe von Einzelmerkmalsklassifikatoren werden aus den Zeitreihen die Merkmale entsprechend der Beschreibung in Abschnitt 4.2.3 extrahiert, die Hauptkomponentenanalyse wird allerdings jeweils nur für die komplette Zeitreihe durchgeführt. Dadurch ergeben sich bei diesem Datensatz mit $L = 106$ und acht Zeitreihensegmenten für die restlichen Merkmale $s_x = 106 \cdot 5 + 106 \cdot 6 \cdot 8 = 5618$ Einzelmerkmale. Das Problem wird jeweils mit einem Bayes-Klassifikator und einer Support-Vektor-Maschine mit folgenden Einstellungen behandelt:

- Bayes-Klassifikator mit acht über ANOVA bzw. MANOVA ausgewählten Merkmalen

- Support-Vektor-Maschine mit acht über ANOVA bzw. MANOVA ausgewählten Merkmalen und einem polynomialen Kernel mit Parameter $p = 1$ bzw. $p = 2$

Der Entwurf wird über den Lerndaten durchgeführt, die Validierung der entworfenen Klassifikatoren erfolgt über den Testdaten. Bei der MANOVA werden von den acht möglichen Merkmalen nur drei ausgewählt, da die weiteren Merkmale keine weiteren Informationen liefern. Der Bayes-Klassifikator erreicht interessanterweise mit acht über ANOVA ausgewählten Merkmalen ein besseres Klassifikationsergebnis als mit über MANOVA ausgewählten Merkmalen (15% gegenüber 26%), siehe Tabelle 4.9. Ähnliches ist bei der Support-Vektor-Maschine zu beobachten, allerdings nur für eine lineare SVM (polynomialer Kernel mit $p = 1$). Der Klassifikationsfehler beträgt 11% bei über ANOVA gewählten Merkmalen und 23% bei über MANOVA gewählten Merkmalen. Wird der Kernel auf einen polynomialen Kernel vom Grad 2 verändert, beträgt der Fehler bei über ANOVA gewählten Merkmalen 14%, über MANOVA ausgewählten Merkmalen lediglich 10%. Das ANOVA Verfahren bewertet den Informationsgehalt einzelner Zeitreihen, während MANOVA Kombinationen von Merkmalen auswählt. Vermutlich wirken sich die Änderungen durch die lange Pause zwischen den Aufnahmesitzungen bei den zusätzlich ausgewählten Merkmalen stärker aus, so dass das ANOVA Verfahren für die Klassifikation robustere Merkmale gewählt hat.

	MANOVA	ANOVA
Bayes	26%	15%
SVM, polynomialer Kernel mit $p = 1$	23%	11%
SVM, polynomialer Kernel mit $p = 2$	10%	14%

Tabelle 4.9: Ergebnisse zweier Klassifikationsverfahren über Testdaten auf dem ECoG-Datensatz

4.3.4 Zeitvariante Klassifikatoren und Rückweisung

In dem Abschnitt werden die in Abschnitt 4.1 angegeben Ziele der Verbesserung der Klassifikationsgüte und der Einfluss der Rückweisungen auf das Ergebnis untersucht.

Wie bei den EEG-Datensätzen werden auch hier verschiedene zeitvariante Klassifikatoren mit einem Bayes-Klassifikator bzw. einer Support-Vektor-Maschine als internes Klassifikationsverfahren verwendet. Bei beiden Verfahren werden jeweils sechs Merkmale über MANOVA ausgewählt, die SVM wird mit einem polynomialen Kernel vom Grad 1 ausgeführt. Der K2 wurde auch beim ECoG-Datensatz als einfacher Abstandsklassifikator angewendet. Im Gegensatz zu den EEG-Datensätzen ist es hier ratsam, den K5 mit einem Bayes-Klassifikator als internes Klassifikationsverfahren anzuwenden. Ein K5 mit einer SVM liefert deutlich schlechtere Ergebnisse, da zu wenig Datentupel für den Entwurf einer hochdimensionalen SVM vorliegen. Die Ergebnisse der Klassifikatoren sind in Tabelle 4.10 zusammengefasst.

Auffällig an den Ergebnissen ist, dass der Bayes-Klassifikator deutlich bessere Ergebnisse erzielt als die Support-Vektor-Maschine, eine Erhöhung des Kernel-Parameters führte nicht zu besseren Ergebnissen.

Die Merkmalsstruktur des Datensatzes scheint Ähnlichkeit mit der von *O3vr* zu haben. In beiden Fällen ist die Qualität des K1 nicht wesentlich schlechter als die des K3. Lediglich im letzten Drittel des Versuchs wirken sich die zeitvarianten Parameter des K3 in der Klassifikationsgüte aus (siehe auch Abbildung 4.7). Der K4 (bzw. K4 IIR) erzielt allerdings deutlich bessere Ergebnisse, was mit Blick auf Abbildung 4.6 nicht überrascht.

Der K2 ist mit dem Datensatz vollkommen überfordert und erzeugt Fehler, die deutlich

ZR-Klassifikator	Klassifikationsfehler [%]	
	Minimum (Abtastpunkt)	Mittelwert
Interner Klassifikator: Bayes		
K1	19.0 (246)	34.6
K3	17.0 (259)	36.1
K4	10.0 (438)	34.4
K5	18.0 (333)	33.2
K2 (DA, Bayes)	33.0 (465)	39.2
K3 IIR	21.0 (709)	31.7
K4 IIR	**7.0** (456)	**21.0**
Interner Klassifikator: Support-Vektor-Maschine		
K1	28.0 (252)	39.1
K3	20.0 (229)	36.1
K4	13.0 (484)	33.9
K5	33.0 (547)	44.5
K3 IIR	33.0 (303)	38.3
K4 IIR	16.0 (681)	27.9
BCI Competition	9-78	—

Tabelle 4.10: Klassifikationsfehler über Testdaten im ECoG-Datensatz

über denen des K1 liegen. Eine Ursache kann in der Verwendung einer einzelnen Transformationsvorschrift für die Aggregation liegen. Die nötigen Vektoren für eine optimale Transformation können mit der Zeit variieren. Dies wird beim K2 derzeit nicht berücksichtigt. Zu dem Abtastpunkt, an dem die Transformationsvorschrift bestimmt wurde, ist theoretisch eine optimale Trennung möglich. Aber da der K2 automatisch eine Filterung vornimmt, ist der Einfluss eines einzelnen Abtastpunktes auf die Entscheidung zu gering. Auch der K5 kann bei dem Datensatz nicht überzeugen. Der K5 erzielt zwar bessere Ergebnisse als bei den EEG-Datensätzen. Allerdings ist keine Verbesserung gegenüber dem K1 festzustellen, obwohl die Anzahl verwendeter Abtastpunkte gegenüber den EEG-Datensätzen deutlich erhöht wurde (von jedem 85. auf jeden 35.). Der Aufwand beim Entwurf ist beim K1 deutlich geringer als beim K5, so dass der K1 wegen des nur unwesentlich schlechteren Ergebnisses vorzuziehen ist.

Der K4 erzielt auch bei dem Datensatz sehr gute Ergebnisse und erreicht eine Klassifikationsgüte, die die des Gewinners des Wettbewerbs leicht übertrifft. Einen großen Anteil am Ergebnis hat die zeitliche Aggregation der Entscheidungen. Auch für diesen Datensatz wurden die Filterparameter nach Gleichungen (2.19)-(2.22) bestimmt. Genau wie beim EEG-Datensatz übertrifft der zeitaggregierte Klassifikator das Ergebnis der Einzelmerkmalsklassifikatoren. Interessanterweise ist bei den Einzelmerkmalsklassifikatoren die Support-Vektor-Maschine besser, während die Zeitreihenklassifikatoren mit Bayes als internem Klassifikator ein besseres Ergebnis erzielen als mit der SVM als internem Klassifikator. Die Ursache für diesen Unterschied konnte nicht abschließend geklärt werden.

Auch für den ECoG-Datensatz sind die benötigten Gleitkommaoperationen und der benötigte Speicher der zeitvarianten Klassifikatoren mit Bayes als internem Klassifikator ermittelt worden. Die Werte sind in Tabelle 4.11 zusammengefasst.

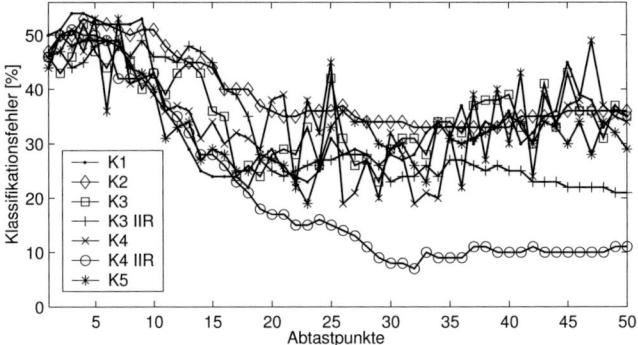

Abbildung 4.7: Klassifikationsfehler für den ECoG-Datensatz

Klassifikator	Entwurf [flops]	Anwendung [flops pro Versuch und Abtastpunkt] Klassifikator + Extraktion = Summe					Speicher [KByte]
K1	$1.03 \cdot 10^{10}$	191	+	189	=	380	24
K2 IIR	$4.36 \cdot 10^{9}$	893	+	189	=	1082	3218
K3 IIR	$4.48 \cdot 10^{9}$	193	+	189	=	382	4165
K4 IIR	$1.04 \cdot 10^{10}$	173	+	1293	=	1466	3962
K5 IIR	$5.33 \cdot 10^{9}$	15133	+	621	=	15754	98

Tabelle 4.11: Geschätzter Rechenaufwand und Speicherbedarf der Klassifikatoren auf dem ECoG-Datensatz. Es sind jeweils die zeitaggregierten Klassifikatoren verwendet worden, da die Aggregation beim nötigen Rechenaufwand nur eine sehr kleine Rolle spielt (ca. 12 Gleitkommaoperationen). Als interner Klassifikator wurde Bayes verwendet.

Der Unterschied in der Rechenzeit für die Extraktion der Merkmale ist relativ groß. Die benötigte Zeit des K1, K2 und K3 ist ein wenig geringer als bei den EEG-Datensätzen. Der Grund ist, dass die hier verwendeten Zeitreihen nur in einem einzigen großen Frequenzband gefiltert werden (ca. $8 - 12$ Hz) und anschließend eine Transformation mit Hilfe der Common Spatial Patterns durchgeführt wird. Für jeden Abtastpunkt und jede Zeitreihe sind dabei 12 Gleitkommaoperationen durchzuführen. Der K4 verwendet insgesamt 98 Zeitreihen, wodurch deutlich mehr Rechenoperationen nötig sind als bei den Klassifikatoren, die mit 6 Zeitreihen auskommen.

Bei der Anwendung sind die Unterschiede für die verschiedenen zeitvarianten Klassifikatoren relativ gering, mit Ausnahme des K2 und K5. Für beide Klassifikatoren gelten die gleichen Begründungen wie bei den EEG-Datensätzen.

Die Abbildung 4.8 stellt die benötigte Rechenzeit und den Speicher dem Klassifikationsfehler gegenüber. Wie schon in Abschnitt 4.2.4 wurde zur Veranschaulichung des Rechen- und Speicheraufwands die Werte aus Tabelle 4.11 auf den Bereich $[0, \ldots, 1]$ normiert und der Mittelwert aus beiden Werten in die Grafik eingetragen. Durch die Kombination der Werte ist eine Gesamtbeurteilung des Klassifikators bezüglich der Aufwände leichter. Der K4 kann den Klassifikationsfehler mehr als halbieren, während die Rechenzeit nicht wesentlich ansteigt. Der verwendete Speicher ist auch bei diesem Datensatz zwar deutlich höher, aber sowohl der erhöhte Speicherbedarf als auch die höhere Rechenzeit sind durch die Qualität des Klassifikators gerechtfertigt.

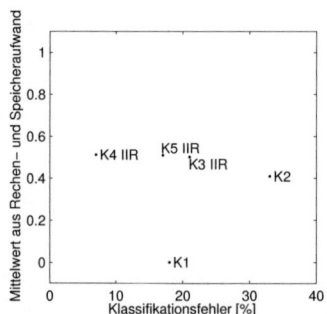

Abbildung 4.8: Vergleich von Rechenaufwand, benötigtem Speicher und Klassifikationsgüte im ECoG-Datensatz

Mit Hilfe der Rückweisung von Klassifikationsentscheidungen wegen widersprüchlicher Informationen kann die Anzahl korrekter Entscheidungen erhöht werden. Dabei kommt das Verfahren des Bayes-Klassifikators zum Einsatz. Eine Rückweisung wegen zu wenigen Informationen wurde nicht verwendet.

In Bild 4.9(a) ist das Ergebnis für den ECoG-Datensatz zu sehen. Der Klassifikator wird über den Lerndaten entworfen, die Validierung erfolgt über Testdaten. Auch für diesen Datensatz ist eine geringe Abnahme der Rückweisung bei Erhöhung des Schwellwerts von 0.55 auf 0.575 zu beobachten. In die Kurve sind die verwendeten Schwellwerte eingetragen. Der erste Schwellwert entspricht der Klassifikation ohne Rückweisung. Hier wird eine Güte von 93% erreicht. Durch Steigerung der Schwellwerte steigt die Anzahl an Datentupeln, die nicht klassifiziert werden. Die Güte der Klassifikation nimmt ebenso zu. Ab einem Schwellwert von $s_u = 0.625$ wird eine Klassifikationsgüte von 100% erreicht, allerdings mit einer erheblichen Anzahl an zurückgewiesenen Datentupeln.

Bild 4.9(b) zeigt das Ergebnis des Klassifikators vor und nach einer Rückweisung mit $s_u = 0.575$. Die Kurve der Klassifikationsgüte kann näher an das optimale Klassifikationsergebnis gebracht werden (auf ca. 97.5%), bei vertretbarer Rückweisung von knapp 20% der Datentupel. Interessanterweise ist die Rückweisung zu Beginn des Versuchs sehr gering. Offensichtlich sind in diesem Datensatz viele Beispiele enthalten, die zu Beginn eines Versuchs deutlich einer anderen Klasse zuzuordnen sind. Nur so ist die geringe Rückweisung mit gleichzeitig hohem Klassifikationsfehler zu erklären.

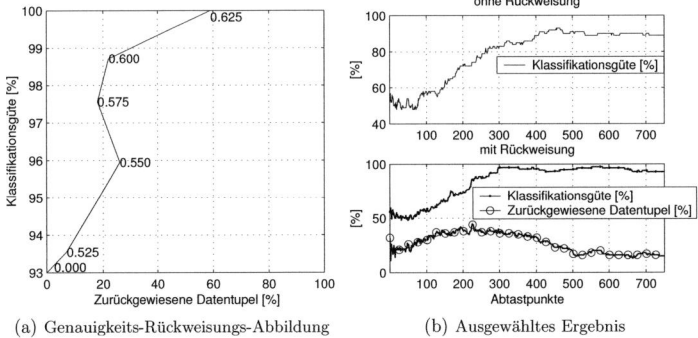

(a) Genauigkeits-Rückweisungs-Abbildung   (b) Ausgewähltes Ergebnis

Abbildung 4.9: Genauigkeits-Rückweisungs-Abbildung im ECoG-Datensatz und ausgewähltes Ergebnis für $s_u = 0.575$ vor und nach der Rückweisung (Ergebnis über Testdaten)

4.4 Zusammenfassung

Die in dieser Arbeit entwickelten und formalisierten zeitvarianten und zeitaggregierten Klassifikatoren wurden auf zwei reale Beispiele aus der Neuroprothetik angewendet. Dabei lagen die Datensätze mit a-priori bekannten Triggerereignissen vor.

Das Ziel der Verbesserung der Visualisierung des Informationsgehalts wurde in den Abschnitten 4.2.2 und 4.3.2 für die zwei vorliegenden Datensätze untersucht. Für beide Datensätze konnte nachgewiesen werden, dass hilfreiche Informationen aus den neuen Merkmalskarten gewonnen werden können.

In den Abschnitten 4.2.4 und 4.3.4 wurde untersucht, ob durch die Verwendung der zeitvarianten Klassifikatoren das Klassifikationsergebnis verbessert werden kann: Die Klassifikatoren stellen im Vergleich zu Einzelmerkmalsklassifikatoren eine robuste und qualitativ hochwertige Alternative zu herkömmlichen Klassifikationsverfahren dar. Der zeitaggregierte K4 IIR kann mit den in der Einleitung beschriebenen Problemen bei zeitvarianten Signalen gut umgehen und löst die Klassifikationsprobleme zuverlässig und mit einer sehr guten Qualität. Lediglich bei einem Verfahren war der zeitaggregierte K3 IIR leicht besser als der K4 IIR. Die Ergebnisse der Benchmarkdatensätze aus Kapitel 2.3 bestätigen sich also auch bei der Anwendung auf komplexe Biosignale.

Auch die Rückweisung von Klassifikationsentscheidungen wurde in den beiden Abschnitten untersucht. Für die vorgestellten Datensätze konnte nachgewiesen werden, dass ein guter Kompromiss aus Rückweisung von Entscheidungen und verbesserter Klassifikationsgüte erzielt werden kann.

5 Analyse von peripheren Nervensignalen

5.1 Übersicht

In diesem Kapitel werden die Methoden auf einen Datensatz mit peripheren Nerven angewendet. Wie im vorigen Kapitel ist das Ziel der Ersatz verlorengegangener neuronaler Strukturen. Der Unterschied ist, dass jetzt afferente Signale ausgewertet werden, die sensorische Informationen enthalten (siehe Abschnitt 1.2.3). Diese Informationen können in Richtung Hirn oder Rückenmark weitergeleitet werden oder für die Steuerung künstlicher Aktoren verwendet werden.

Bei den vorliegenden Versuchen handelt es sich um erste Versuche zur Erkennung motorischer Reize an den Zehen einer Ratte. Durch Klassifikatoren soll der Ort (die Zehe) des Reizes erkannt werden. Sind derartige Erkennungen robust möglich, können weitere Ziele, wie z.B. die Stärke eines Reizes, in die Aufgabe mit einbezogen werden.

In dem Kapitel wird, wie in Kapitel 4 auch, untersucht,

- inwieweit Merkmalskarten die Analyse des Informationsgehalts verbessern,

- ob die zeitvarianten Klassifikatoren bessere Ergebnisse erzielen als herkömmliche Klassifikatoren und

- ob die Rückweisung von Klassifikationsentscheidungen die Ergebnisse positiv beeinflusst.

5.2 Beschreibung des Datensatzes

Der Datensatz enthält Aufzeichnungen des Ischias-Nervs einer erwachsenen weiblichen Sprague-Dawley Ratte (Alter: 2.5 Monate). In Abbildung 5.1 ist der Versuchsaufbau schematisch dargestellt. Durch so genannte Semmes-Weinstein-Filamente[1] (hier: Stärke 610, Nr. 1 in Abbildung 5.1) werden reproduzierbar afferente Stimuli an den Zehen der Ratten (Nr. 2) erzeugt. Die Aufzeichnung der Nervensignale erfolgt mit flexiblen Nervenplatten aus Polyimid [276] am Ischias-Nerv (Nr. 3). Es werden zwei getrennte Kanäle durch zwei Elektroden über differenzielle Verstärkung mit einer außerhalb des Nervs liegenden Gegenelektrode gewonnen. Die Aufnahmetechnik schließt eine Querbeeinflussung der Signale aus. Die Signale werden anschließend verstärkt (Verstärkungsfaktor 10000) und im Frequenzband 0.1 kHz – 3 kHz bandpassgefiltert (Nr. 4) sowie mit einer Abtastrate von 20 kHz abgetastet und digitalisiert (Nr. 5). Die Daten werden mit Hilfe eines Rechners gesichert (Nr. 6) und visualisiert (Nr. 7).

---

[1]Ein Semmes-Weinstein-Filament ist ein Nylon-Faden, der bei Druck auf einen Widerstand einknickt und somit eine definierte Kraft ausübt.

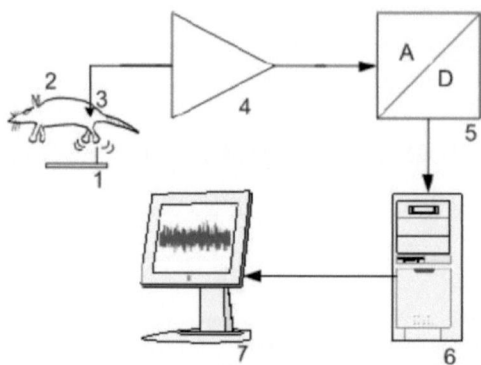

Abbildung 5.1: Schema des Versuchsaufbaus im Nervenversuch [153]

Die Elektroden erfassen Summensignale über eine Vielzahl von Nervenfasern mit unterschiedlichen Übertragungsrichtungen und Nervenleitgeschwindigkeiten. Durch die mechanischen Reize an den Zehen der Ratte werden zunehmend Aktionspotenziale in den Nervenzellen der Zehen ausgelöst. Die Zunahme vergrößert die spektrale Leistungsdichte in spezifischen Frequenzbändern (siehe [153, 198]). Die mechanischen Stimuli werden für drei Zehen mehrfach wiederholt und die einzelnen Aufnahmen für die verschiedenen Zehen anschließend zusammengefügt.

Insbesondere der erste Kanal ist allerdings mit einer Vielzahl von Störungen überlagert. Die Störungen resultieren zum Einen aus den ungünstigen Signal-Rausch-Verhältnissen in ENG-Signalen, zum Anderen können EMG-Artefakte auftreten. In den Signalen liegen Störungen in erster Linie in den Frequenzen 2.1 kHz, 2.4 kHz, 8.4 kHz, 9 kHz und Vielfachen einer 60 Hz-Frequenz. Letztere resultieren vermutlich aus dem verwendeten amerikanischen Verstärkersystem (Fa. FHC, Bowdoinham ME, USA). Aufgrund der Störungen sind besondere Vorverarbeitungsschritte durchzuführen. Die Vorverarbeitung für den Datensatz wurde mit den gleichen Schritten durchgeführt, wie sie bereits in [198] beschrieben sind. Daher wird auf eine erneute Beschreibung verzichtet. Im Rahmen der Vorverarbeitung wurde die Abtastrate auf 10 kHz reduziert.

Der Datensatz liegt als reiner Typ 2 Datensatz vor, die Reihenfolge der stimulierten Zehen ist bekannt, die Triggerereignisse sind allerdings unbekannt. Sie werden als Aktivierungen der Nervenfasern zunächst aus dem Signal extrahiert. Auch hier kommt ein Verfahren aus [198] zum Einsatz. Die originalen Signale werden gleichgerichtet und mit Hilfe eines IIR-Filters mit Eckfrequenz 20 Hz tiefpassgefiltert. Das Ergebnis sind so genannte Aktivitätssignale (siehe Abbildung 5.2), aus denen eine Aktivierung der Nervenfasern erkannt werden kann. Überschreiten die Signale eine bestimmte Schwelle, wird eine Aktivierung der Nervenfasern vermutet und der Abtastpunkt markiert. In [198] wird anschließend jeder 100. Abtastpunkt als Datentupel für eine Aktivierung der entsprechenden Zehe verwendet.

Hier variiert das Vorgehen. Da die zeitvarianten Klassifikatoren vollständige Versuche brauchen, werden die abtastpunktweise festgestellten Aktivierungen zu Datentupeln mit

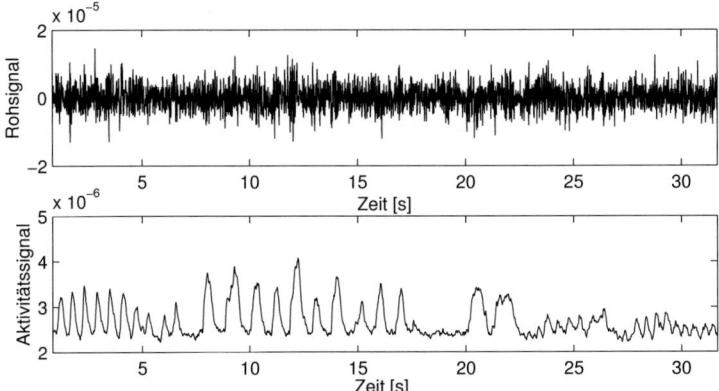

Abbildung 5.2: Rohsignal und Aktivitätssignal im ENG-Datensatz. Es wurde jeweils jeder 100. Abtastpunkt des ersten Kanals eingezeichnet.

Zeitreihen zusammengefasst. Die Trennung der Zeitreihen erfolgt prinzipiell nach dem Vorgehen in Abschnitt 3.2. Die vermuteten Aktivierungen in den Aktivitätssignalen werden verwendet, um eine Triggerzeitreihe zu generieren. Die Reihenfolge der Versuche ist bekannt, so dass eine Zuordnung der realen Aktivierungen zu den erkannten Aktivierungen hergestellt werden kann. Die verwendete Triggerzeitreihe ist in Abbildung 5.3 dargestellt. Die Amplitude der Triggerzeitreihe gibt die zugehörige Klasse an. Ist die Amplitude Null, liegt keine Aktivierung im Signal vor. Die gefundenen Aktivitäten sind zur besseren Übersicht in der Abbildung stärker hervorgehoben worden als die Amplitude Null.

Da die Aktivierungen unterschiedlich lang sind, wird eine maximale Länge festgelegt, auf die alle Versuche interpoliert werden. Gleichzeitig werden die Datentupel entfernt, deren Zeitreihen zu lang oder zu kurz sind. Im Rahmen der vorliegenden Arbeit wurde das folgende Vorgehen entwickelt:

- Bestimme die mittlere Länge der Zeitreihen der Datentupel (5801 Abtastpunkte, entspricht einer mittleren Länge des Reizes von 0.5801 Sekunden)

- Entferne alle Datentupel, deren Zeitreihen eine Länge von 30% der mittleren Zeitreihenlänge unterschreiten oder eine Länge von 170% der mittleren Zeitreihenlänge überschreiten

- Bestimme die maximale Länge der Zeitreihen der verbliebenen Datentupel

- Interpoliere alle Zeitreihen auf die einheitliche Länge

Die Interpolation der Zeitreihen erfolgt nicht auf den Rohsignalen, um eine Änderung der Frequenzinformationen zu vermeiden. Erst die extrahierten Zeitreihen werden auf eine einheitliche Länge gebracht, um sie mit den entwickelten Klassifikatoren verarbeiten zu können.

Für den Versuch ergeben sich dadurch insgesamt $N = 26$ Datentupel in $C = 3$ Klassen (zehn Datentupel in Klasse 1, und jeweils acht Datentupel in den Klassen 2 und 3). Die

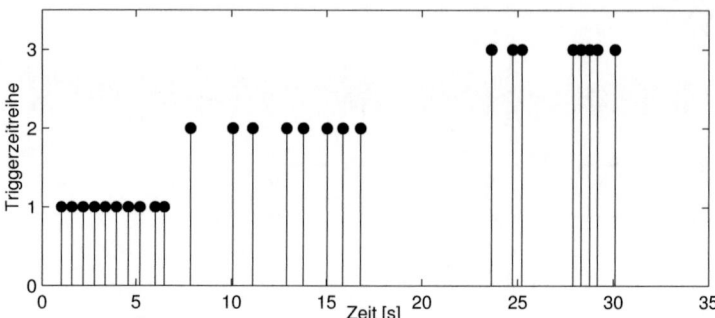

Abbildung 5.3: Triggerzeitreihe für den ENG-Datensatz aus Abbildung 5.2.
Die Amplitude der Triggerzeitreihe entspricht der Klasse.

Länge der Zeitreihen beträgt $K = 5801$ Abtastpunkte. Da keine Testdaten vorliegen, ist für
die Auswertung des Datensatzes eine Crossvalidierung[2] zu verwenden.

Die originalen Signale oder die Aktivitätssignale eignen sich nur bedingt zur Unterscheidung der einzelnen Klassen. Daher werden aus den originalen Daten die folgenden weiteren
Zeitreihen extrahiert (ebenfalls äquivalent zu [198]):

- Frequenzbänder

  - $300 - 500$ Hz
  - $500 - 1000$ Hz
  - $1000 - 2000$ Hz
  - $2000 - 3000$ Hz
  - $3000 - 4000$ Hz
  - $4000 - 5000$ Hz

  jeweils ermittelt mit Hilfe eines Butterworth-Filters 5. Ordnung. Anschließend werden
  die Zeitreihen gleichgerichtet und mit Hilfe eines IIR-Filters tiefpassgefiltert (Eckfrequenz 20 Hz). Die Wahl der Frequenzbänder erfolgte nach Betrachtung von Spektrogrammen, die auf Informationen in den gewählten Frequenzbändern hindeuteten.

- Für die spektralen Aktivitätssignale werden äquivalent zu Abschnitt 4.2 relative Anteile berechnet. Die relativen Anteile werden für gleiche Kanäle in unterschiedlichen Frequenzbändern und für unterschiedliche Kanäle in gleichen Frequenzbändern bestimmt,

---

[2]Genau genommen muss die Interpolation der Zeitreihen ebenfalls innerhalb der Crossvalidierung durchgeführt werden. Dies wurde aus Gründen der sehr komplizierten Implementierung vernachlässigt.

entsprechend der folgenden Gleichungen [198]:

$$S_{f,b_{1,2},ch_j} = \frac{S_{fb_{i_1},ch_j}}{S_{fb_{i_1},ch_j} + S_{fb_{i_2},ch_j}} \tag{5.1}$$

$$S_{c,b_i,ch_{j_{1,2}}} = \frac{S_{fb_i,ch_{j_1}}}{S_{fb_i,ch_{j_1}} + S_{fb_i,ch_{j_2}}}, \tag{5.2}$$

wobei fb_i das Frequenzband und ch_j den Kanal bezeichnet.

Somit entstehen aus den zwei unabhängigen Kanälen insgesamt $L = 52$ Zeitreihen (2 originale Zeitreihen, 2 Aktivitätssignale, 12 in spezifischen Frequenzbändern gefilterte Zeitreihen und 36 Zeitreihen mit relativen Anteilen). Insgesamt ergeben sich die Parameter aus Tabelle 5.1. Die Filter werden auf den kontinuierlichen Zeitreihen angewendet (also vor der Trennung in die einzelnen Versuche), um das Einschwingen der Filter zu Beginn einzelner Versuche zu vermeiden.

Beschreibung	Bezeichner	ENG A	ENG B
Triggerereignis	Tr2 mit $k = \tau_1$	1	2000
maximale Relative Zeit seit Triggerereignis	κ_{max}	5801	7801
Anzahl Datentupel	N	26	26
Anzahl Zeitreihen	L	52	47

Tabelle 5.1: Parameter der Datensätze *ENG A* und *ENG B*

Der Datensatz ENG B ist durch das Entfernen von unsicheren Zeitreihen entstanden (siehe Beispiel in Abschnitt 2.4.2). Jede Zeitreihe, deren mittlerer ANOVA-Wert für die Abtastpunkte vor dem Triggersignal einen Schwellwert überschreitet, wird entfernt. Die Verwendung des Mittelwerts verhindert die Aussortierung von Zeitreihen auf Grund von einzelnen Ausreißern. Die folgende Gleichung definiert die Indexmenge der Zeitreihen, die aus dem Datensatz entfernt werden:

$$\mathcal{Z} = \left\{ i \mid \left(\frac{1}{k_{\text{pre}}} \sum_{k=1}^{k_{\text{pre}}} Q_i[k] \right) > Q_{\text{thres}} \right\}, \tag{5.3}$$

wobei hier $k_{\text{pre}} = 2000$ und $Q_{\text{thres}} = 0.4$ verwendet wird. Dadurch ergibt sich ein neuer Datensatz, der 47 Zeitreihen enthält. Die Zeitreihen 15, 25, 28, 30, 31, 52 werden durch dieses Vorgehen aussortiert. Eine Liste mit den Namen der Zeitreihen für beide Datensätze sind in den Tabellen B.5 und B.6 im Anhang enthalten.

In den folgenden Abschnitten wird auf die Ergebnisse für beide Datensätze kurz eingegangen.

5.3 Merkmalskarten

In dem Abschnitt wird untersucht, in wie weit die Merkmalskarten zur Verbesserung der Analyse des Informationsgehalts beitragen können.

Die Abbildung 5.4 enthält die Merkmalskarte für die ENG-Datensätze ENG A und ENG B.

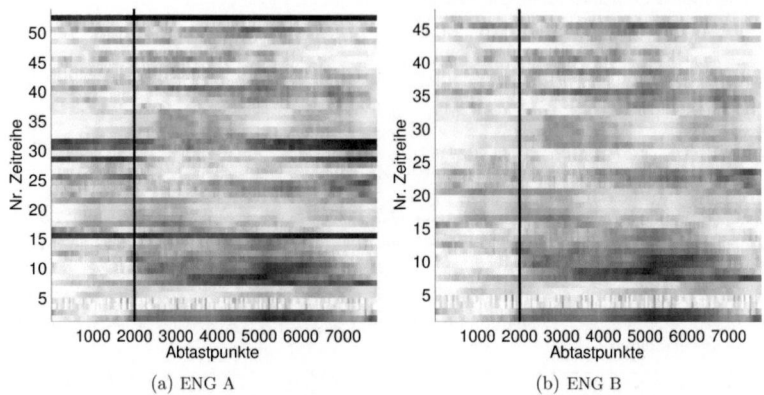

(a) ENG A   (b) ENG B

Abbildung 5.4: Merkmalskarten für ENG A und ENG B. Abbildung a) zeigt die Merkmalskarte des Datensatzes ENG A und Abbildung b) die des Datensatzes ENG B. Die schwarze Linie in ENG B zeigt das Triggerereignis.

Die Werte sind über das ANOVA-Verfahren für alle Datentupel bestimmt worden. Auch bei diesen Datensätzen sind die Zeitvarianzen im Informationsgehalt deutlich zu erkennen, z.B in den Zeitreihen 31 und 30. Auffällig sind einige Zeitreihen im Datensatz ENG A, die sehr viele Informationen enthalten, insbesondere

- Zeitreihe 52: Sig1 $4000.0{\rightarrow}5000.0$ RANT mit Sig2 $4000.0{\rightarrow}5000.0$,

- Zeitreihe 31: Sig1 $3000.0{\rightarrow}4000.0$ RANT mit Sig1 $4000.0{\rightarrow}5000.0$,

- Zeitreihe 30: Sig1 $2000.0{\rightarrow}3000.0$ RANT mit Sig1 $4000.0{\rightarrow}5000.0$,

- Zeitreihe 28: Sig1 $1000.0{\rightarrow}2000.0$ RANT mit Sig1 $4000.0{\rightarrow}5000.0$ und

- Zeitreihe 15: Sig2 $4000.0{\rightarrow}5000.0$.

Sig1 und Sig2 entsprechen dabei den Kanälen 1 bzw. 2. Die Frequenzbänder sind z.B. durch $4000.0 \rightarrow 5000.0$ bezeichnet und „RANT" steht für „relativer Anteil", der nach den Gleichungen (5.1) bzw. (5.2) berechnet wird.

Sämtliche oben aufgelisteten Zeitreihen enthalten Informationen, die auf systematische Fehler in der Aufnahme schließen lassen (siehe auch Abbildung 2.19(a)). Die verwendete Gleichung (5.3) sortiert alle diese Zeitreihen aus, zusätzlich die Zeitreihe 25 (Sig1 $500.0{\rightarrow}1000.0$ RANT mit Sig1 $4000.0{\rightarrow}5000.0$).

Weiterhin sind Informationen in den Zeitreihen 7-10 zu erkennen, die den Frequenzbändern $500 - 1000$ Hz und $1000 - 2000$ Hz in den Kanälen 1 und 2 entsprechen. Die verwendeten Zeitreihen stimmen zwar nicht vollständig mit denen aus [198] überein, aber auch da sind zahlreiche Informationen in den höheren Frequenzbändern erkannt worden. Auch der gute Informationsgehalt in Zeitreihen mit relativen Anteilen ist konsistent mit den Ergebnissen in [198].

In der Abbildung 5.4(b) ist die Merkmalskarte für den korrigierten Datensatz ENG B enthalten. Es ist klar zu sehen, dass vor dem Trigger deutlich weniger Informationen enthalten sind. Die informationstragenden Zeitreihen sind hier identisch[3]. Auch in diesem Datensatz sind in einigen Zeitreihen bereits vor dem Triggerereignis in geringer Form Informationen enthalten. Die Zeitreihen können durch die Verwendung eines kleineren Schwellwerts ebenfalls aussortiert werden. Eine Optimierung des Schwellwerts soll hier aber nicht Gegenstand der Arbeit sein. Die Effekte der unsicheren Zeitreihen können mit den beiden erstellten Datensätzen ENG A und ENG B gut demonstriert werden.

Die informationstragenden Zeitreihen 1, 2, 7-10 und 22, 23 stimmen mit denen aus ENG A überein. Es liegen noch weitere Zeitreihen mit erkennbaren Informationen vor (z.b. für ENG A: ZR 40, ZR 43, ZR 50 und für ENG B: ZR 35, ZR 38, ZR 45).

Auch für die vorliegende Aufnahme peripherer Nerven konnte der Nachweis erbracht werden, dass die Merkmalskarten eine gute Erweiterung zur Analyse des Informationsgehalts sind. Für den originalen Datensatz ENG A konnten systematische Fehler in der Aufnahme erkannt werden und die fehlerhaften Zeitreihen aus dem Datensatz entfernt werden.

5.4 Einzelmerkmalsklassifikatoren

Die Anwendung von Einzelmerkmalsklassifikatoren auf den Datensatz mit aufgezeichneten Nervensignalen wird hier nicht explizit betrachtet. Die Anwendung einer Support-Vektor-Maschine auf den Datensatz wird z.b. in [198] beschrieben. Der einzige Unterschied besteht in der Anzahl der verwendeten Datentupel, da in [198] nicht jeder Anwendung des Filaments als Datentupel betrachtet wird, sondern jeder 100. Abtastpunkt während einer erkannten Aktivität im Nervensignal. Die Anzahl an Datentupeln in [198] beträgt $N = 1980$. Der erzielte Klassifikationsfehler liegt bei 19.1% bei einer 10x10-fachen Crossvalidierung.

5.5 Zeitvariante Klassifikatoren und Rückweisung

In dem Abschnitt wird untersucht, ob durch die zeitvarianten Klassifikatoren eine Verbesserung des Klassifikationsergebnisses erzielt werden kann und in wie weit die Rückweisungen von Entscheidungen das Ergebnis weiter beeinflussen können.

Aufgrund des sehr großen Datensatzes werden die Zeitreihen vor der Anwendung der Klassifikatoren über der Zeit aggregiert. Dabei wird jeweils der Mittelwert in einem gleitenden Fenster der Breite 50 Abtastpunkte mit einer Schrittweite von 20 Abtastpunkten berechnet. Bei einer Online-Klassifikation entsteht durch die Fensterung eine zeitliche Verzögerung für die einzelnen Entscheidungen. Bei einer Abtastrate von 10 kHz ist eine Fensterbreite von 50 Abtastpunkten aber zu tolerieren (entspricht 0.005s).

Als interner Klassifikator wird ein Bayes-Klassifikator eingesetzt. Die Auswahl von drei Merkmalen erfolgt über das MANOVA-Verfahren, es findet keine Aggregation der Merkmale statt[4]. Die geringe Anzahl auszuwählender Merkmale ist unter anderem durch die geringe Anzahl an Datentupeln begründet. Die zeitliche Aggregation der Klassifikationsentscheidungen erfolgt, wie auch schon bei den anderen Datensätzen, über den Klassifikationsfehler uber

---

[3]Es hat sich aber durch das Entfernen einiger Zeitreihen eine Umnummerierung ergeben.
[4]Eine Anwendung des K4 IIR-Klassifikators mit einer Auswahl von sechs Merkmalen und einer Aggregation auf zwei Merkmale liefert leicht schlechtere Ergebnisse (12.3% ± 4.2%)

Lerndaten. Da dieser Datensatz keine expliziten Testdaten enthält, wird das Ergebnis über eine 10x5-fache Crossvalidierung ermittelt.

Der Datensatz ENG A wird hier nur sehr kurz betrachtet, da der Datensatz unzuverlässige Zeitreihen enthält, die durch die Merkmalskarten erkannt werden konnten (siehe Abschnitt 5.3). Dennoch soll das Ergebnis in Form einer Tabelle dargestellt werden, um Auswirkungen solcher fehlerhafter Zeitreihen demonstrieren zu können. Tabelle 5.2 enthält verschiedene Maße zur Bewertung der Klassifikatoren für den Datensatz ENG A.

ZR-Klassifikator	Mittelwert der minimalen Klassifikationsfehler [%]	Minimum der gemittelten Fehlerkurven [%]	Mittelwert der Fehler-kurven [%]
K1	9.2 ± 2.1	13.1	30.1
K3	3.6 ± 0.0	6.2	28.9
K4	0.0 ± 0.0	1.5	26.8
K2	13.1 ± 3.4	13.8	19.9
K3 IIR	13.9 ± 3.4	13.9	22.0
K4 IIR	10.8 ± 1.7	11.5	19.7

Tabelle 5.2: Ergebnis der zeitvarianten Klassifikatoren auf dem Datensatz ENG A. Interner Klassifikator: Bayes. Die Ergebnisse wurden über eine 10x5-fachen Crossvalidierung ermittelt. Die Klassifikationsfehler unterliegen sehr starken Schwankungen, wodurch der Fehler für den K4 auf 0% sinkt. Der sehr geringe Fehler ist allerdings in erster Linie auf einen fehlerhaften Datensatz zurückzuführen.

Zum einen ist sowohl das gemittelte Minimum des Klassifikationsfehlers angegeben (entsprechend Gleichung (2.37)), als auch das Minimum der gemittelten Fehlerkurven, entsprechend Gleichung (2.38). Als weiteres Maß ist der mittlere Klassifikationsfehler (entspricht dem Mittelwert der Mittelwerte der Fehlerkurven) angegeben. Auffällig ist der sehr niedrige Klassifikationsfehler der nicht zeitaggregierten K3 und K4. Die sehr kleinen Fehler sind durch starke Schwankungen in der Klassifikationsentscheidung zu erklären. Derartig starke Schwankungen sollten aber bei zuverlässigen Datensätzen nicht auftreten, insbesondere nicht wegen der statistischen Abhängigkeit benachbarter Abtastpunkte. Treten solche Fehlerkurven bei der Klassifikation auf, kann als zusätzliche Validierung der Zeitpunkt des minimalen Klassifikationsfehlers über Lerndaten als Referenzpunkt für den Klassifikationsfehler über Testdaten verwendet werden. Dies war allerdings nicht Gegenstand der Arbeit.

Tabelle 5.3 enthält das Ergebnis der Klassifikatoren für den korrigierten Datensatz ENG B. Auch in dem Datensatz erzielt der K4 das beste Ergebnis. Wird allerdings zusätzlich der mittlere Klassifikationsfehler betrachtet, sind die zeitaggregierten Klassifikatoren besser (siehe auch Abbildung 5.5). Die minimalen Klassifikationsfehler unterscheiden sich bei diesem Datensatz nur in einem sehr geringen Umfang. Lediglich bei den mittleren Fehlern wird der Unterschied zwischen den zeitaggregierten Klassifikatoren und denen ohne zeitliche Aggregation deutlich. Dass der K4 jeweils bei ENG A und ENG B ein besseres Minimum als der K4 IIR bei den gemittelten Fehlerkurven erzielt hat, der Mittelwert der Fehlerkurven allerdings schlechter als beim K4 IIR ist, deutet auf die stärkeren Schwankungen im Klassifikationsfehler hin. Im allgemeinen weist die Kurve des K4 einen höheren Fehler auf als beim K4 IIR, hin und wieder gibt es aber Ausreißer nach unten, wodurch das Minimum geringer ist als beim

ZR-Klassifikator	Mittelwert der minimalen Klassifikationsfehler [%]	Minimum der gemittelten Fehlerkurven [%]	Mittelwert der Fehlerkurven [%]
K1	22.3 ± 3.2	26.9	52.2
K3	19.2 ± 2.7	20.8	44.7
K4	13.1 ± 4.4	17.7	40.0
K2	19.2 ± 9.8	20.0	30.0
K3 IIR	20.0 ± 1.7	23.9	33.5
K4 IIR	19.2 ± 4.7	22.3	29.8

Tabelle 5.3: Ergebnis der zeitvarianten Klassifikatoren auf dem Datensatz ENG B. Interner Klassifikator: Bayes. Die Ergebnisse wurden über eine 10x5-fachen Crossvalidierung ermittelt.

K4 IIR.

Um den Verlauf der Klassifikationsfehler in Abbildung 5.5 etwas übersichtlicher darzustellen, sind sehr starke Schwankungen aus den Fehlerkurven mit Hilfe eines Median-Filters heraus gerechnet worden. Die genauen Ergebnisse können jedoch der Tabelle entnommen werden. Die unterschiedlichen Startwerte der Fehlerkurven ergeben sich durch die verschiedenen Durchläufe der Crossvalidierung, nicht jedoch durch Informationen vor dem Triggerereignis. Im letzteren Fall sind die Ergebnisse stets geringer als 50%. Der K1 z.B. erzielt allerdings einen Fehler deutlich über 50%.

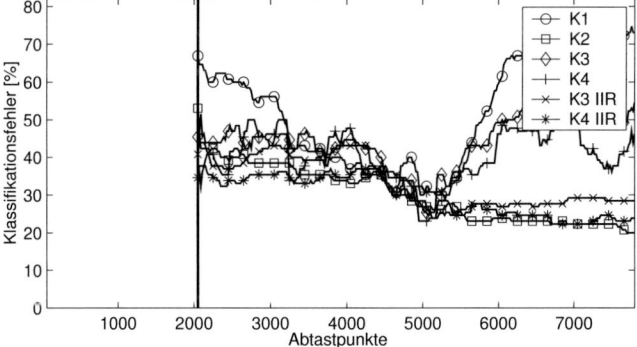

Abbildung 5.5: Gemittelte Fehlerkurven für die Klassifikation im Datensatz ENG B. Um die Fehlerkurven übersichtlicher darstellen zu können, wurde ein Median-Filter auf die Daten angewendet.

Der Vorteil der zeitaggregierten Klassifikatoren ist, dass ihr minimaler Klassifikationsfehler nicht nur in einem so kleinen Bereich erzielt wird. Durch die Aggregation sind die Klassifikatoren deutlich langsamer als die Klassifikatoren ohne zeitliche Aggregation. Während aber der Klassifikationsfehler bei K1, K3 und K4 stark schwankt und im Mittel relativ hoch ist, bleibt der Fehler bei den zeitaggregierten Klassifikatoren auf einem relativ konstanten Niveau. Diese Tatsache wird durch die berechneten Mittelwerte der Fehlerkurven bestätigt. Der K3 IIR und K4 IIR sowie der K2 erzielen deutlich niedrigere mittlere Klassifikationsfehler als die nicht zeitaggregierten Klassifikatoren. Auf der anderen Seite wird die Geschwindigkeit für Änderungen in der Entscheidung durch die Aggregation verlangsamt, wodurch der K4 einen besseren minimalen Klassifikationsfehler erzielt.

Natürlich wird ein höherer Fehler erreicht als beim Datensatz *ENG A*. Allerdings ist zu berücksichtigen, dass im unkorrigierten Datensatz Zeitreihen enthalten sind, bei denen nicht klar ist, ob deren Informationen bei einer erneuten Aufzeichnung bestand hätten. Die Robustheit der Klassifikatoren und der erzielten Ergebnisse ist für den Datensatz *ENG B* daher als deutlich höher einzustufen, da ausschließlich Zeitreihen verwendet wurden, die keine Informationen vor dem Triggerereignis enthalten und somit zuverlässiger sind als die im Datensatz *ENG A* enthaltenen Zeitreihen.

Im Vergleich mit den Einzelmerkmalsklassifikatoren zeigt sich, dass in den Zeitreihen mehr Informationen enthalten sind als durch die Einzelmerkmale extrahiert wurden. Die einzelne Betrachtung der Abtastpunkte (zur Erinnerung: es wurde jeder 100. Abtastpunkt als einzelnes Datentupel verwendet), führt zu einem Verlust an Informationen, der auch durch die Nutzung eines deutlich aufwändigeren Klassifikationsverfahrens (SVM) nicht ausgeglichen werden kann. Die Zeitreihenklassifikatoren erzielen für den Datensatz ENG A deutlich bessere Ergebnisse. Die Fehler sind in etwa gleich, wenn der Datensatz ENG B als Vergleich verwendet wird. Die Einzelmerkmalsklassifikatoren verwenden jedoch die als unzuverlässig eingestuften Zeitreihen für die Klassifikation. Die Unzuverlässigkeit der Daten ist durch die Extraktion der Merkmale aus den Zeitreihen nicht mehr erkennbar gewesen. Das Beibehalten der zeitlichen Informationen und damit die Möglichkeit der Erkennung systematischer Fehler ist also ein weiterer großer Vorteil der Zeitreihenklassifikatoren.

Nachdem der Nachweis des verbesserten Klassifikationsfehlers erbracht ist, wird das Ziel der Verbesserung des Ergebnisses durch Rückweisung von Entscheidungen untersucht. Die Rückweisung der Klassifikationsentscheidungen erfolgt auch für den Datensatz ENG B für die Klassifikatoren K4 und K4 IIR. Das Vorgehen ist allerdings etwas anders als bei den Datensätzen mit Testdaten. Hier werden die Rückweisungen auf die einzelnen Durchläufe einer Crossvalidierung angewendet und die Auswirkungen auf die einzelnen Versuche dargestellt. Die Kombination der einzelnen Versuche mit ihren Rückweisungen zu einem Gesamtergebnis der Crossvalidierung ist nicht ohne weiteres möglich. Konzepte, wie das Problem zu lösen ist, sind nicht Gegenstand der vorliegenden Arbeit.

Die Ergebnisse der Klassifikatoren mit der Möglichkeit zur Rückweisung von Entscheidungen wegen widersprüchlicher Informationen sind in Tabelle 5.4 enthalten. Eine Ausreißerdetektion wurde bei diesem Datensatz nicht angewendet, da die Ausreißer bereits während der Vorverarbeitung manuell entfernt wurden. Die Rückweisung wegen widersprüchlicher Informationen wird mit Hilfe des distanzbasierten Ansatzes des Bayes-Klassifikators mit $s_u = 0.9$ durchgeführt.

Sowohl beim nicht zeitaggregierten K4 als auch beim zeitaggregierten K4 IIR kann durch die Rückweisung das Ergebnis der Klassifikation verbessert werden. Beim K4 wird der mittlere Fehler im Schnitt um 6%-Punkte verbessert. Die Verbesserung der maximalen Klassifikationsgüte sowie die Anzahl an zurückgewiesenen Datentupeln schwanken. Im günstigsten Fall werden nur 15% der Entscheidungen zurückgewiesen, im ungünstigsten mehr als die Hälfte (54%). Die Verbesserung der Klassifikationsgüte schwankt zwischen ca. 11% und 2%.

Typ	CV Teil-datensatz	ohne Rückweisung		mit Rückweisung		
		Maximale | Mittlere Klassifikationsgüte [%]		Maximale | Mittlere Klassifikationsgüte [%]		Rückweisung [%]
K4	1	88.5	60.5	95.5	66.0	15.4
	2	84.6	60.0	93.3	66.0	42.3
	3	92.3	59.8	94.1	66.0	34.6
	4	80.8	58.6	91.7	65.2	53.8
	5	88.5	61.6	90.5	67.3	19.2
K4 IIR	1	80.8	71.2	87.5	77.5	38.5
	2	73.1	65.3	88.2	75.3	34.6
	3	84.6	74.3	93.8	83.1	38.5
	4	84.6	70.0	88.9	79.9	30.8
	5	80.8	69.9	100.0	80.6	38.5

Tabelle 5.4: Ergebnis des K4 und K4 IIR mit Rückweisung auf dem Datensatz ENG B. Als Parameter wird $s_u = 0.9$ eingesetzt. Eine Rückweisung wegen zu wenig Informationen wird nicht angewendet.

Beim K4 IIR fallen die Verbesserungen etwas höher aus. Die Klassifikationsgüte kann stärker verbessert werden (maximal um ca. 20%, minimal um 4%), die mittlere Klassifikationsgüte steigt ebenfalls stärker an (um ca. 10%). Allerdings ist bei diesem Klassifikator die Anzahl zurückgewiesener Datentupel höher und liegt im Schnitt bei etwa einem Drittel der Entscheidungen.

Für beide Klassifikatoren sind für jeweils einen Durchlauf der Crossvalidierung die Ergebnisse in Abbildung 5.6 dargestellt. Der K4 verwendet für die Rückweisung einen Schwellwert von $s_u = 0.9$, der K4 IIR einen Schwellwert von $s_u = 0.53$.

5.6   Zusammenfassung

Im Ergebnis bestätigt auch die Anwendung der zeitvarianten Klassifikatoren auf einen Datensatz mit Nervendaten die potentielle Leistungsfähigkeit der Klassifikatoren. Bei der Datenanalyse von Nervensignalen gibt es gegenüber Hirnsignalen zusätzlich den Vorteil, dass die Erkennung von relevanter Aktivität einfacher ist. Je nach Ort der Aufnahme der ENG-Signale betreffen die Nervenfasern mehr oder weniger lokale Bereiche. Eine unbeabsichtigte Aktivierung ist also unwahrscheinlich.

Die Aufgabe bei der Analyse der ENG-Signale war die Erkennung einer Reizung dreier unterschiedlicher Zehen. Mit Hilfe der Merkmalskarten konnten vermutlich systematische Fehler in den Zeitreihen erkannt werden, die durch eine ungünstige Aufteilung der Stimulationen während der Aufzeichnung entstanden sein können (siehe Abschnitt 5.3). Die entdeckten Fehler wurden mit herkömmlichen Verfahren nicht erkannt, womit das Ziel das verbesserten Analyse des Informationsgehalts mit Hilfe von Merkmalskarten als erfüllt anzusehen ist.

Die zeitvarianten Klassifikatoren wurden anschließend auf einen Datensatz angewendet, bei dem die Zeitreihen mit sehr vielen Informationen vor dem Triggerereignis entfernt wurden, um das Ziel der Verbesserung des Klassifikationsergebnisses durch die zeitvarianten Klassifikatoren zu prüfen (Abschnitt 5.5).

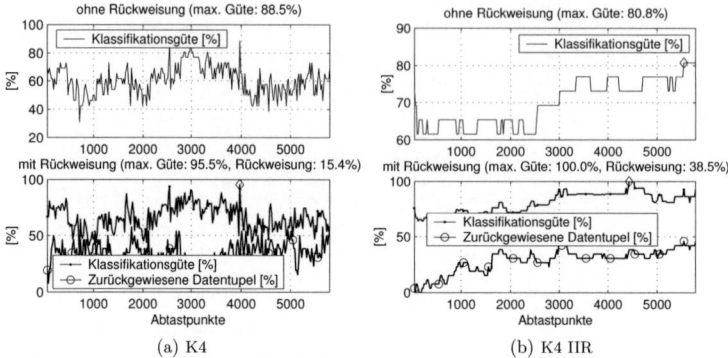

(a) K4   (b) K4 IIR

Abbildung 5.6: Ergebnis der Klassifikatoren mit Rückweisungsmöglichkeit auf dem Datensatz ENG B. (a) K4 mit $s_u = 0.9$, (b) K4 IIR mit $s_u = .53$

Auch beim hier verwendeten Datensatz kann die beobachtete hohe Qualität der zeitvarianten Klassifikatoren nachgewiesen werden. Insbesondere die Robustheit, die sich in einem deutlich reduzierten mittleren Klassifikationsfehler ausdrückt, kann durch die Verwendung der zeitvarianten Klassifikatoren in Zusammenarbeit mit einer zeitlichen Aggregation deutlich erhöht werden. Durch eine Rückweisung von Klassifikationsentscheidungen kann der Fehler noch leicht reduziert werden.

Durch eine Optimierung der Merkmalsextraktion kann der Fehler eventuell weiter verringert werden, zum Beispiel durch die Verwendung von Trends, die die Stärke von Änderungen in einzelnen Frequenzbändern bewertet. Solche Merkmale sind in der vorliegenden Arbeit explizit nicht berechnet und verwendet worden, um einen Vergleich mit den Einzelmerkmalsklassifikatoren zu ermöglichen. Für eine reale Anwendung in der Neuroprothetik sind jedoch weitere Merkmale auf ihren Informationsgehalt zu testen.

6 Anwendung auf die instrumentelle Ganganalyse

6.1 Übersicht

Für die Anwendung der Methoden auf die instrumentelle Ganganalyse (Einführung in Abschnitt 1.2.4) liegt ein Datensatz der Orthopädischen Universitätsklinik Heidelberg vor (siehe Abschnitt 6.2). In einer vorherigen Arbeit [176] wurden Methoden des Data-Minings bereits auf einen Datensatz angewendet, der Patienten mit Infantiler Zerebralparese (engl.: Infantile Cerebral Palsy, ICP) vor und nach einer Therapie mit Botulinum Toxin A enthielt. Datengestützte (teilautomatisierte) Entscheidungssysteme dienen dabei aber eher zur Diagnose und Therapieevaluation (u.a. DFG-Projekt am Institut für Angewandte Informatik des Forschungszentrums Karlsruhe, Förderkennzeichen: GE 1139-1, BR 1303-6). Ein Ergebnis war, dass interpretierbare und verständliche Merkmale und Methoden ein wichtiges Kriterium für die klinische Akzeptanz sind [176].

In der vorliegenden Arbeit liegt erstmals ein Datensatz vor, der Daten von Patienten vor und nach chirurgischen Multi-Level-Eingriffen enthält. Unter Beachtung der bisher erzielten Ergebnisse wurden folgende Aufgaben bearbeitet:

- Präsentation von Ansätzen für ein Entscheidungssystem zur Unterstützung bei Therapieentscheidungen der einzelnen Patienten unter Verwendung der Rückweisung von Klassifikationsentscheidungen (Abschnitt 6.3)

- Anwendung der neuartigen Darstellung des Informationsgehalts in Zeitreihen auf das Klassifikationsproblem „Unterscheidung Normprobanden von Patienten vor der Therapie" im Datensatz DS1$_{\text{wkort}}$ (Abschnitt 6.4)

Ein wesentliches Ziel der Versuche ist, zu untersuchen, ob Mediziner mit geringer Berufserfahrung durch computergestützte Entscheidungssysteme bei der Therapieentscheidung unterstützt werden können. Zusätzlich wird untersucht, inwieweit die Merkmalskarten für die Bestätigung medizinischer Erfahrungswerte (z.B. hinsichtlich der Auswirkung von Krankheiten) hilfreich sein können.

Dieses Kapitel beschreibt die Anwendung der Verfahren auf einen Datensatz vom Typ 1. Auf Grund der veränderten Problemstellung wird in dem Kapitel zusätzlich der k-nearest-neighbor Klassifikator eingesetzt.

6.2　Beschreibung des Datensatzes

6.2.1　Originale Daten

Der originale Datensatz enthält $N = 355$ Datentupel mit $L = 112$ Zeitreihen und $s_x = 101$ Einzelmerkmalen. Davon sind 54 Datentupel Daten eines Normkollektivs, die restlichen 301 Datentupel sind Patientendaten. Die vorliegenden Datentupel sind in verschiedene Klassen eingeteilt, wobei in der vorliegenden Arbeit nur Datentupel folgender Klassen verwendet werden:

- Norm: Klasse der Normprobanden

- Prä: Klasse der Patienten vor ihrer Therapie

- Post1: Klasse der Patienten zum Zeitpunkt der ersten Nachuntersuchung nach einer operativen Therapie (ca. nach 6 Monaten)

Für jeden Patienten und Probanden wurden mehrere Schritte aufgezeichnet, die Längen normiert und die einzelnen Schritte jeweils gemittelt. Die Zeitreihen haben damit eine einheitliche Länge von $K = 101$ Abtastpunkten. Die normierten Schritte werden in verschiedene Phasen eingeteilt. Richtwerte für die Zugehörigkeit der Abtastpunkte zu den Phasen sind in Tabelle 6.1 enthalten, siehe auch [86, 176]. In der vorliegenden Arbeit kamen allerdings erstmalig dynamisch bestimmte Grenzen für die Schrittphasen zum Einsatz, bei denen gemessene Ereignisse, wie z.B. das Abheben der Ferse vom Boden, als Merkmale für die Berechnung verwendet wurden (siehe auch Abschnitt 3.4).

Initial Contact	$0, \ldots, 2\%$		
Standphase	$0, \ldots, 60\%$		
		Loading Response	$0, \ldots, 10\%$
		Mid Stance	$10, \ldots, 30\%$
		Terminal Stance	$30, \ldots, 50\%$
		Pre Swing	$50, \ldots, 60\%$
Schwungphase	$60, \ldots, 100\%$		
		Initial Swing	$60, \ldots, 73\%$
		Mid Swing	$75, \ldots, 88\%$
		Terminal Swing	$89, \ldots, 100\%$

Tabelle 6.1: Übersicht über die Schrittphasen nach [176]

Als Zeitreihen lagen sowohl Aufzeichnung über Kinematikverläufe einzelner Gelenke in drei Ebenen (Frontalebene, Sagittalebene, Transversalebene) sowie Kinetikverläufe der gleichen Gelenke und Muskelsignale (EMG) ausgewählter Muskeln vor:

- Musculus biceps femoris (zweiköpfiger Oberschenkelmuskel)

- M. gastrocnemius (Zwillingswadenmuskel)

- M. glutaeus medius (mittlerer Gesäßmuskel)

- M. rectus femoris (gerader Oberschenkelmuskel)

- M. semimembranosus (halbmembranöser Muskel)

- M. soleus (tiefer Wadenmuskel)
- M. tibialis anterior (vorderer Unterschenkelmuskel)
- M. vascus lateralis (seitlicher Unterschenkelstrecker)

Als Einzelmerkmale liegen Daten ohne zeitlichen Bezug vor. Sie teilen sich insbesondere in zwei Gruppen:

- Daten zu Patienteninformationen (Alter zum Zeitpunkt der Messung, Gewicht, ...)
- So genannte Raum-Zeit-Parameter (Schrittlänge, Gehgeschwindigkeit, ...)

Weiterhin sind in diesem Datensatz die durchgeführten Eingriffe jedes Patienten enthalten. Die Eingriffe wurden nach Ort, Art des Gewebes und einer Nummer für die OP-Technik codiert (z.B. KFe9: Operation am Knochen des Oberschenkels, Femur suprakondyläre Derotations-Verkürzungs-Osteotomie).

Bei solchen Patientendatensätzen ist es besonders wichtig, auf Vollständigkeit und Plausibilität der Daten zu prüfen. Fehlende Messungen sind im Datensatz häufig durch „unendlich" (Inf, engl.: infinity) oder „ungültig" (NaN, engl.: not a number) ersetzt. Zeitreihen oder Einzelmerkmale mit solchen Werten können nicht verarbeitet werden. In der Abbildung 6.1 ist abgebildet, welche Zeitreihen und welche Einzelmerkmale für gegebene Datentupel vorhanden sind oder fehlen. Schwarze Bereiche kennzeichnen fehlende Daten.

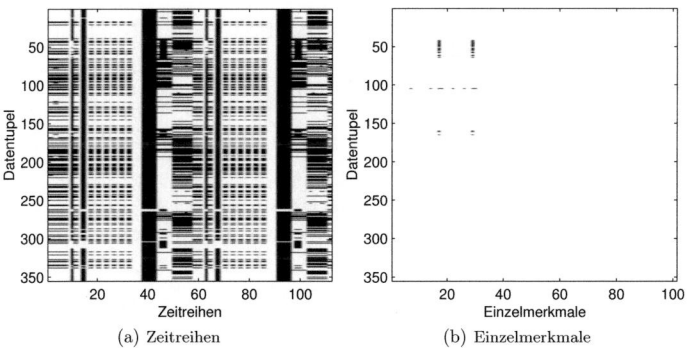

(a) Zeitreihen   (b) Einzelmerkmale

Abbildung 6.1: Fehlende Messwerte im Datensatz – (a) Zeitreihen gegen Datentupel, weiß: vorhanden, schwarz: fehlt, (b) Einzelmerkmale gegen Datentupel, weiß: vorhanden, schwarz:fehlt

In der Abbildung ist deutlich zu sehen, dass vor allem die Anzahl an für alle Patienten vorhandenen Zeitreihen sehr gering ist. Nur in zwei Bereichen (ca. Zeitreihen 35–40 und 90-95) sind keine schwarzen Einträge für Datentupel zu erkennen. Diese Zeitreihen liegen damit für alle Datentupel vor. Alle anderen Zeitreihen sind für eine Vielzahl an Datentupeln als fehlend markiert. Ein damit verwandtes Problem taucht bei den Häufigkeiten einzelner chirurgischer Eingriffe auf (siehe Tabelle B.8). Einige Eingriffe werden an so wenigen Patienten durchgeführt, dass eine Analyse der einzelnen Operationen keinen Erfolg hat. Für beide Fälle ist eine Vorverarbeitung nötig, die im folgenden Abschnitt beschrieben wird.

6.2.2 Vorverarbeitung

In einem Vorverarbeitungsschritt werden zunächst alle Zeitreihen gelöscht, die bei zu vielen Datentupeln fehlen, wobei die Anzahl an Datentupeln über einen Schwellwert einstellbar ist. Anschließend werden alle Datentupel entfernt, bei denen mindestens eine der restlichen Zeitreihen fehlt (siehe auch [176]). Je nach Wahl der Schwellwerte werden eher Zeitreihen entfernt und dafür mehr Patienten beibehalten oder mehr Patienten entfernt und es bleiben mehr Zeitreihen im Datensatz.

Tabelle 6.2 gibt eine Übersicht über drei Datensätze, die mit unterschiedlichen Schwellwerten erzeugt wurden. Als Schwellwerte werden 20%, 50% und 60% fehlende Datentupel für die Zeitreihen verwendet. Je kleiner der Schwellwert für das Löschen einer Zeitreihe ist, desto mehr Patienten und weniger Zeitreihen verbleiben im Datensatz.

$DS1_O$	surgery4_24zr_mw_2217em.prjz
	353 Datentupel (Norm: 54, Prä: 115, Post1: 110, Post2: 48, Post3: 26)
	Zeitreihen: 48, Einzelmerkmale: 2217
$DS2_O$	surgery4_76zr_mw_em.prjz
	166 Datentupel (Norm: 48, Prä: 39, Post1: 46, Post2: 16, Post3: 17)
	Zeitreihen: 152, Einzelmerkmale: 6791
$DS3_O$	surgery4_94zr_mw_em.prjz
	85 Datentupel (Norm: 25, Prä: 28, Post1: 24, Post2: 5, Post3: 3)
	Zeitreihen: 188, Einzelmerkmale: 8375
$DS1_{wkort}$	surgery4_24zr_mw_2217em_onr_fuss_op_wkort.prjz
	674 Datentupel (Norm: 76, Prä: 230, Post1: 220, Post2: 96, Post3: 52)
	Zeitreihen: 24, Einzelmerkmale: 1088

Tabelle 6.2: Parameter der Datensätze nach unterschiedlichen Vorverarbeitungsschritten. $DS1_O$ - $DS3_O$: Reduktion der Zeitreihen nach [176] mit unterschiedlichen Schwellwerten, $DS1_{wkort}$: weitere Vorverarbeitung von $DS1_O$

Im Folgenden wird der weiterverarbeitete Datensatz $DS1_{wkort}$ mit $DS1_O$ als Ursprung verwendet. Die Anzahl der Patienten ist hoch, es liegen allerdings nur noch die Zeitreihen der Kinematik vor. Der Datensatz $DS2_O$ enthält zusätzlich zu den Kinematikzeitreihen die Kinetikzeitreihen, in $DS3_O$ sind auch die EMG-Aufzeichnungen vorhanden. Die Anzahl der Patienten nimmt mit der zunehmenden Anzahl an Zeitreihen aber auch deutlich ab. Für eine Therapieauswahl sind die Datensätze $DS2_O$ und $DS3_O$ aufgrund der geringen Anzahl an Patienten nicht mehr geeignet.

Folgende weitere Schritte werden durchgeführt:

- Entfernung von Normprobanden, die in ihrem Alter nicht zur Patientengruppe passen: einige Normprobanden sind bereits deutlich über 18 Jahre alt (bei einem Alter der Patienten von 10.3 ± 3.1 Jahren). Die zu alten Normprobanden werden aus dem Datensatz entfernt.

- Die Datentupel liegen patientenbezogen vor, die Merkmale sind zusätzlich auf die

Körperseite bezogen. Da die Ausprägung der Erkrankung bei einigen Patienten von der Körperseite abhängt, wird der Datensatz auf Körperseiten umgestellt. Dadurch verdoppelt sich die Anzahl an Datentupeln, die Anzahl an Merkmalen wird kleiner.

- Die Therapien der Patienten sind dermaßen inhomogen, dass einige der Operationen nur an einzelnen Patienten durchgeführt werden (siehe Tabelle B.8). Das erlaubt keinerlei statistisch gesicherte Aussage. Die Operationen werden daher in Absprache mit unserem klinischen Projektpartner in Kategorien eingeteilt. Merkmale für die Kategorien sind der Ort der Operation (z.B. Femur: Oberschenkelknochen) und das Gewebe (Weichteil oder Knochen), an der die Operation durchgeführt wird. Das erwähnte Beispiel „KFe9" wird also in die Kategorie „KFe" eingeteilt, d.h. die eigentliche OP-Technik fällt aus der Kategorisierung raus. Die Einteilung der Eingriffe in gröbere Kategorien ist vor allem auch deswegen sinnvoll, da bei der Therapieentscheidung der Mediziner in der Regel nicht sofort die spezielle Technik, sondern nur das Ziel der Operation festlegt.

In Tabelle 6.2 sind die Eigenschaften des verwendeten Datensatzes $DS1_{wkort}$ enthalten. Er ist durch die beschriebenen Vorverarbeitungsschritte aus dem Datensatz $DS1_O$ entstanden. Die Kategorisierung der chirurgischen Eingriffe wird nur für den Datensatz $DS1_{wkort}$ angewendet, da die restlichen Datensätze für eine Analyse der durchgeführten Eingriffe nicht genügend Patienten bereit halten. Für die verbliebenen Zeitreihen werden Geschwindigkeitszeitreihen (1. Ableitung) sowie zusätzliche Einzelmerkmale berechnet (ausführlich in [176] beschrieben). In der vorliegenden Arbeit werden allerdings die neu integrierten dynamischen Einzüge verwendet. Dieses Vorgehen erlaubt eine genauere Bestimmung von schrittphasenabhängigen Merkmalen.

Für die Auswertung werden nur diejenigen Patienten verwendet, für die sowohl ein Datentupel vor der Operation (Prae-OP) als auch eines nach der Operation (Post-OP1) vorlag. Dies ist in erster Linie mit der zusätzlichen Möglichkeit zur Analyse des Therapieerfolgs begründet. Tabelle 6.3 gibt eine Übersicht über die vorhandenen OP-Kategorien und die Häufigkeiten der Anwendung in der Therapie. „Ja" und „Nein" beschreiben die zwei Klassen, dass ein Eingriff aus der betrachteten Kategorie durchgeführt wurde oder nicht.

OP-Kategorie	ja		nein	
KB Prae	23	(10.6%)	193	(89.4%)
KFe Prae	104	(48.1%)	112	(51.9%)
KFu Prae	64	(29.6%)	152	(70.4%)
KT Prae	14	(6.5%)	202	(93.5%)
WB Prae	52	(24.1%)	164	(75.9%)
WFe Prae	212	(98.1%)	4	(1.9%)
WFu Prae	31	(14.4%)	185	(85.6%)
WH Prae	119	(55.1%)	97	(44.9%)
WK Prae	7	(3.2%)	209	(96.8%)
WT Prae	166	(76.9%)	50	(23.1%)

Tabelle 6.3: Häufigkeiten der OP-Kategorien in $DS1_{wkort}$ − es wurden jeweils nur Prä-OP-Datentupel betrachtet, dessen Patient ebenfalls ein Post-OP1-Datentupel besitzt.

Wie bereits erwähnt wurde, liegen Patientendaten vor, bei denen die Patienten Multi-Level-Eingriffe als Therapie erhalten haben. Das bedeutet, dass nicht nur eine spezielle Operation durchgeführt wurde, sondern verschiedene, häufig aus verschiedenen Kategorien. Diese Tatsache erschwert die Analyse einzelner OP-Kategorien sehr, da die Merkmalsausprägungen der Patienten nicht spezifisch für eine einzelne Operation sind.

6.3 Therapieauswahl

Im folgenden Abschnitt wird untersucht, in wie weit die Klassifikatoren mit der Möglichkeit zur Rückweisung von Entscheidungen bei der Entscheidung für oder gegen eine Therapie helfen können.

Die Aufgabe bei der Therapieauswahl besteht darin, aus den gegebenen Merkmalen diejenigen auszusuchen, die bei der Entscheidung über die durchzuführende Therapie helfen. In der vorliegenden Arbeit wird für jede Therapiekategorie versucht, ein Zwei-Klassen-Problem zu lösen: eine Therapie der aktuellen Kategorie wurde durchgeführt „ja" oder „nein". Da die beiden Klassen „ja" und „nein" meist eine starke Überlappung aufweisen, wird in dem Abschnitt untersucht, in wie weit die Rückweisung von Klassifikationsentscheidungen bei der Therapieauswahl hilfreich ist. In Abschnitt 6.1 wurde bereits darauf hingewiesen, dass neben den bisher schon verwendeten Klassifikationsverfahren (Bayes und Support Vektor Maschine) der k-nearest-neighbor Klassifikator als zusätzliches Verfahren verwendet wird. Die Ursache liegt in einer leicht veränderten Problemstellung, bei der die Nachbarschaften einzelner Datentupel eine große Rolle spielen, wie im weiteren Verlauf des Kapitels deutlich wird.

Beispielsweise wird für die Kategorie „WT" (Operation an den Weichteilen am Schienbein) die Merkmalskombination in Abbildung 6.2 gefunden (x-Achse: maximale Auslenkung des Sprunggelenks während des kompletten Schritts in der Sagittal-Ebene, y-Achse: maximale Änderung der Kniebeugung in der Sagittal-Ebene während des Aufsetzens des Fußes).

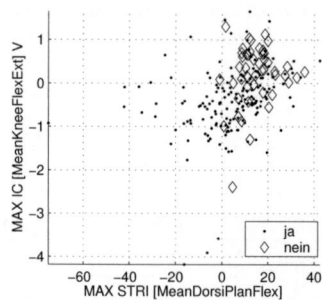

Abbildung 6.2: Merkmale für Kategorie WT

Es ist deutlich zu erkennen, dass eine Situation wie in Abschnitt 1.2.2 beschrieben wurde, vorliegt. Die Klassen weisen eine sehr starke Überlappung auf, eine automatische Trennung von Patienten, bei denen die Therapie durchgeführt wurde und solchen, bei denen die Therapie nicht durchgeführt wurde, erscheint nicht machbar. Insbesondere gibt es kaum Bereiche, in denen ausschließlich Datentupel vorliegen, bei denen die Therapie nicht angewendet wurde. Aus diesem Grund wird ein Klassifikator mit der Möglichkeit zur Rückweisung eingesetzt.

Allerdings nicht, wie bei den Beispielen aus Abschnitt 2.5, mit einem einzelnen Schwellwert. Hier steht die Visualisierung der Sicherheit einer Therapieauswahl im Vordergrund. Dafür werden verschiedene Schwellwerte $s_{u_1}, \ldots s_{u_I}$ eingesetzt und das Klassifikationsproblem erweitert. Beispielsweise wird das ursprüngliche Klassifikationsproblem „ja"/„nein" durch die Verwendung von drei Schwellwerten in ein erweitertes Klassifikationsproblem „ja", „eher ja", „unentschlossen", „eher nein" und „nein" transformiert. Für die Rückweisung wegen zu wenigen Informationen wird weiterhin nur ein einzelner Schwellwert s_a verwendet. Eine Quantisierung des Grades an zu wenigen Informationen scheint nicht sinnvoll. Die Lerndaten (bekannte Patientendaten) werden verwendet, um einen Klassifikator zu entwerfen. Im Anschluss an den Entwurf wird der Klassifikator auf einen Datensatz angewendet, bei dem die Merkmalsausprägungen ein engmaschiges Netz darstellen. Dadurch kann mit Hilfe des Klassifikators und der Rückweisung eine Karte mit Regionen unterschiedlicher Sicherheiten generiert werden.

Die Darstellung der Ergebnisse aller OP-Kategorien sprengt den Platz der vorliegenden Arbeit deutlich. Daher wird eine Auswahl an OP-Kategorien vorgestellt, um die Vor- und Nachteile einzelner Klassifikatoren zu analysieren. Die Auswahl der Merkmale erfolgte mit Hilfe informationstheoretischer Maße und anschließender Rückstufung korrelierter Merkmale.

6.3.1 Ergebnisse

Kategorie Weichteile des Schienbeins

Diese Kategorie enthält chirurgische Eingriffe, die an den Weichteilen in der Umgebung des Schienbeins (Tibia) durchgeführt wurden (Kategorie WT). Die gewählten Merkmale für die Kategorie wurden bereits in Abbildung 6.2 auf Seite 122 dargestellt und erläutert.

Die drei Verfahren gehen auf unterschiedliche Art mit der Rückweisung von Klassifikationsentscheidungen um. Am ehesten werden die Unterschiede bei der Rückweisung wegen zu wenigen Informationen deutlich. Das Verfahren der SVM und teilweise auch der distanzbasierte Ansatz des Bayes-Klassifikators neigen dazu, große Flächen unbekannter Daten zu klassifizieren. Der Grund wird in den Abbildungen 6.3(a) und 6.3(b) ersichtlich.

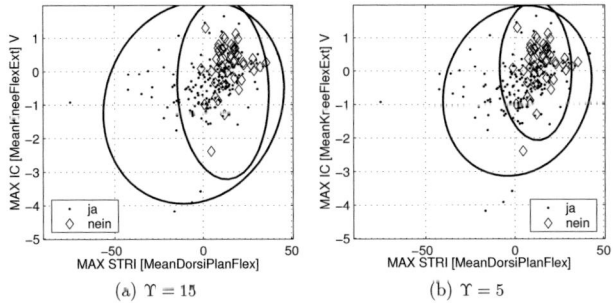

Abbildung 6.3: Klassengrenzen bei der Rückweisung mit SVM

Die drei einzelnen Datentupel, die sich etwas abseits der restlichen Datentupel der Klasse aufhalten, führen dazu, dass die Grenzen sich sehr weit nach unten verlagern. Wie weit hängt allerdings stark von den Parametern ab, wie in Abbildung 6.3(b) deutlich wird. Neben dem Parameter Υ, der die Anzahl an Lerndaten beeinflusst, die als nicht zur Klasse gehörig eingestuft werden dürfen, hat auch der Parameter σ (vgl. Gleichung (A.26)) einen großen Einfluss auf die generierten Klassengrenzen. Je größer σ gewählt wird, desto größer wird der tolerierte Abstand zu den Lerndaten.

Die unterschiedliche Rückweisungshäufigkeit wegen zu wenigen Informationen wirkt sich natürlich auch stark auf die generierten Regionen aus. In den Abbildungen 6.4(a) und 6.4(b) sind die durch eine SVM generierten Regionen abgebildet.

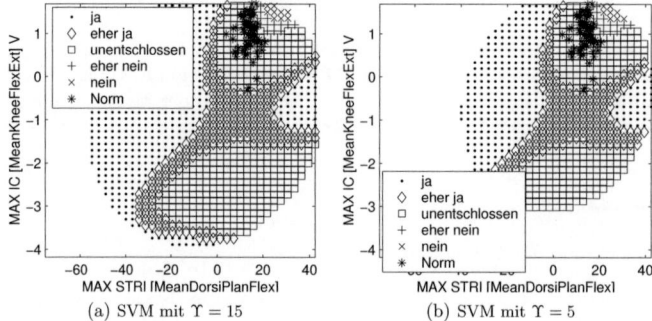

(a) SVM mit $\Upsilon = 15$ (b) SVM mit $\Upsilon = 5$

Abbildung 6.4: Generierte Regionen mit SVM bei OP-Kategorie WT, Parameter der SVM: $s_{u_1} = 1.5, s_{u_2} = 1, s_{u_3} = 0, s_a = -0.05, \sigma = 0.8, p = 5$

Als Parameter kamen folgende Werte zum Einsatz: $s_{u_1} = 1.5, s_{u_2} = 1, s_{u_3} = 0, s_a = -0.05, \sigma = 0.8$ und $\Upsilon = 15$ bzw. $\Upsilon = 5$. Die Regionen mit $\Upsilon = 15$ sind deutlich größer und es werden sichere Entscheidungen in einem Bereich suggeriert, in dem nicht viele oder gar keine Lerndaten in der näheren Umgebung vorhanden sind. Für beide Parameterwerte sind weiterhin relativ große Bereiche ohne Entscheidung („Unentschlossen") vorhanden (Merkmale MAX IC [MaxKneeFlexExt] V < -2). Da in diesem Bereich nahezu keine Lerndaten vorhanden sind, muss eigentlich eine Rückweisung wegen zu wenig Informationen durchgeführt werden.

Der Wert $\Upsilon = 15$ wurde hier nur aufgenommen, um die Wichtigkeit der Wahl der Parameter zu verdeutlichen. Auch der verwendete Kernel der SVM hat einen Einfluss auf die Regionen. Hier kam ein polynomialer Kernel (vgl. Gleichung (A.24)) mit $p = 5$ zum Einsatz. Kernel-Parameter $p < 5$ führen dazu, dass die „Nein"-Klasse von der SVM vollkommen ignoriert wird und somit auch keinerlei Regionen dieser Klassenzugehörigkeit generiert werden können.

Der distanzbasierte Ansatz des Bayes-Klassifikators ist bei der Rückweisung wegen zu wenigen Informationen nicht so anfällig was einzelne Datentupel angeht (Abbildung 6.5(a)).

Einzelne, weit vom Klassenmittelwert entfernte Datentupel haben auf den Klassenmittelwert wenig Einfluss, so dass sich die Klassengrenzen kaum ändern. Das erklärt auch die im Vergleich zur SVM verhältnismäßig engen Grenzen, in denen eine Entscheidung getrof-

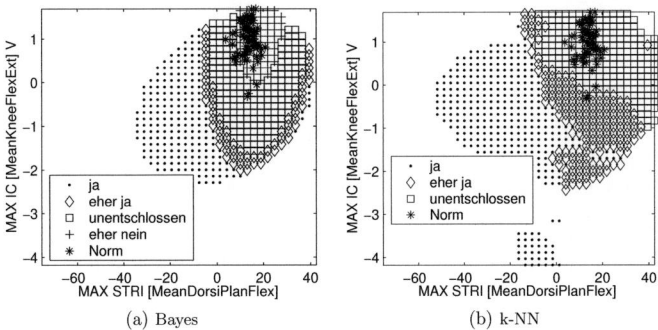

(a) Bayes   (b) k-NN

Abbildung 6.5: Generierte Regionen mit Bayes und k-NN bei OP-Kategorie WT, Parameter Bayes: $s_{u_1} = 0.9, s_{u_2} = 0.75, s_{u_3} = 0.5, s_a = 6$, Parameter k-NN: $s_{u_1} = 0.9, s_{u_2} = 0.7, s_{u_3} = 0.5, s_a = 3, k = 10, \alpha_{knn} = \beta_{knn} = 0.15$

fen wird. Der Bayes-Klassifikator erzeugt eine relativ große „Eher nein"-Region. Der Grund liegt darin, dass die Mittelwerte der einzelnen Klassen verhältnismäßig weit voneinander entfernt sind und somit die „Ja"-Klasse ein kleine a-posteriori Wahrscheinlichkeit erhält. Das Verhältnis der beiden a-posteriori Wahrscheinlichkeiten spricht dann zwar nicht für eine sichere Entscheidung, aber immerhin auch nicht für eine unsichere. Um die Größe der Region zu verringern, muss für s_{u_2} ein Wert > 0.8 oder sogar > 0.85 gewählt werden. Verwendet wurden folgende Schwellwerte: $s_{u_1} = 0.9, s_{u_2} = 0.75, s_{u_3} = 0.5, s_a = 6$.

Der k-nearest-neighbor Klassifikator hat durch den Bezug der unbekannten Datentupel auf benachbarte Lerndaten den Vorteil, keine starren Klassengrenzen zu haben (Abbildung 6.5(b)). Dadurch ist auch die zweite sichere „Ja"-Region im unteren Teil des Merkmalsraums zu erklären. Hier stellt sich allerdings die Frage, ob die drei bekannten Datentupel eine solche Aussage wirklich rechtfertigen, oder ob es sinnvoller ist, diese als Einzelfälle zu betrachten und aus den Lerndaten zu entfernen. Allgemein sind die Grenzen für die Rückweisung wegen zu wenigen Informationen und auch die Grenzen der Rückweisung bei Unsicherheit beim k-NN nicht so gleichmäßig wie bei SVM oder Bayes. Auffällig ist, dass genau wie beim Bayes-Klassifikator keine sichere „Nein"-Region vorhanden ist, die „Eher ja"-Region stimmt gut mit der entsprechenden Region bei der SVM überein. Durch die gewählten Parameter $(s_{u_1} = 0.9, s_{u_2} = 0.7, s_{u_3} = 0.5, s_a = 3, k = 10, \alpha_{knn} = \beta_{knn} = 0.15)$ ergeben sich a-posteriori Werte im Bereich der Datentupel, die der „Nein"-Klasse zugehörig sind, von etwa 0.5 bis 0.6. Die Schwellen für eine sichere bzw. verhältnismäßig sichere Entscheidung liegen deutlich höher. Durch Anpassung der Schwellwerte, insbesondere der Größe der Region zur Einbeziehung von Datentupeln als Nachbarn, können die Regionen deutlich verändert werden. Die Abbildung 6.2 verdeutlicht, dass die „Nein"-Datentupel zwar in der Überzahl sind, aber auch eine beträchtliche Anzahl an Datentupeln mit durchgeführter Therapie innerhalb der Gruppe enthalten ist. Die vollständige Rückweisung der Entscheidung ist also durchaus berechtigt, vor allem mit Hinblick auf die Konsequenzen einer falschen Entscheidung.

Bei allen Verfahren liegen die Normprobanden in der direkten Umgebung von Datentupeln, die eher zur „Nein"-Klasse zugeordnet wurden. Beim k-NN liegt sie, mangels „Nein"-

und „Eher nein"-Region, in der Region mit unsicherer Entscheidung. Das spricht zunächst für die gewählten Merkmale und die Korrektheit der generierten Regionen.

Kategorie Femurknochen

Die OP-Kategorie „KFe" enthält Operationen am Knochen des Oberschenkels (Femur). Die für die Trennung der Klassen gewählten Merkmale werden in Abbildung 6.6 visualisiert (x-Achse: maximaler Winkel im Sprunggelenk in der Transversalebene während des kompletten Schritts, y-Achse: mittlere Rotation der Hüfte in der Transversalebene während des kompletten Schritts). Eine kurze Bewertung der Ergebnisse für diese OP-Kategorie wurde bereits in [36] vorgenommen. Aus Gründen der Übersichtlichkeit soll hier erneut darauf eingegangen werden.

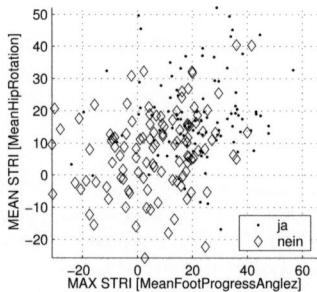

Abbildung 6.6: Merkmale für KFe

In Abbildung 6.7 sind die mit Hilfe der SVM und dem Bayes-Klassifikator generierten Regionen abgebildet. Für beide Verfahren wurden die gleichen Parameter verwendet wie in der vorherigen OP-Kategorie.

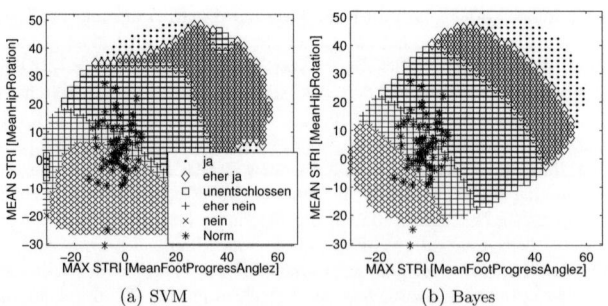

(a) SVM   (b) Bayes

Abbildung 6.7: Regionen mit SVM bzw. Bayes bei KFe

Sowohl der Bayes-Klassifikator als auch die SVM generieren relativ große „Nein"-Regionen. Zwar sind die Daten im unteren Bereich in erster Linie Datentupel, bei denen ein solcher chirurgischer Eingriff nicht durchgeführt wurde, aber insbesondere die Region der SVM scheint etwas zu groß zu sein. Die Lage der Normprobanden bestätigt aber zunächst die generierten Regionen. Bei beiden Verfahren fällt erneut die runde oder elliptische Form der Grenzen für die Rückweisung wegen zu wenigen Informationen auf. Durch die zusätzliche Aneinanderreihung der Regionen beim Bayes-Klassifikator werden sich in der Praxis Vorbehalte gegen das Ergebnis ergeben, da es zu statisch und willkürlich wirkt. Es scheint, als wenn die vorhandenen Datentupel nur in einem geringen Umfang Einfluss auf die Grenzen besitzen. Durch den sehr hohen polynomialen Kernel sind die generierten Regionen der SVM besser.

Beim k-NN (Abbildung 6.8(a)) werden bis auf eine Ausnahme die Parametereinstellungen der OP-Kategorie „WT" beibehalten. Die Anzahl an Nachbarn k wird hier auf 15 erhöht. Durch die Erhöhung können die Übergänge der Regionen etwas weicher gestaltet werden. Auch hier fällt sofort die korrekte Lage der Normprobanden auf. Sie liegen tendenziell innerhalb der „Nein"- oder „Eher nein"-Region. Auch die Lage der sicheren Entscheidung für die Durchführung einer Therapie leuchtet nach der Betrachtung des originalen Merkmalsraums ein und wird durch Abbildung 6.8(b) anschaulich bestätigt. In den Bereichen der sicheren Entscheidungen sind a-posteriori Wahrscheinlichkeiten des k-nearest-neighbor Klassifikators von über 0.9 vorhanden, zum Teil im „Nein"-Bereich sogar von 1. Im Gegensatz zum Bayes-Klassifikator und der SVM sind die gebildeten Grenzen sehr variabel und wirken dadurch glaubwürdiger als die der anderen Klassifikatoren.

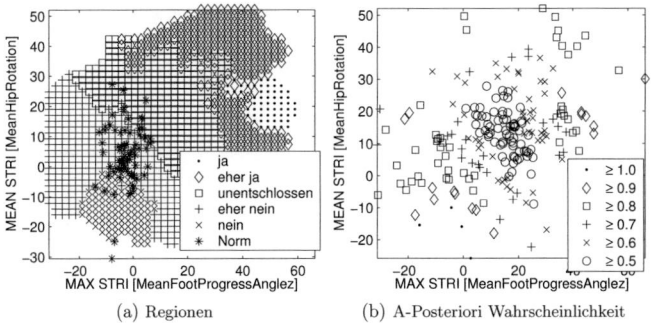

(a) Regionen   (b) A-Posteriori Wahrscheinlichkeit

Abbildung 6.8: Regionen mit k-NN bei KFe

6.3.2 Bewertung der Ergebnisse

Das eine computerbasierte Entscheidungsunterstützung der Therapieplanung anhand des Datensatzes ein sehr schwieriges Unterfangen ist, wurde schon mehrfach in der vorliegenden Arbeit erwähnt. Ein großes Problem bei der Auswertung ist, dass bei den Patienten nicht nur eine einzelne Operation durchgeführt wurde, sondern bis zu zehn Eingriffe innerhalb eines Tages. Die Intention für die Durchführung einer Operation ist dann anhand der gegebenen Daten nicht eindeutig. Es kann sein, dass einige Operationen nur durchgeführt wurden, um erwartete Nebenwirkungen anderer Operationen auszugleichen. Die Patienten gehen dann mit ihren Merkmalsausprägungen in die Auswertung mit ein, obwohl die Merkmale für diese Operation nicht repräsentativ sind. Das führt zu sehr heterogenen Datensätzen, wie sie bei den beschriebenen Kategorien zu beobachten sind.

Nach unserem klinischen Projektpartner sehen die generierten Ergebnisse für die Empfehlungen allerdings plausibel aus, eine klinische Auswertung steht derzeit noch aus. Die Idee für die klinische Auswertung ist, dass der Mediziner seine Entscheidung in drei Schritten trifft: Zunächst nur aufgrund der klinischen Untersuchungen und den visuellen Eindrücken des Gangs. Anschließend unter Hinzunahme der Ganganalyse und abschließend unter Verwendung der hier vorgestellten Ergebnisse.

Ein anderer Ansatz für die Bewertung ist eine Bewertung durch Kostenfunktionen. Eine solche Bewertung wird aber nur auf den bekannten Patientendaten angewendet und bewertet daher nicht die generierten Regionen, sondern die Qualität der Entscheidungen für die bekannten Patienten. Hier wird auf eine Crossvalidierung der Bewertung verzichtet, da lediglich ein Beispiel für eine Bewertung aufgezeigt werden soll. Eine Optimierung der Kostenfunktion um die gegebenen Ergebnisse vollständig beurteilen zu können, bleibt anderen Arbeiten vorbehalten. Die Bewertung der Klassifikation erfolgt auf folgende Weise:

- Entscheidung „ja"/„nein": Korrekt +4, Falsch: −20

- Entscheidung herabgestuft auf „eher ja"/„eher nein": Korrekt: +2, Falsch: −10

- Unentschlossen: 0

- Ein Lerndatentupel ist fehlerhaft als Ausreißer erkannt worden: −4

Tabelle 6.4 zeigt die Ergebnisse der Kostenfunktionen für die beiden besprochenen OP-Kategorien.

OP-Kategorie WT			
		Verfahren	
Beschreibung	k-NN	SVM	Bayes
Korrekte Entscheidung ja/nein (+4)	56	28	31
Korrekte Entscheidung eher ja/eher nein (+2)	65	80	45
Unentschlossen (0)	77	87	102
Falsche Entscheidung ja/nein (-20)	1	0	0
Falsche Entscheidung eher ja/eher nein (-10)	14	14	24
Rückweisung wegen zu wenigen Informationen (-4)	3	7	14
Summe Kostenfunktion	182	104	-82
OP-Kategorie KFe			
Korrekte Entscheidung ja/nein (+4)	17	25	20
Korrekte Entscheidung eher ja/eher nein (+2)	63	48	54
Unentschlossen (0)	120	126	125
Falsche Entscheidung ja/nein (-20)	0	2	4
Falsche Entscheidung eher ja/eher nein (-10)	12	7	8
Rückweisung wegen zu wenigen Informationen (-4)	4	8	5
Summe Kostenfunktion	58	54	8

Tabelle 6.4: Ergebnis der Kostenfunktion bei Klassifikation mit Rückweisungsmöglichkeit

Für die OP-Kategorie „KFe" erreichen alle Verfahren ein positives Ergebnis. Ebenfalls positiv sind die Ergebnisse bei der OP-Kategorie „WT" für die Klassifikatoren k-NN und SVM. Bei beiden OP-Kategorien schneidet der Bayes-Klassifikator deutlich schlechter ab. Im Fall der OP-Kategorie „WT" trifft der Bayes-Klassifikator relativ viele falsche Entscheidungen, was zu einem deutlich negativen Ergebnis führt. Bei der OP-Kategorie „KFe" reichen schon zwei falsche Entscheidungen mehr, um einen deutlichen Abstand zu den restlichen Verfahren zu erzeugen. Die Ursache scheint in den relativ einfachen elliptischen Entscheidungsgrenzen für die Regionen zu liegen, die der Komplexität der Daten nicht gerecht werden.

Obwohl der k-NN bei beiden Kategorien nach der Kostenfunktion am besten abschneidet und bei der OP-Kategorie „WT" seine Konkurrenten sogar weit hinter sich lässt, ist eine allgemeine Aussage, welches Verfahren für eine solche Anwendung vorzuziehen ist, sehr schwierig. Denn nicht nur das Verfahren selbst, sondern auch die Parametrierung des Verfahrens spielt eine große Rolle für das Ergebnis.

Auch die Modifikation des k-NN Verfahrens (siehe Abschnitt A.2.3) ist nicht zwingend besser als das herkömmliche k-NN Verfahren ohne die dynamische Berechnung des Parameters k. Bei der Kategorie „WT" erzielt das herkömmliche Verfahren eine Bewertung von +240 gegenüber +182 des modifizierten Verfahrens[1]. Dieses Klassifikationsproblem ist also ein Beispiel, bei dem die Modifikation sich eher nachteilig auswirkt. Bei der Kategorie „KFe" wiederum hat das modifizierte Verfahren einen kleinen Vorteil gegenüber dem herkömmlichen Verfahren und erreicht ein Bewertungsmaß von +58 gegenüber +54. Der Unterschied ist zwar nicht groß, er kommt aber in erster Linie dadurch zu Stande, dass es eine Fehlklassifikation gibt, die nicht zurückgewiesen wurde. Das modifizierte Verfahren kommt ohne Klassifikationsfehler aus.

Im speziellen Fall der Auswertung von Patientendaten scheint die Fähigkeit, sehr variable Klassengrenzen zu generieren und die direkte Einbeziehung von benachbarten Datentupeln in die Entscheidung ein großer Vorteil gegenüber den anderen Verfahren zu sein. Die generierten Regionen des k-NN wirkten gegenüber den anderen Klassifikatoren am glaubwürdigsten. Daher ist der k-NN für eine derartige Anwendung vorzuziehen. In anderen Anwendungsgebieten kann ein anderes Verfahren dem k-NN wiederum überlegen sein, so dass immer zunächst eine Auswahl an Verfahren zu betrachten und zu vergleichen ist.

Es wird daher empfohlen, bei diesem Anwendungsgebiet

• eine Visualisierung im Raum der besten Merkmale vorzunehmen und

• den k-NN für die Entscheidungsunterstützung einzusetzen.

Ein möglicher Kritikpunkt am Entscheidungssystem ist die beschränkte Anzahl verwendbarer Merkmale. Bei mehr als drei Merkmalen ist eine Visualisierung ohne Verlust der Zusammenhänge nicht mehr möglich. Eine gute Übersicht über die generierten Regionen ist schon bei drei Dimensionen fraglich.

Allerdings tragen mehr Merkmale nicht zwingend zu besseren Ergebnisse bei. Z.B. bricht das MANOVA-Verfahren bereits nach der Auswahl von drei Merkmalen ab, da keine weitere Information im vierten Merkmale enthalten ist. Eine Auswahl von acht Merkmalen mit informationstheoretischen Maßen und einer anschließenden Aggregation auf zwei Merkmale über Diskriminanzanalyse veranschaulicht ebenfalls die geringe Informationsmenge für das Problem. Im ersten aggregierten Merkmal sind bereits die meisten Informationen enthalten,

---

[1]Die Ergebnisse des herkömmlichen k-NN sind aus Gründen der Übersichtlichkeit nicht in die Arbeit aufgenommen worden.

dieses setzt sich in erster Linie aus den zwei Merkmalen mit den Nummern 7 und 837 zusammen. Die weiteren Merkmale spielen für die Aggregation kaum eine Rolle und weisen auf die nur spärlich vorhandenen Informationen für das Problem hin. Zumindest für den vorhandenen Datensatz ist der Kritikpunkt einer zu beschränkten Anzahl verwendbarer Merkmale also nicht berechtigt.

Tabelle 6.5 gibt einen Überblick über trennbare und nicht trennbare Klassen in der Entscheidungsunterstützung für alle OP-Kategorien.

Kategorie	Trennbarkeit	Bemerkung
KB	nein	Kaum Beispiele mit durchgeführter OP
KFe	ja	Siehe Abschnitt 6.3.1
KFu	nein	Starke Überlappungen der Patienten
KT	nein	Kaum Beispiele mit durchgeführter OP
WB	ja	„Nein"-Region wird korrekt erkannt. Keine Abgrenzung einer „ja"-Region möglich.
WFe	nein	Zu wenig Patienten mit nicht durchgeführter OP
WFu	ja	„Nein"-Region wird korrekt erkannt. Keine Abgrenzung einer „ja"-Region möglich.
WH	ja	Starke Überlappungen der Klassen. „ja"-Region wird aber gut abgegrenzt.
WK	nein	Zu wenig Patienten mit durchgeführter OP
WT	ja	Siehe Abschnitt 6.3.1

Tabelle 6.5: Überblick über trennbare und nicht trennbare Klassen bei den vorliegenden Kategorien.

Mit „nicht trennbar" ist nicht immer gemeint, dass die Algorithmen nicht funktionieren, sondern dass die Ergebnisse wenig bis keine verwertbaren Informationen enthalten. Das kann daran liegen, dass eine der Patientengruppen zu schlecht vertreten ist. Im Fall zu starker Überlappungen allerdings kommen die Algorithmen an ihre Grenzen und sind nicht mehr in der Lage eine vernünftige Trennung der Klassen durchzuführen oder eine Entscheidung für oder gegen die Therapie zu treffen.

Bei einigen Kategorien wird eine der beiden Gruppen deutlich abgetrennt, der Rest liegt hauptsächlich in einem unsicheren Bereich. Das ist immer dann der Fall, wenn es einen Bereich gibt, in dem z.B. ausschließlich Patienten mit durchgeführter OP liegen. Im restlichen Merkmalsraum sind beide Gruppen in etwa gleich repräsentiert, so dass in diesem Bereich keine Trennung der Gruppen möglich ist.

Die Ergebnisse der Rückweisungsverfahren zeigen zunächst die vielfache Einsetzbarkeit der entwickelten Verfahren. Auch beim Datensatz aus der instrumentellen Ganganalyse können gute Ergebnisse erzielt werden. Einschränkend ist allerdings zu sagen, dass eine automatisierte Therapieentscheidung mit den vorliegenden Daten nicht machbar ist. Eine Unterstützung bei der Therapieentscheidung ist aber zumindest bei einigen OP-Kategorien vertretbar.

6.4 Zeitvariante Klassifikatoren und Informationsgehalt

Neben der Anwendung der zeitvarianten Klassifikatoren auf den Datensatz aus der instrumentellen Ganganalyse steht in diesem Abschnitt die Überprüfung des Ziels der Nutzung der Merkmalskarten zur Bestätigung medizinischer Erfahrungswerte im Vordergrund.

Die im Datensatz enthaltenen Zeitreihen gehören jeweils zu einer einzelnen Klasse (Typ 1). Damit entspricht das hier präsentierte Klassifikationsproblem nicht den Standardanwendungen der zeitvarianten Klassifikatoren. Dennoch können mit Hilfe der zeitvarianten Klassifikatoren viele Informationen direkt aus den Zeitreihen des Datensatzes extrahiert werden, ohne dass a-priori Wissen erforderlich ist.

Tabelle 6.6 beinhaltet den Klassifikationsfehler eines ungefilterten K4-Klassifikators über eine 10x5-fache Crossvalidierung. Auch ohne die Verwendung irgendwelchen Wissens von Experten werden sehr gute Klassifikationsergebnisse erzielt, die sogar leicht besser, auf keinen Fall aber schlechter sind als Klassifikatoren mit Expertenwissen.

Klassifikationsproblem	Klassifikationsfehler	
	EM-Klassifikator	K4
Norm - Prä	0.85%	0.61%
Norm - Post1	5.74%	1.08%
Prä, Post1	16.27%	13.41%

Tabelle 6.6: Bayes-Klassifikator, Auswahl von vier Merkmalen über MA-NOVA, 10x5-fache Crossvalidierung. Einzelmerkmalsklassifikator mit Verwendung von a-priori Relevanzen. Minimaler Klassifikationsfehler des K4 entspricht dem Minimum der gemittelten Fehlerkurven.

Das ist also ein deutliches Zeichen, dass die Klassifikatoren auch ohne explizite Angabe zusätzlichen Wissens Informationen extrahieren können. Auf der anderen Seite ist das Ergebnis wenigstens teilweise eine Bestätigung der Verwendung der a-priori Relevanzen. Die Einschränkung auf bestimmte gut interpretierbare und zuverlässige Merkmale verringert die Qualität des Ergebnisses nicht in einem übermäßigen Maße und ist somit ein zusätzliches Argument, auf die Anwender Rücksicht zu nehmen. Beide Aussagen sind zwar nicht zwingend allgemein gültig, aber zumindest doch für den vorliegenden Datensatz (mit Ausnahme von Norm - Post1).

Während die obigen Klassifikationsgüten nur sehr allgemein über den Informationsgehalt in den Zeitreihen Auskunft geben können, kann durch die Merkmalskarten der Informationsgehalt für einzelne Zeitreihen sichtbar gemacht werden. Abbildung 6.9(a) enthält den Informationsgehalt, der über einen Zeitreihenklassifikator (K3, Bayes-Klassifikator) ermittelt wurde. Sehr ähnliche Ergebnisse werden mit ANOVA als Bewertungsmaß erzielt (Abbildung 6.9(b)).

Die Skalierungen der Ergebnisse sind verfahrensbedingt etwas unterschiedlich, so dass sich die Graustufen in den Abbildungen unterscheiden.

Insbesondere die Zeitvarianz im Informationsgehalt ist bei beiden Verfahren deutlich erkennbar. Es beginnt mit der 7. Zeitreihe ([MeanKneeFlexExt]), die die Stellung des Kniegelenks in der Sagittalebene enthält (Beugung/Streckung). Patienten neigen zu einem stark gebeugten Knie in der Standphase. In einer weiteren Phase sind leichte Informationen in der Zeitreihe des Sprunggelenks zu finden (ZR 14, [MeanDorsiPlanFlex] V). In der Schwungphase (ab Abtastpunkt 60) erneut im Kniegelenk, allerdings in der Geschwindigkeitszeitreihe (ZR 19, [MeanKneeFlexExt] V). Patienten gehen im Gegensatz zu gesunden Menschen mit relativ steifem Knie, so dass sich die Stellung des Kniegelenks nur langsam ändert. Auffällig ist, dass der informationstragende Bereich kurzzeitig unterbrochen ist (hellere Bereiche in

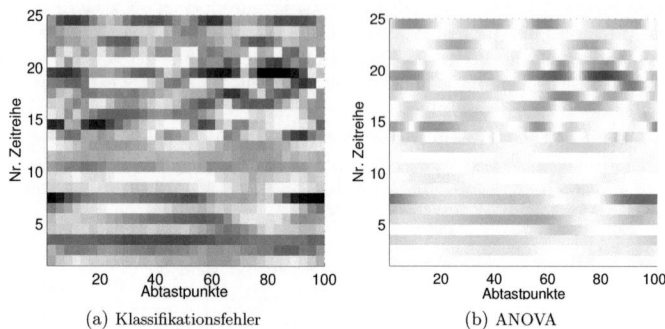

(a) Klassifikationsfehler (b) ANOVA

Abbildung 6.9: Merkmalskarten für den Datensatz DS1$_{\text{wkort}}$, Klassifikationsproblem Norm-Prä. Die Bezeichnungen der Zeitreihen stehen jeweils an der Unterseite der Zeilen für die zugehörige Zeitreihe.

Abbildungen 6.9(a) und 6.9(b)). Der Bereich stellt die Schnittpunkte der Kurven der Patienten und Probanden dar. In dem Bereich sind zwar die Kurvensteigungen unterschiedlich, die absoluten Werte jedoch kaum. Die Lücke im Informationsgehalt kann durch Hinzunahme der zweiten Ableitung des Kniegelenkwinkelverlaufs vermieden werden.

Anhand der ersten Merkmalskarten ist bereits erkennbar, wie hilfreich diese Darstellungsform ist. Der Informationsgehalt der Zeitreihen kann direkt mit Erfahrungen der Mediziner mit dem Krankheitsbild ein Übereinstimmung gebracht werden. Das war zwar bei bisherigen Arbeiten wie [176] auch schon der Fall. Allerdings kommt bei den neu entwickelten Merkmalskarte die zeitliche Dimension zu der Visualisierung hinzu, was die Bewertung des Informationsgehalts über der Zeit deutlich vereinfacht.

Zusätzlich können mit Hilfe von Merkmalskarten auch Kombinationen von Zeitreihen bewertet werden. Auf den ersten Blick spielen einige Zeitreihen, wie z.B. die Rotation des Knies (Zeitreihe 8), scheinbar kaum eine Rolle. Allerdings können Zeitreihen, die alleine betrachtet keine oder kaum Informationen enthalten, im Zusammenhang mit anderen Zeitreihen entscheidende Informationen enthalten. Dies wird durch die zweite Karte in Abbildung 6.10 verdeutlicht.

Die Zeitreihe 19 wurde vorausgewählt und der Informationsgewinn bei Hinzunahme einer Zeitreihe bestimmt. Die vorausgewählte Zeitreihe 19 ist daher in Abbildung 6.10 für alle Abtastpunkte weiß. Die Hinzunahme einer bereits gewählten Zeitreihe zu einer Merkmalskombination kann logischerweise keinen Mehrwert an Informationen bringen. Demgegenüber ist bei Hinzunahme der Zeitreihe 17 ([MeanHipFlexExt] V) ein deutlicher Anstieg des Informationsgehalts zu erkennen, insbesondere innerhalb der ersten Abtastpunkte. Die alleinige Betrachtung der Zeitreihe 17 führt zu einem deutlich schlechteren Ergebnis in den ersten Abtastpunkten (siehe Abbildung 6.9(b)).

Die zusätzlich gewählte Zeitreihe 17 ist ebenfalls gut anhand des Krankheitsbildes zu erläutern. Die Zeitreihe 19 enthält die Änderung der Stellung des Kniegelenks in der Sagittalebene (Beugung/Streckung). Wie bereits erwähnt wurde, gehen Patienten mit eher stei-

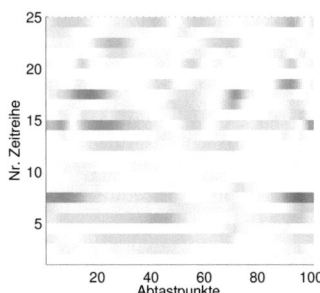

Abbildung 6.10: MANOVA-Karte des Informationsgehalts (zusätzliche zweite Zeitreihe nach Auswahl von ZR 19) im GA-Datensatz. Die Bezeichnungen der Zeitreihen stehen jeweils an der Unterseite der Zeilen für die zugehörige Zeitreihe.

fem Knie, so dass sich eine geringere Änderung im Kniegelenk ergibt. Durch das steifere Knie verändert sich automatisch auch die Stellung der Hüfte beim Gehen, was durch die Zeitreihe 17 angegeben wird. Diese enthält die Änderung im Hüftgelenk in der Sagittalebene.

Beide Merkmalskarten zeigen, dass das Ziel der Bestätigung medizinischer Erfahrungswerte mit Hilfe der neuen Visualisierung umgesetzt werden kann. Damit sind sie eine geeignete Ergänzung zu den Ergebnissen aus [176] und tragen zur Interpretierbarkeit computerbasierter Verfahren bei.

6.5 Zusammenfassung

In einer Anwendung der zeitvarianten Klassifikatoren auf die Daten des Datensatzes lag der Klassifikationsfehler leicht unter dem Fehler, der mit herkömmlichen Klassifikatoren auf Einzelmerkmalen erzielt wurde (Abschnitt 6.4). Dennoch ist die Verwendung von a-priori Wissen sinnvoll, da der leicht höhere Fehler durch die bessere Interpretierbarkeit wett gemacht wird. Die Merkmalskarten, die den Informationsgehalt der Zeitreihen über der Zeit enthalten, sind eine gute Erweiterung in Bezug auf die Interpretierbarkeit von Merkmalen (ebenfalls Abschnitt 6.4). Medizinische Erfahrungswerte bezüglich der Krankheit können durch die Analyse der Merkmalskarten geprüft werden. Die Karten sind mit verschiedenen Verfahren generierbar und damit die Ergebnisse gut überprüfbar. In diesem Fall unterscheiden sich die Ergebnisse kaum, so dass die Wahrscheinlichkeit einer korrekten Aussage als relativ hoch einzuschätzen ist, es sei denn die Ergebnisse werden durch Artefakte beeinflusst.

In Abschnitt 6.3 wurde auf die Anwendung der Verfahren für die Rückweisung von Klassifikationsentscheidungen als Einsatz für ein System zur Unterstützung bei der Therapieauswahl eingegangen. Die vorgestellten Ergebnisse zeigen, dass die Verfahren als Hilfsmittel zur Generierung eines Systems zur Entscheidungsunterstützung bei der Therapieplanung verwendet werden können. Die Ergebnisse sind zwar noch nicht endgültig klinisch ausgewertet, dennoch konnte die Funktionalität der Verfahren nachgewiesen werden. Außerdem wurde für die Auswertung Rücksicht auf die bisher erzielten Ergebnisse in Bezug auf die Interpretierbarkeit genommen. Mögliche Verbesserungen sind aber:

- Einbindung weiterer Merkmale: Die datengestützte Analyse bezieht sich zurzeit ausschließlich auf die Ganganalysedaten. Klinische Untersuchungen der Mediziner finden keine Rücksicht in der Auswertung. In [62] wurde nachgewiesen, dass bestimmte Daten der Ganganalyse mit medizinischen Untersuchungen korrelieren. Dennoch war die Korrelation nicht so stark, als dass eine Datenbasis ausreicht. Ein umfangreicher Datensatz mit Daten aus klinischen Untersuchungen lag zum Zeitpunkt der Arbeit aber noch nicht vor.

- Aufbau einer automatischen Analyse der gefundenen Regionen und (teil-)automatisierte Anpassung der Parameter.

- Eventuell Einbeziehung vorheriger Data-Mining-Verfahren, z.B. Clusterverfahren, um ähnliche Patienten bereits vorher in Gruppen einzuteilen.

- Evtl. Anwendung auf Krankheitsbilder, bei denen weniger chirurgische Eingriffe nötig sind und die aufgezeichneten Merkmale die tatsächliche Ursache für einen Eingriff enthalten.

7 Zusammenfassung und Ausblick

Die Auswertung von Zeitreihen mit Hilfe von Data-Mining Verfahren ist häufig durch zeitvariante Änderungen der Zeitreihen erschwert. Die Änderungen führen bei herkömmlichen Verfahren zu deutlich verschlechterten Klassifikationsergebnissen, da angelernte Muster nicht mit denen in den aktuellen Signalen übereinstimmen.

Zur Verbesserung der Ergebnisse bei solchen Datensätzen wird in der vorliegenden Arbeit die gezielte Ausnutzung von zeitlichen Informationen beim Entwurf und der Anwendung von Klassifikatoren für Zeitreihen vorgeschlagen. Die Grundidee ist, die Klassifikatoren für die Zeitreihen als so genannte Multi-Klassifikator-Systeme zu entwerfen, bei denen die einzelnen Klassifikatoren auf kleine Abschnitte der Zeitreihe spezialisiert sind. Die Entscheidungen der einzelnen Klassifikatoren werden dann fusioniert oder es wird ein Klassifikator ausgewählt, der die endgültige Entscheidung trifft. Durch die neuen Verfahren können die Klassifikatoren nicht nur bessere Ergebnisse erzielen, sondern sind auch robuster gegenüber Störungen.

In Kapitel 2 wird die Entwicklung neuer zeitvarianter Klassifikatoren ausgehend von einer Kategorisierung von Anwendungsfeldern und Klassifikationsproblemen sowie einer Kategorisierung von Klassifikatoren mit unterschiedlicher Verwendung der Zeit als Information vorgestellt. Dabei werden sowohl die unterschiedlichen Arten der Einbettung der zeitlichen Informationen diskutiert als auch Verfahren zur Erhöhung der Robustheit der Klassifikatoren durch zeitliche Aggregation der Entscheidungen vorgestellt.

Ein weiterer wichtiger Punkt bei der Zeitreihenklassifikation ist die Bestimmung und Visualisierung des Informationsgehalts. Diese Arbeit beschreibt

- die Notwendigkeit der zeitvarianten Analyse des Informationsgehalts von Zeitreihen sowie

- Möglichkeiten der Visualisierung des Informationsgehalts mit dem Ziel des Wissensgewinns und der Interpretierbarkeit von Lösungen und Wegen.

Die Robustheit der Klassifikatoren wird durch die Verwendung von Methoden zur Rückweisung von Klassifikationsentscheidungen erhöht. Die Arbeit stellt im Einzelnen Gründe für eine Rückweisung von Entscheidungen vor und führt verschiedene Verfahren für die Rückweisung ein und vergleicht diese. Dabei werden keine speziellen Verfahren entwickelt, sondern vorhandene Verfahren geeignet in das Konzept der zeitvarianten Klassifikatoren eingebettet.

Die genannten Verfahren und Methoden werden in einem gemeinsamen Methodenapparat zusammengeführt und in einer Matlab-Toolbox gebündelt (Kapitel 3). Statt einer kompletten Neuentwicklung wird die bereits für die Ganganalyse verwendete Toolbox Gait-CAD weiterentwickelt und maßgeblich erweitert.

Die Funktionalität der Methoden wird an verschiedenen Anwendungsgebieten demonstriert:

- Neuroprothetik: Brain Machine Interfaces (Kapitel 4) bzw. Analyse von Signalen peripherer Nerven (Kapitel 5) und
- Instrumentelle Ganganalyse (Kapitel 6).

Der erste Punkt ist unter dem Begriff Mensch-Maschine-Schnittstellen zusammenzufassen. Bei der Analyse von kontinuierlichen Biosignalen (z.b. EEG, EMG, ECoG, ENG) ändert sich die Klassenzugehörigkeit in der Anwendung im Laufe der Zeitreihe. Die Ganganalyse stellt ein Klassifikationsproblem mit zeitinvarianter Klassenzugehörigkeit dar.

Insgesamt werden die Verfahren auf fünf reale Datensätze sowie einen künstlichen Benchmarkdatensatz angewendet. Die Ergebnisse zeigen, dass die in der Arbeit entwickelten Verfahren die Klassifikationsfehler deutlich reduzieren können und zu robusteren Ergebnissen führen. Voraussetzung für die Klassifikatoren ist, dass die Zeitpunkte, zu denen einzelne Aktivitäten im laufenden Signal enthalten sind, bekannt sind oder durch Verfahren erkannt werden können. Dabei gilt, dass die a-priori Kenntnis der Aktivitäten Vorteile gegenüber der automatischen Erkennung dieser Aktivitäten hat.

Die wichtigsten Ergebnisse der Arbeit sind:

1. Entwicklung neuer zeitvarianter Klassifikatoren für die Anwendung auf Zeitreihen durch Einbindung zeitlicher Informationen in die Klassifikatoren.

2. Neue Kategorisierung von Anwendungsfällen und geeigneter Klassifikatoren anhand der Merkmale „Klassifikationsaufgabe", „Zeitlicher Ablauf" und „Triggererkennung".

3. Entwicklung neuer zeitabhängiger Parameter für die zeitliche Aggregation von Klassifikationsentscheidungen durch Einbeziehung von Ergebnissen aus Lerndaten.

4. Neuartige Darstellung des zeitabhängigen Informationsgehalts von Zeitreihen durch Verwendung dreidimensionaler Abbildungen.

5. Einführung von Verfahren zur Rückweisung von Klassifikationsentscheidungen bei der Anwendung auf Zeitreihen.

6. Zusammenstellung wichtiger Gründe für die Rückweisung von Klassifikationsentscheidungen.

7. Implementierung der Verfahren unter Matlab und Einbettung in die allgemeine Analyse-Toolbox Gait-CAD.

8. Nachweis der Funktionalität der entwickelten Verfahren anhand realer EEG-Aufnahmen von drei Probanden (Abschnitt 4.2).

9. Nachweis der Funktionalität der entwickelten Verfahren anhand einer realen ECoG-Aufnahme eines Patienten (Abschnitt 4.3).

10. Nachweis der Funktionalität der entwickelten Verfahren anhand eines ENG-Datensatzes aus einem Tierversuch an einer Ratte (Kapitel 5).

11. Nachweis der Funktionalität der entwickelten Verfahren anhand von neuen Aufnahmen aus der Instrumentellen Ganganalyse mit insgesamt 76 Datentupeln von Normprobanden und 230 Datentupeln von Patienten (Kapitel 6).

Bei der instrumentellen Ganganalyse wurde speziell der K4 auf den Datensatz angewendet, um einen Vergleich mit den Einzelmerkmalsklassifikatoren zu ermöglichen. Die Ergebnisse konnten gegenüber dem Einzelmerkmalsklassifikator zum Teil deutlich verbessert werden.

Bei den weiteren Datensätzen hat sich gezeigt, dass der K4 IIR immer dann die beste Wahl ist, wenn wechselnde Zeitreihen die Informationen zur Klassifikation enthalten. Bei Datensätzen, bei denen die Informationen in wenigen Zeitreihen enthalten sind (in der vorliegenden Arbeit z.b. O3vr, ENG B), sind der K2 bzw. K3 IIR nicht wesentlich schlechter, benötigen zudem weniger Rechenzeit und Speicherkapazität.

Die Leistungsfähigkeit der entwickelten Filterparameter für die zeitaggregierten Klassifikatoren konnte für alle Datensätze nachgewiesen werden. Dennoch sollte der Einsatz in Abhängigkeit vom Datensatz kritisch geprüft werden. Für die Datensätze, für die nur in einem sehr kurzen Abschnitt eine hohe Klassifikationsgüte erzielt werden kann, erreichen die nicht-zeitaggregierten Klassifikatoren bessere Ergebnisse. Durch die Filterung der zeitaggregierten Klassifikatoren können diese Phasen herausgefiltert werden.

Ebenfalls geprüft werden sollte das eingesetzte interne Klassifikationsverfahren. Über die verschiedenen Datensätze ist kein Vorteil für einen internen Klassifikator zu erkennen. Bei den EEG-Datensätzen (O3vr, S4b und X11b) sind die Ergebnisse des Bayes-Klassifikators und der SVM nahezu identisch, allerdings mit leichten Vorteilen bei der SVM. Beim ECoG-Datensatz wiederum ist der Bayes-Klassifikator besser. Darin zeigt sich der Vorteil des vorgestellten Konzepts: da die zeitvarianten Klassifikatoren mit beliebigen internen Klassifikatoren arbeiten können, kann jeweils derjenige ausgewählt werden, der für den vorliegenden Datensatz am besten geeignet ist.

Potenzial für weitere Arbeiten bieten die Verfahren, die in [195] vorgestellt sind. Sie beheben einen Nachteil der zeitvarianten Klassifikatoren, dass viel Speicher und Rechenaufwand nötig ist, um die Klassifikatoren zu entwerfen. Weiterhin sind komplexere Verfahren für die Rückweisung von Klassifikationsentscheidungen denkbar, die direkt für die Anwendung auf Zeitreihen optimiert sind.

Zudem muss untersucht werden, ob der Vorteil der zeitvarianten Klassifikatoren bei Problemen mit mehr als zwei Klassen anwächst. Auch die Anwendung auf Typ 2 Probleme ohne die explizite Kenntnis der Triggerereignisse und die Entwicklung geeigneter Verfahren zur Erkennung der Trigger aus dem laufenden Signal sind eine sinnvolle Erweiterung der vorliegenden Arbeit.

Anhang

A Methoden

A.1 Einführung in Methoden zur Entscheidungsfindung

A.1.1 Bayes-Klassifikator

Der Bayes-Klassifikator schätzt die bedingten a-posteriori Wahrscheinlichkeiten, dass eine Beobachtung zu einer Klasse gehört, gegeben die Beobachtung $\mathbf{x}$: $p(y = c|\mathbf{x})$. Der Name des Klassifikators resultiert daraus, dass für die Berechnung das Bayes-Theorem zum Einsatz kommt, nachdem gilt [32]:

$$P(B|A) = \frac{P(AB)}{P(A)} = \frac{P(A|B)P(B)}{P(A)}, \tag{A.1}$$

wobei $P(AB)$ die Wahrscheinlichkeit des gleichzeitigen Auftretens der Ereignisse A und B bezeichnet. Kann zusätzlich der Satz von der vollständigen Wahrscheinlichkeit [32] angenommen werden, gilt folgender verallgemeinerter Satz von Bayes, hier direkt für das gegebene Klassifikationsproblem formuliert:

$$p(y = c|\mathbf{x}) = \frac{p(y = c) \cdot p(\mathbf{x}|y = c)}{\sum\limits_{j=1}^{C} p(y = j) \cdot p(\mathbf{x}|y = j)} \tag{A.2}$$

Die Entscheidung fällt auf die Klasse, deren a-posteriori Wahrscheinlichkeit maximal ist. Aus diesem Grund werden die Klassifikatoren zum Teil auch „Maximum Likelihood" (ML) bzw. „Approximierte Maximum Likelihood" (AML) Klassifikatoren genannt.

Da der Nenner für jede Klasse gleich ist, kann folgende Entscheidungsregel formuliert werden:

$$\hat{y} = \underset{c\in\{1,...,C\}}{\mathrm{argmax}} \big(p(y = c|\mathbf{x})\big) \tag{A.3}$$

$$= \underset{c\in\{1,...,C\}}{\mathrm{argmax}} \big(p(y = c) \cdot p(\mathbf{x}|y = c)\big) \tag{A.4}$$

Bei Annahme einer Normalverteilung und der Gleichheit der a-priori Wahrscheinlichkeiten $p(y = c), \forall c = 1, \ldots, C$ gilt für die Entscheidungsregel:

$$\hat{y} = \underset{c\in\{1,...,C\}}{\mathrm{argmax}} \big(p(y = c|\mathbf{x})\big) = \underset{c\in\{1,...,C\}}{\mathrm{argmax}} \left(\frac{1}{(2\pi)^{\frac{L}{2}} \sqrt{|\mathbf{\Sigma}_c|}} e^{-\frac{1}{2}(\mathbf{x}-\boldsymbol{\mu}_c)^T \mathbf{\Sigma}_c^{-1}(\mathbf{x}-\boldsymbol{\mu}_c)} \right), \tag{A.5}$$

wobei $|\cdot|$ angewendet auf eine Matrix die Determinante der Matrix und $\boldsymbol{\mu}_c$ den Erwartungswert sowie $\mathbf{\Sigma}_c$ die Kovarianzmatrix der Klasse c bezeichnet. L bezeichnet die Dimension des Merkmalsraums.

Da in der Regel die Erwartungswerte und Kovarianzmatrizen nicht bekannt sind, werden diese durch die Klassenmittelwerte $\overline{\mathbf{x}}_c$ und geschätzte Kovarianzmatrizen $\hat{\Sigma}_c$ ersetzt:

$$\overline{\mathbf{x}}_c = \frac{1}{N_c} \sum_{i\,|\,y_i=c} \mathbf{x}_i \tag{A.6}$$

$$\hat{\Sigma}_c = \frac{1}{N_c - 1} \sum_{i\,|\,y_i=c} (\mathbf{x}_i - \overline{\mathbf{x}}_c) \cdot (\mathbf{x}_i - \overline{\mathbf{x}}_c)^T \tag{A.7}$$

A.1.2 Support-Vektor-Maschine

Eine Support-Vektor-Maschine (SVM) erzeugt eine optimale Trennebene zur Separation zweier Klassen [34, 291, 292]. Dies entspricht einer Lineartransformation einer Beobachtung $\mathbf{x}$ auf einen skalaren Wert durch

$$x_T = \mathbf{x}^T \cdot \mathbf{w} + b. \tag{A.8}$$

Die zwei Klassen werden hier stets durch $y \in \{-1, 1\}$ kodiert. Die Klassifikationsentscheidung erfolgt durch

$$\hat{y} = \begin{cases} 1 & \text{falls } x_T \geq 0 \\ -1 & \text{falls } x_T < 0 \end{cases}. \tag{A.9}$$

Die Bedingung einer fehlerfreien Klassifikation wird durch die Nebenbedingung

$$y_i(\mathbf{x}_i^T \cdot \mathbf{w} + b) - 1 \geq 0, \text{ für alle } i = 1, \dots, N_L \tag{A.10}$$

für alle N_L Datentupel im Lerndatensatz beschrieben. Die nächstgelegenen Beobachtungen erfüllen genau die Gleichheitsbedingung. Da die Trennebene von beiden Klassen den gleichen Abstand hat (siehe Abbildung 5 in [34]), ist der Abstand

$$Q = \frac{2}{||\mathbf{w}||} \tag{A.11}$$

bezüglich $\mathbf{w}$ zu maximieren. Als Lagrange-Formulierung mit nicht-negativen Lagrange-Multiplikatoren $\lambda_i \geq 0$ ergibt sich folgendes Optimierungsproblem[1]:

$$Q_{\text{Lag}} = \frac{1}{2}||\mathbf{w}||^2 - \sum_{i=1}^{N_L} \lambda_i(y_i(\mathbf{x}_i^T \cdot \mathbf{w} + b) - 1) \rightarrow \max_{\mathbf{w}, b, \lambda_1 \geq 0, \dots, \lambda_{N_L} \geq 0}, \tag{A.12}$$

wobei für die partiellen Ableitungen von Q

$$\frac{\partial Q_{\text{Lag}}}{\partial \mathbf{w}} = 0 \tag{A.13}$$

$$\frac{\partial Q_{\text{Lag}}}{\partial b} = 0 \tag{A.14}$$

gelten muss. Durch Ableiten und Nullsetzen ergeben sich die folgenden Nebenbedingungen

$$\mathbf{w} = \sum_{i=1}^{N_L} \lambda_i y_i \mathbf{x}_i \tag{A.15}$$

$$\sum_{i=1}^{N_L} \lambda_i y_i = 0 \tag{A.16}$$

---

[1]Es kann sowohl die Minimierung des Optimierungsproblems betrachtet werden (mit partiellen Ableitungen nach λ_i), als auch das duale Problem, bei dem eine Maximierung durchgeführt wird (mit partiellen Ableitungen nach $\mathbf{w}$ und b) [34]

Einsetzen der Gleichungen (A.15) und (A.16) in Gleichung (A.12) ergibt das quadratische Optimierungsproblem

$$Q_q = \sum_{i=1}^{N_L} \lambda_i - \frac{1}{2} \sum_{i=1}^{N_L} \sum_{j=1}^{N_L} \lambda_i \lambda_j y_i y_j K(\mathbf{x}_i, \mathbf{x}_j) \rightarrow \max_{\lambda_1,\ldots,\lambda_{N_L}}, \tag{A.17}$$

mit

$$K(\mathbf{x}_i, \mathbf{x}_j) = \mathbf{x}_i^T \mathbf{x}_j \tag{A.18}$$

und der Nebenbedingung (A.16) sowie $\lambda_i \geq 0$ für alle $i = 1, \ldots, N_L$. Der Parameter b lässt sich nach der Kuhn-Tucker-Bedingung aus den Support-Vektoren gemäß

$$\lambda_i(y_i(\mathbf{x}_i^T \mathbf{w} + b) - 1) = 0, \ \forall\, i = 1, \ldots, N_L \tag{A.19}$$

berechnen:

$$b = \frac{1}{y_i} - \mathbf{x}_i^T \mathbf{w}, \text{für alle } i = 1, \ldots, N_L \text{ mit } \lambda_i > 0. \tag{A.20}$$

Da in der Regel keine fehlerfreien Klassifikationen möglich sind, wird die Nebenbedingung (A.10) nach [34] durch Einfügen von Korrekturwerten ζ_i angepasst:

$$y_i(\mathbf{x}_i^T \cdot \mathbf{w} + b) - 1 + \zeta_i \geq 0, \text{ für alle } i = 1, \ldots, N_L, \zeta_i \geq 0 \tag{A.21}$$

Das Optimierungsproblem in Gleichung (A.17) bleibt bestehen, die Nebenbedingung $\lambda_i \geq 0$ muss jedoch durch $0 \leq \lambda_i \leq \Upsilon$ ersetzt werden. Je größer der Parameter Υ gewählt wird, desto höher ist die Toleranz des Algorithmus gegenüber Fehlklassifikationen.

Die Nebenbedingung aus (A.15) macht deutlich, dass nur Datentupel mit Lagrange-Multiplikatoren $\lambda_i > 0$ die Transformation aus Gleichung (A.8) beeinflussen. Diese Datentupel werden als Support-Vektoren bezeichnet. Die Transformation ergibt sich damit zu

$$x_T = \sum_{i|\lambda_i>0} \lambda_i y_i K(\mathbf{x}, \mathbf{x}_i) + b \tag{A.22}$$

$$b = \frac{1}{y_i} - \mathbf{x}_i^T \cdot \mathbf{w}, \ \ \text{für } i\,|\,0 < \lambda_i < \Upsilon. \tag{A.23}$$

Sowohl im Optimierungsproblem als auch bei der Anwendung der Support-Vektor-Maschine werden ausschließlich Skalarprodukte von Datentupeln verwendet. Diese Skalarprodukte wurden bereits durch Gleichung (A.18) in eine so genannte Kernel-Funktion eingebettet. Durch Wahl unterschiedlicher Kernel-Funktionen kann die Optimierungs- und Lösungsvorschrift in einem hochdimensionalen Merkmalsraum berechnet werden. Da die Kernel-Funktion das Ergebnis des Skalarprodukts berechnet, können die Transformationen der einzelnen Datentupel in den hochdimensionalen Raum unbekannt sein. Häufig verwendete Kernel-Funktionen sind

$$K(\mathbf{x}_i, \mathbf{x}_j) = (\mathbf{x}_i^T \mathbf{x}_j)^p \text{ (homogener Polynomkern)} \tag{A.24}$$

$$K(\mathbf{x}_i, \mathbf{x}_j) = (\mathbf{x}_i^T \mathbf{x}_j + 1)^p \text{ (Polynomkern)} \tag{A.25}$$

$$K(\mathbf{x}_i, \mathbf{x}_j) = e^{-||\mathbf{x}_i - \mathbf{x}_j||^2/(2\sigma^2)} \text{ (RBF-Kern}^2). \tag{A.26}$$

Die Wahl von $p = 1$ in Gleichung (A.24) ergibt den in Gleichung (A.18) eingeführten linearen Kernel-Operator. Durch die Verwendung nicht-linearer Kernel-Funktionen können auch Trennebenen für nicht-linear lösbare Probleme sehr effizient berechnet werden.

---

[2]RBF steht für Radial Basis Function

Die Anwendung auf Probleme mit mehr als zwei Klassen kann durch den Entwurf mehrerer SVMs erfolgen. Entweder wird für jede Klasse ein paarweiser Vergleich mit allen anderen Klassen durchgeführt (one-against-one), oder jede Klasse wird mit der Vereinigung aller anderen Klassen verglichen (one-against-all). Im ersten Fall ergeben sich statt eines Klassifikationsproblems mit C Klassen $(C-1) \cdot C/2$ Zwei-Klassen-Probleme, im zweiten Fall C Zwei-Klassen-Probleme. Da die one-against-one Klassifikatoren in der Regel bessere Ergebnisse liefern [241], wird in dieser Arbeit dieses Vorgehen angewendet.

A.1.3   k-nearest-neighbor Klassifikator

Beim k-nearest-neighbor (k-NN) Klassifikator erfolgt die Klassenzuordnung einer Beobachtung $\mathbf{x}$ anhand der Klassenzugehörigkeit der k nächsten Nachbarn von $\mathbf{x}$ im Lerndatensatz [56]:

Bezeichne $\mathcal{L}_{\text{k-NN}}(\mathbf{x}) \subseteq \mathcal{L}$ die Menge der k nächsten Nachbarn einer Beobachtung $\mathbf{x}$ im Lerndatensatz $\mathcal{L}$, so dass für alle $\mathbf{x}_i \in \mathcal{L}_{\text{k-NN}}(\mathbf{x})$ gilt:

$$d(\mathbf{x}, \mathbf{x}_i) \leq \min \Big(d(\mathbf{x}, \mathbf{x}_j) \mid \mathbf{x}_j \in \mathcal{L} \setminus \mathcal{L}_{\text{k-NN}}(\mathbf{x}) \Big), \qquad (A.27)$$

wobei $d(\cdot, \cdot)$ eine Metrik bezeichnet. Häufig verwendet wird der euklidische Abstand

$$d(\mathbf{x}_1, \mathbf{x}_2) = \sqrt{(\mathbf{x}_1 - \mathbf{x}_2)^T \cdot (\mathbf{x}_1 - \mathbf{x}_2)}, \qquad (A.28)$$

wobei auf eine Normierung der Merkmale auf gleiche Bereiche (z.B. $[0,1]$) geachtet werden muss, um unterschiedlich starke Einflüsse verschiedener Merkmale zu verhindern. Eine Alternative stellt die Mahalanobis-Distanz dar, die unterschiedliche Varianzen durch die Einbeziehung der inversen Kovarianzmatrix berücksichtigt (siehe z.B. Gleichung (A.37)).

Die Entscheidung für eine Klasse fällt anhand der Regel

$$\hat{y} = \underset{c \in \{1, \ldots, C\}}{\arg\max} \, \text{card} \left(\{ \mathbf{x}_i \mid y_i = c, \mathbf{x}_i \in \mathcal{L}_{\text{k-NN}}(\mathbf{x}) \} \right), \qquad (A.29)$$

wobei card$(\cdot)$ angewendet auf eine Menge die Kardinalität der Menge bezeichnet.

Um diejenigen Nachbarn höher zu gewichten, die näher an der unbekannten Beobachtung sind als andere, können die Abstände der Nachbarn als Gewichtung verwendet werden [58, 72, 180], was zum Teil als Fuzzy k-nearest-neighbor bezeichnet wird [16, 130]. Die Gewichte können z.B. nach der Form

$$\omega_i = \begin{cases} \frac{d_k - d_i}{d_k - d_1} & \text{für } d_k \neq d_1 \\ 1 & \text{sonst} \end{cases} \qquad (A.30)$$

$$\omega_i = \frac{1}{d_i}, \text{ für } d_i \neq 0 \qquad (A.31)$$

$$\omega_i = e^{-a \cdot d_i^b}, \text{ jeweils mit} \qquad (A.32)$$
$$d_i = d(\mathbf{x}, \mathbf{x}_i), \mathbf{x}_i \in \mathcal{L}_{\text{k-NN}}(\mathbf{x}), i = 1, \ldots, k$$

bestimmt werden. Wobei ohne Beschränkung der Allgemeinheit $d_1 \leq \ldots \leq d_k$ gilt. Die Methode in Gleichung (A.30) gibt dem Nachbarn mit dem größten Abstand das Gewicht 0, demjenigen mit dem kleinsten Abstand das Gewicht 1. Die Gewichte der restlichen Datentupel werden linear zwischen diesen beiden Grenzen abhängig vom Abstand interpoliert.

Die Vorschriften in Gleichungen (A.31) und (A.32) verwenden den absoluten Abstand der Nachbarn zur Berechnung der Gewichte.

Die Entscheidung fällt dann auf die Klasse, deren Gewichte maximal sind:

$$\hat{y} = \underset{c \in \{1,...,C\}}{\mathrm{argmax}} \left(\sum_{i \mid 1 \leq i \leq k, y_i = c} w_i \right). \tag{A.33}$$

Die Klassifikationsgüte kann durch die Wahl des Parameters k beeinflusst werden. Dabei gilt, dass eine größere Anzahl betrachteter Nachbarn nicht zwingend zu einer Verbesserung der Klassifikationsgüte führt [120].

Ein Nachteil des k-nearest-neighbor Klassifikators ist die Notwendigkeit, alle Lerndaten speichern und den Abstand einer unbekannten Beobachtung zu allen Lerndaten berechnen zu müssen. Um derartige Nachteile bezüglich des Speicher- und Rechenaufwands verhindern zu können, sind so genannte „nearest prototype classifier" entwickelt worden [158, 159]. Bei solchen Klassifikatoren wird immer die Klasse des nächsten Prototypen gewählt, die realen Nachbarn interessieren den Klassifikatoren nicht. Die Prototypen werden aus den Lerndaten entwickelt und die Anzahl zu speichernder Daten reduziert, siehe z.B. [9, 47, 162]. Ein ausführlicher Überblick über verschiedene Verfahren findet sich in [273]. Dieses Vorgehen wird in dieser Arbeit nicht verfolgt, da es der Möglichkeit zur Rückweisung entgegenwirkt (siehe Abschnitt A.2.3).

A.2 Methoden zur Rückweisung von Klassifikationsentscheidungen

A.2.1 Bayes-Klassifikator

Rückweisung bei widersprüchlichen Informationen Der Bayes-Klassifikator verwendet für die Entscheidung direkt die a-posteriori Wahrscheinlichkeiten verschiedener Klassen gegeben die unbekannte Beobachtung. Für die Entscheidung des Bayes-Klassifikators wird häufig nur der Zähler des Bruchs der a-posteriori Wahrscheinlichkeit verwendet, da der Nenner für alle Klassen identisch ist. Der normierte Wert der a-posteriori Wahrscheinlichkeit hat allerdings den Vorteil, dass implizit die verschiedenen Maxima der Wahrscheinlichkeitsdichtefunktionen berücksichtigt werden. Damit kann ein einheitlicher Schwellwert s_u für die Rückweisung einer Entscheidung festgelegt werden. Die Entscheidungsregel lautet dann

$$\hat{y}_R = \begin{cases} \hat{y} & \text{falls } P(y = \hat{y} | \mathbf{x}) > s_u \\ C + 1 & \text{sonst} \end{cases}, \tag{A.34}$$

wobei gilt

$$P(y = c | \mathbf{x}) = \frac{P(y = c) \cdot P(\mathbf{x} | y = c)}{\sum_{j=1}^{C} P(y = j) \cdot P(\mathbf{x} | y = j)} \tag{A.35}$$

und

$$\hat{y} = \underset{c \in \{1,...,C\}}{\mathrm{argmax}} \left(P(y = c) \cdot p(\mathbf{x} | y = c) \right). \tag{A.36}$$

Für eine kurze Herleitung der Formeln siehe Abschnitt A.1.1.

Rückweisung bei zu wenigen Informationen Der Klassifikator entscheidet sich nur dann für eine Klasse, wenn der Abstand vom Klassenmittelwert nicht zu groß ist. Die zu Grunde liegende Annahme ist, dass der Klassifikator für einen bestimmten Bereich um seine Lerndaten zuverlässige Informationen enthält. Ist ein Datentupel zu weit entfernt, sind die Informationen dieser Klasse nicht zwingend auf dieses Datentupel anwendbar und eine Entscheidung für diese Klasse ist unzuverlässig. Für die Lerndaten liegen die Klassenmittelwerte $\overline{\mathbf{x}}_c$ und die geschätzten Kovarianzmatrizen $\hat{\boldsymbol{\Sigma}}_c$ für jede Klasse $c = 1, \ldots, C$ vor.

Eine Beobachtung $\mathbf{x}$ wird zurückgewiesen, falls der Mahalanobis-Abstand zu allen Klassen größer als ein frei wählbarer Schwellwert s_a ist, ansonsten wird die Entscheidung nach Gleichung (A.36) getroffen:

$$\hat{y}_R = \begin{cases} \hat{y} & \text{falls } (\overline{\mathbf{x}}_{\hat{y}} - \mathbf{x})^T \hat{\boldsymbol{\Sigma}}_{\hat{y}}^{-1} (\overline{\mathbf{x}}_{\hat{y}} - \mathbf{x}) \leq s_a \\ C + 2 & \text{sonst.} \end{cases} \tag{A.37}$$

Ein Vorteil des Mahalanobis-Abstands ist, dass die unterschiedlichen Streuungen und die vorhandenen Korrelationen in den Merkmalen bei der Abstandsberechnung berücksichtigt werden.

A.2.2 Support-Vektor-Maschine

Rückweisung bei widersprüchlichen Informationen Eine Support-Vektor-Maschine erzeugt eine optimale Trennebene zur Trennung zweier Klassen und bestimmt für die Klassifikation einen Abstand x_T von der Trennfläche nach

$$x_T = \mathbf{x}^T \cdot \mathbf{w} + b, \tag{A.38}$$

siehe Abschnitt A.1.2. Bei Problemen, die nicht optimal (ohne Überlappung der Klassen) zu lösen sind, werden Klassifikationsfehler erlaubt und durch die Optimierung der Trennfläche minimiert (siehe Abschnitt A.1.2). In einigen Veröffentlichungen werden so genannte sigmoid-Funktionen auf die Abstände von den Trennflächen angewendet [75, 232]. Da diese Funktionen monoton bezüglich des Abstands von der Trennfläche sind, kann auf diesen Rechenschritt theoretisch auch verzichtet werden [83]. Beim Zusammenfassen von Entscheidungen verschiedener SVMs hat dieses Vorgehen Vorteile, da die Abstände nicht linear gewichtet werden. Entscheidungen nahe an der Trennfläche werden dann etwas schwächer gewichtet als die weiter entfernten. Für die Rückweisung bringt die Verwendung von sigmoid-Funktionen keinen Vorteil, die Abstände werden daher ohne weitere Verarbeitung verwendet.

Die Trennebene wird so bestimmt, dass für je zwei Klassen der minimale Abstand der Datentupel von der Trennebene identisch ist. Je widersprüchlicher die Informationen sind, also je dichter die Klassen beieinander liegen, desto geringer wird dieser minimale Abstand von der Trennebene. Mit Hilfe eines einfachen Schwellwerts für das transformierte Datentupel x_T kann die Entscheidung dann zurückgewiesen werden. Ein kleiner Wert für x_T gibt einen geringen Abstand von der Trennebene und somit eine potenziell unsichere Entscheidung an. Die Entscheidungsregel lautet dann

$$\hat{y}_R = \begin{cases} \hat{y} & \text{falls } |x_T| > s_u \\ C + 1 & \text{sonst} \end{cases}, \tag{A.39}$$

wobei $\hat{y}$ mit Hilfe von

$$\hat{y} = \begin{cases} 1 & \text{falls } x_T \geq 0 \\ -1 & \text{falls } x_T < 0 \end{cases}. \tag{A.40}$$

bestimmt wird.

Bei einem Mehr-Klassen-Problem werden von der SVM mehrere Zwei-Klassen-Probleme gelöst (Abschnitt A.1.2). Daraus folgt, dass es verschiedene Werte für x_T gibt, jeweils bezeichnet mit $x_T^{(c_1,c_2)}$. Für die Gleichung (A.39) muss das minimale x_T verwendet werden, bei dem eine Entscheidung zwischen $\hat{y}$ und einer anderen Klasse getroffen wurde:

$$x_T = \min_{i,j \,|\, i \neq j, i = \hat{y} \vee j = \hat{y}} \left(x_T^{(i,j)} \right) \tag{A.41}$$

Der Grund wird am folgenden Beispiel deutlich:

Beispiel 8: Die folgenden Werte seien angenommen:

$$\hat{y} = 2, x_T^{(1,2)} = 5, x_T^{(2,3)} = 7, x_T^{(1,3)} = 1, s_u = 2$$

Wird der minimale Wert verwendet (entspricht $x_T^{(1,3)}$), wird die Entscheidung zurückgewiesen, da $x_T^{(1,3)} < s_u$. Dieser Wert für die Sicherheit der Entscheidung ist aber uninteressant, da sich der Klassifikator weder für die Klasse 1 noch 3 entschieden hat. Wird für die Bestimmung des Vergleichswerts das x_T aus Gleichung (A.41) verwendet, so ergibt sich ein korrekter Vergleichswert (entspricht $x_T^{(1,2)}$) und die Entscheidung wird nicht zurückgewiesen.

Rückweisung bei zu wenigen Informationen Für die Rückweisung bei zu wenigen Informationen kann ebenfalls der Wert x_T herangezogen werden. Ist der Abstand einer unbekannten Beobachtung von der Trennfläche sehr groß (größer als in den Lerndaten), wird die Entscheidung zurückgewiesen. Dabei entsteht allerdings ein Problem, das in Abbildung A.1 dargestellt wird.

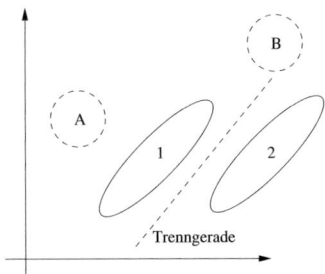

Abbildung A.1: Rückweisung bei zu wenigen Informationen mit SVM

Die Klassen 1 und 2 (jeweils dargestellt durch Ellipsen) sind deutlich durch eine Trenngerade zu unterscheiden. Die Gruppe A kann durch das beschriebene Vorgehen zurückgewiesen werden, der Abstand von der Trenngerade ist deutlich größer als der der beiden realen Klassen. Die Gruppe B hingegen liegt ziemlich genau auf der Trenngeraden, damit ist der Abstand zur Geraden sehr klein. Das Problem besteht darin, dass die SVM den Merkmalsraum auf einen 1D-Merkmalsraum transformiert und dadurch Informationen verliert. In [83, 318] werden Verfahren für die Rückweisung von Datentupeln mit Hilfe angepasster SVM-Verfahren vorgestellt. In dieser Arbeit wird ein Verfahren aus [44] verwendet, das an die Vorgehensweise bei SVM-Klassifikatoren angelehnt ist. Der Vorteil gegenüber den Verfahren in [83, 318] ist, dass ein lineares Optimierungsproblem zu lösen ist, kein quadratisches.

Zur übersichtlicheren Darstellung der folgenden Gleichungen wird eine Indexmenge $\mathcal{I}_{L,c}$ eingeführt, die die Indizes der Datentupel der Klasse c im Lerndatensatz $\mathcal{L}$ enthält:

$$\mathcal{I}_{L,c} = \{i \mid x_i \in \mathcal{L} \wedge y_i = c\}. \tag{A.42}$$

Das Vorgehen ist wie folgt: es wird eine Abbildung

$$f_c(\boldsymbol{\xi}) = \sum_{i \in \mathcal{I}_{L,c}} a_i K(\boldsymbol{\xi}, \mathbf{x}_i) + b_c \tag{A.43}$$

eingeführt, die eine Trennfläche zwischen Datentupeln, die zu der Klasse c gehören, und welchen, die nicht zur Klasse gehören, beschreibt[3]. Die Kernel-Funktion K wird hier äquivalent zur Anwendung bei SVMs (siehe Abschnitt A.1.2) verwendet. $\boldsymbol{\xi}$ wird als Ausreißer klassifiziert, falls

$$f_c(\boldsymbol{\xi}) < 0. \tag{A.44}$$

Mit Hilfe der Lerndaten der Klasse c werden die Koeffizienten a_i und b_c so berechnet, dass gilt:

$$f(\mathbf{x}_i) \geq 0, \ \forall i \in \mathcal{I}_{L,c}. \tag{A.45}$$

Um möglichst enge Klassengrenzen zu erreichen, wird folgende Abbildung minimiert:

$$W(\mathbf{a}_c, b_c) = \sum_{i \in \mathcal{I}_{L,c}} f(\mathbf{x}_i) \to \min \tag{A.46}$$

$$= \sum_{i \in \mathcal{I}_{L,c}} \sum_{j \in \mathcal{I}_{L,c}} a_j K(\mathbf{x}_i, \mathbf{x}_j) + b_c \to \min, \tag{A.47}$$

mit $\mathbf{a}_c = \{a_i \mid i \in \mathcal{I}_{L,c}\}$ und unter den Nebenbedingungen

$$\sum_{j \in \mathcal{I}_{L,c}} a_j K(\mathbf{x}_i, \mathbf{x}_j) + b_c \geq 0, \ \forall i \in \mathcal{I}_{L,c} \tag{A.48}$$

$$\sum_{j \in \mathcal{I}_{L,c}} a_j = 1, \ \text{mit } a_j \geq 0. \tag{A.49}$$

Die Nebenbedingung (A.48) sichert, dass keine Lerndaten zurückgewiesen werden, (A.49) vermeidet die Bewertung von Skalierungseffekten.

Häufig sind in realen Datensätzen auch in den Lerndaten Ausreißer vorhanden. Diese werden bei der Optimierung von $W(\mathbf{a}_c, b_c)$ aus Gleichung (A.47) für den Entwurf der Klassengrenzen berücksichtigt. Damit ergeben sich fehlerhafte Klassengrenzen. In [44] werden Grenzen, bei denen die Bedingung (A.48) für die Optimierung verwendet wird, als „hart" bezeichnet. Durch die Optimierung von

$$W(\mathbf{a}_c, b_c) = \sum_{i \in \mathcal{I}_{L,c}} \left[\sum_{j \in \mathcal{I}_{L,c}} a_j K(\mathbf{x}_i, \mathbf{x}_j) + b_c \right] + \Upsilon \sum_{i \in \mathcal{I}_{L,c}} \zeta_i \to \min \tag{A.50}$$

---

[3]Die Koeffizienten a_i sind nicht zusätzlich von c abhängig, da der Index i die Klassenzugehörigkeit bereits eindeutig festlegt.

können absichtlich Fehler in die Optimierung eingebaut werden („weiche" Grenzen). Eventuell vorhandene Ausreißer können so bei der Berechnung der Klassengrenzen ignoriert werden. Die Nebenbedingung (A.48) wird durch

$$\sum_{j \in \mathcal{I}_{L,c}} a_j K(\mathbf{x}_i, \mathbf{x}_j) + b_c \geq -\zeta_i, \ \forall i \in \mathcal{I}_{L,c} \tag{A.51}$$

ersetzt, wobei $\zeta_i \geq 0$ für alle $i \in \mathcal{I}_{L,c}$. Die Nebenbedingung (A.49) bleibt erhalten. Durch die Wahl von Υ wird bestimmt, wie viele Lerndaten bei der Optimierung ignoriert werden dürfen. Für $\Upsilon \to \infty$ erfolgt die Berechnung nach Gleichung (A.47). Die Wahl von Υ sowie der Kernel-Parameter σ haben großen Einfluss auf die generierten Klassengrenzen.

In dieser Arbeit wird der RBF-Kernel

$$K(\mathbf{x}_i, \mathbf{x}_j) = e^{-||\mathbf{x}_i - \mathbf{x}_j||^2 / (2\sigma^2)} \tag{A.52}$$

verwendet. Theoretisch sind alle Kernel möglich, die auch für die Verwendung bei den Support-Vektor-Maschinen in Frage kommen (siehe Abschnitt A.1.2). In [44] wird allerdings darauf hingewiesen, dass andere als der RBF-Kernel häufig keine geschlossenen Klassengrenzen produzieren. Diese Beobachtung konnte während dieser Arbeit bestätigt werden.

Das Optimierungsproblem wird mit Hilfe der Matlab Optimization-Toolbox [53] oder der frei verfügbaren lp_solve-Toolbox gelöst [15].

Für die Anwendung bei der Rückweisung von Datentupeln wegen zu wenigen Informationen lautet die Entscheidungsregel:

$$\hat{y}_R = \begin{cases} \hat{y} & \text{falls } f_{\hat{y}}(\mathbf{x}) < s_a \\ C + 2 & \text{sonst} \end{cases}, \tag{A.53}$$

wobei $\hat{y}$ zuvor mit Hilfe von Gleichung (A.40) bestimmt wird. Die Bestimmung der endgültigen Klasse $\hat{y}$ über eine Analyse der f_c ist nicht möglich (daher auch der Name „one-class"-Verfahren). Für eine Klassentrennung muss ein entsprechend angelernter Klassifikator verwendet werden.

In Gleichung (A.44) wird 0 als konstante Schwelle für f verwendet. Um die Lerndaten weiter von der Klassengrenze zu entfernen, kann der Schwellwert verringert oder der Kernel-Parameter σ erhöht werden.

A.2.3 k-nearest-neighbor Klassifikator

Allgemeines   Beim k-nearest-neighbor Klassifikator werden die k nächsten Nachbarn im Lerndatensatz betrachtet, um eine Entscheidung zu treffen (siehe Abschnitt A.1.3). Die Klasse von der am meisten Datentupel in der Nachbarschaft des unbekannten Datentupels existieren wird gewählt. Bei gleichen Abständen werden die Nachbarn zufällig gewählt. Somit können im ungünstigen Fall Klassen komplett unter den Tisch fallen.

Daher wird das Verfahren hier angepasst, in dem der Parameter k dynamisch verändert wird. Dieses Vorgehen ist ähnlich zu dem in [92] beschriebenen, bei dem k an die aktuelle Beobachtung angepasst wird. Auch eine Ähnlichkeit zur „k-Umkreis-Regel" (eigentlich Englisch: „k-nearest-distance") Regel aus [57, 58] ist vorhanden. Die k-nearest-distance Regel besagt, dass nicht nur die k nächsten Nachbarn betrachtet werden, sondern alle Nachbarn mit einem Abstand kleiner oder gleich dem Abstand des k. Nachbarn. Damit wird der Umgang bei mehreren Datentupeln mit gleichem Abstand modifiziert.

In Abbildung A.2 ist eine Situation abgebildet, bei der unter Umständen die Datentupel einer Klasse nicht berücksichtigt werden. Bei der Verwendung von k = 5 werden für die Entscheidung im ungünstigsten Fall alle Datentupel einer Klasse betrachtet, die Datentupel der anderen Klassen werden vollständig ignoriert.

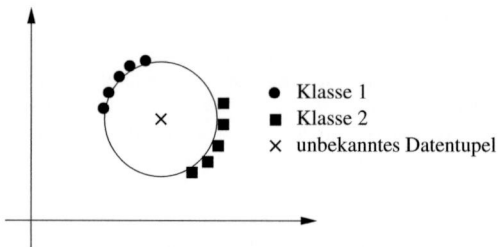

Abbildung A.2: Schema für ein Problem bei der Wahl der Nachbarn beim k-nearest-neighbor Klassifikator. Bei gleichen Abständen werden die Nachbarn zufällig ausgewählt, eine Klasse kann so vernachlässigt werden

So eine Situation kommt bei kontinuierlichen Merkmalsräumen und kontinuierlichen Abständen zwar in der Regel nicht vor, allerdings tritt ein ähnliches Phänomen bei sehr ähnlichen Abständen auf. Angenommen die Datentupel einer Klasse haben einen Abstand von der unbekannten Beobachtung, der vernachlässigbar kürzer ist als bei Nachbarn einer anderen Klasse. In einem solchen Fall werden nur die Datentupel der näher gelegenen Klasse betrachtet, da der absolute Abstand der Nachbarn unterschiedlich ist. Wie groß der Unterschied ist, spielt bei der Wahl der Nachbarn keine Rolle. In einem solchen Fall werden auch bei der k-nearest-distance Regel aus [57] nur die näher gelegenen Nachbarn verwendet.

Das bedeutet, dass bei der Verwendung eines festen Parameters k die Auswahl der Nachbarn nicht repräsentativ sein muss für die Umgebung um das unbekannte Datentupel. Um so eine Situation zu vermeiden, wird in dieser Arbeit wie folgt vorgegangen:

Für ein gegebenes Datentupel $\mathbf{x}$ werden alle benachbarten Lerndaten $\mathbf{x}_i \in \mathcal{L}$ betrachtet, deren Abstand kleiner oder gleich einem Schwellwert α_{knn} ist, mindestens jedoch k:

$$k_{\text{knn}}(\mathbf{x}) = \min\left[k, \left|\{\mathbf{x}_i | d(\mathbf{x}_i, \mathbf{x}) \leq \alpha_{\text{knn}}, \mathbf{x}_i \in \mathcal{L}\}\right|\right]. \qquad (A.54)$$

Offensichtlich gilt dann $k_{\text{knn}}(\mathbf{x}) \geq k$. Für den Abstand d kommt in dieser Arbeit der euklidische Abstand

$$d(\mathbf{x}_1, \mathbf{x}_2) = \sqrt{(\mathbf{x}_1 - \mathbf{x}_2)^T \cdot (\mathbf{x}_1 - \mathbf{x}_2)}, \qquad (A.55)$$

zum Einsatz, wobei der Merkmalsraum mit Hilfe der Lerndaten zunächst auf den Bereich [0, 1] normiert wird.

In der Abbildung A.3 ist ein Beispiel für k = 3 abgebildet. In Abbildung A.3(a) sind mehr als k Nachbarn innerhalb des Abstands, der durch α_{knn} definiert wird. Daher werden alle diese Nachbarn in die Entscheidung einbezogen. Im Fall, der in Abbildung A.3(b) dargestellt wird, sind weniger als k Nachbarn innerhalb des definierten Abstands. Da aber nicht weniger als k Nachbarn für die Entscheidung verwendet werden sollen, wird auf die ursprüngliche

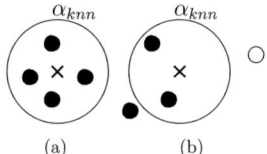

(a)   (b)

Abbildung A.3: Auswahl der Nachbarn beim k-NN. Darstellung der Schwelle α_{knn} für k = 3 bei k-NN – schwarze Kreise: betrachtete Nachbarn, weiße Kreise: nicht betrachtete Nachbarn, a) Verwendung von mehr als k Nachbarn, b) Verwendung von k Nachbarn

Regel beim k-NN zurückgegriffen und alle k nächsten Nachbarn verwendet. Der etwas weiter entfernte Nachbar wird daher in diesem Fall ignoriert (dargestellt durch den weißen Kreis).

Die Ursache wurde in diesem Abschnitt hinreichend erläutert. Vorteile des modifizierten Verfahrens sind eine höhere Robustheit in Datensätzen, bei denen viele Datentupel vorliegen und eine relativ kleine Anzahl an Nachbarn betrachtet wird. Das modifizierte Verfahren passt die Anzahl an auszuwertenden Nachbarn automatisch an die Dichte an Lerndatentupeln in der Umgebung des unbekannten Datentupels an. Ein großer Nachteil ist der zusätzliche Parameter α_{knn}. Der Vorteil des Verfahrens beschränkt sich auf bestimmte Datensätze. Im vorliegenden Benchmarkdatensatz wird durch das Verfahren kein Vorteil erzielt. In der Anwendung der Ganganalyse (siehe Abschnitt 6.3) kann in einem Datensatz ein besseres Ergebnis erzielt werden als mit dem herkömmlichen Verfahren, in einem anderen Datensatz der Ganganalyse wird allerdings ein schlechteres Ergebnis erzielt. Diese Modifikation ist also für jeden Datensatz kritisch zu prüfen.

Rückweisung bei widersprüchlichen Informationen   Statt direkt die Entscheidung für eine Klasse mittels Gleichungen (A.29) zu treffen, kann auch beim k-nearest-neighbor Klassifikator die Rückweisung eines Datentupels bei widersprüchlichen Informationen realisiert werden. Erste Ansätze dazu wurden bereits in den 1970er Jahren veröffentlicht [63, 103].

Eine einfache aber sehr effektive Form der Rückweisung bei widersprüchlichen Informationen ist die Betrachtung des relativen Anteils der Nachbarn einer Klasse bezogen auf die Gesamtzahl der betrachteten Nachbarn. Eine Rückweisung erfolgt dann, wenn die Anzahl der Nachbarn der Klasse, für die sich der Klassifikator entschieden hat, einen bestimmten relativen Anteil unterschreitet:

$$\hat{y}_R = \begin{cases} \hat{y} & \text{falls } \frac{\mathrm{card}(\{\mathbf{x}_i \mid y_i = \hat{y}, \mathbf{x}_i \in \mathcal{L}_{\text{k-NN}}(\mathbf{x})\})}{k_{\mathrm{knn}}(\mathbf{x})} > s_u \\ C+1 & \text{sonst} \end{cases}. \tag{A.56}$$

Auch für dieses Verfahren gilt, dass die Wahl des Parameters s_u einen Kompromiss zwischen der Entscheidungsfreudigkeit und der Sicherheit des Klassifikators darstellt.

Rückweisung bei zu wenigen Informationen   Neben einer Schwelle für die Einbeziehung aller Lerndaten in einem bestimmten Umkreis um eine unbekannte Beobachtung wird eine weitere Schwelle eingeführt. Mit Hilfe dieser Schwelle sollen diejenigen Beobachtungen erkannt werden, die eine zu geringe Dichte an Nachbarn in einer definierten Umgebung β_{knn} haben.

Der Ansatz ist ein ähnlicher wie bei der Rückweisung mit Hilfe der Distanz. Hier wird aber nicht die Distanz zu einem festen Punkt für jede Klasse betrachtet, sondern die Anzahl der Nachbarn innerhalb eines bestimmten Umkreises um die unbekannte Beobachtung. Bei einer zu geringen Anzahl wird die Entscheidung zurückgewiesen:

$$\hat{y}_R = \begin{cases} \hat{y} & \text{falls } \operatorname{card}\left(\{\mathbf{x}_i | d(\mathbf{x}_i, \mathbf{x}) \leq \beta_{\text{knn}}, \mathbf{x}_i \in \mathcal{L}_{\text{k-NN}}(\mathbf{x})\}\right) \geq s_a \\ C + 2 & \text{sonst} \end{cases} \qquad (\text{A.57})$$

Die Gleichung zeigt, dass bei Überschreiten[4] der Schwelle s_a eine Entscheidung nach Gleichung (A.29) gefällt wird. Es werden also auch diejenigen Nachbarn in die Entscheidung einbezogen, die einen Abstand größer als β_{knn} haben. Durch dieses Vorgehen wird sichergestellt, dass die Anzahl betrachteter Nachbarn nicht unter k fällt. Um weit entfernte Nachbarn weniger in die Entscheidung einzubeziehen, kann eine Abstandsgewichtung nach Gleichungen (A.30) - (A.32) erfolgen und eine Entscheidung nach Gleichung (A.33) getroffen werden (siehe Abschnitt A.1.3).

In Abbildung A.4 sind Beispiele für k = 3 und s_a = 2 abgebildet. Der Schwellwert s_a für die Mindestzahl an Nachbarn innerhalb einer bestimmten Umgebung wird in Abbildung A.4(a) überschritten. In einem solchen Fall werden alle $k_{\text{knn}}(\mathbf{x})$ (vgl. Gleichung (A.54)) Nachbarn verwendet, auch die Nachbarn mit einem Abstand größer als β_{knn}. Abbildung A.4(b) zeigt ein Beispiel mit weniger als s_a Nachbarn mit einem Abstand kleiner als β_{knn}. Für diese unbekannte Beobachtung wird keine Entscheidung getroffen, da nicht genügend Beispiele in der näheren Umgebung vorhanden sind.

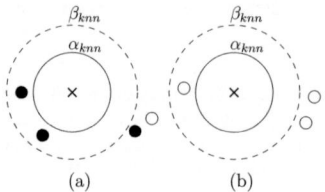

(a)   (b)

Abbildung A.4: Schematische Darstellung der Schwelle β_{knn} für k = 3 und s_a = 2 bei k-NN – schwarze Kreise: betrachtete Nachbarn, weiße Kreise: nicht betrachtete Nachbarn, a) Verwendung von k Nachbarn, b) Rückweisung

A.3   CSP-Merkmale

Für die Generierung der Common Spatial Patterns wird das Verfahren aus [207, 238] verwendet. Die Zeitreihen eines Versuchs $n = 1, \ldots, N$ sind in der Zeitreihen-Matrix $\mathbf{Z}_n$ enthalten

---

[4]Bei den anderen Verfahren war ein Unterschreiten der Schwelle erforderlich. Die Formulierung mit einer Unterschreitung der Schwelle ist möglich, aber unübersichtlicher. Daher wurde diese Darstellung gewählt.

(Dimension $L \times K$), wobei L die Anzahl an Zeitreihen bezeichnet, K die Anzahl an Abtastpunkten.

Um die folgenden Berechnungen zu verbessern, kann ein Ausschnitt der Zeitreihe ($k = k_{s,1}, \ldots, k_{e,1}$) anstelle der kompletten Zeitreihe verwendet werden. Insgesamt ergibt sich also

$$
\tilde{\mathbf{Z}}_n = \frac{1}{\overline{Z}} \begin{pmatrix} z_{n,1}[k_{s,1}] & z_{n,1}[k_{s,1}+1] & \ldots & z_{n,1}[k_{e,1}] \\ z_{n,2}[k_{s,1}] & z_{n,2}[k_{s,1}+1] & \ldots & z_{n,2}[k_{e,1}] \\ \vdots & \vdots & \ddots & \vdots \\ z_{n,L}[k_{s,1}] & z_{n,L}[k_{s,1}+1] & \ldots & z_{n,L}[k_{e,1}] \end{pmatrix}, \tag{A.58}
$$

mit

$$
\overline{Z} = \frac{1}{N \cdot L \cdot (k_{s,1} - k_{e,1} + 1)} \sum_{n=1}^{N} \sum_{l=1}^{L} \sum_{k=k_{s,1}}^{k_{e,1}} |z_{n,l}[k]|, \tag{A.59}
$$

wobei $z_{n,l}[k]$ sich auf die originale Zeitreihe bezieht.

Die Berechnung der Common Spatial Pattern beruht auf der gleichzeitigen Diagonalisierung zweier Kovarianzmatrizen. Eine Art normalisierte lokale Kovarianz kann durch

$$
\mathbf{C}(n) = \frac{\tilde{\mathbf{Z}}_n \cdot \tilde{\mathbf{Z}}_n^T}{\mathrm{trace}(\tilde{\mathbf{Z}}_n \cdot \tilde{\mathbf{Z}}_n^T)} \tag{A.60}
$$

bestimmt werden. Die Spur (engl.: trace) bezeichnet dabei die Summe der Diagonalelemente der Matrix. Die Matrix $\mathbf{C}(n)$ hat die Dimension $L \times L$.

Anschließend wird für jede Klasse $c \in \{1,2\}$ eine mittlere lokale Kovarianz bestimmt (bezeichnet durch $\overline{\mathbf{C}}_c, c = 1, 2$). Die Datentupel der Klasse c sind in der Indexmenge $\mathcal{I}_{L,c}$ enthalten:

$$
\overline{\mathbf{C}}_c = \frac{1}{\mathrm{card}\,(\mathcal{I}_{L,c})} \sum_{n \in \mathcal{I}_{L,c}} \mathbf{C}(n), \; \text{mit } y_n = c \tag{A.61}
$$

wobei $\mathbf{C}(n)$ nach Gleichung (A.60) bestimmt wird. Diese beiden Matrizen werden zu einer gemeinsamen Matrix zusammengefasst:

$$
\mathbf{C}_{\mathrm{ges}} = \overline{\mathbf{C}}_1 + \overline{\mathbf{C}}_2 \tag{A.62}
$$

$\mathbf{C}_{\mathrm{ges}}$ kann mit Hilfe der Eigenwerte und Eigenvektoren als

$$
\mathbf{C}_{\mathrm{ges}} = \mathbf{U}_{\mathrm{ges}} \mathbf{\Lambda}_{\mathrm{ges}} \mathbf{U}_{\mathrm{ges}}^T, \; \text{mit } \mathbf{\Lambda}_c = \begin{pmatrix} \lambda_{\mathrm{ges},1} & \ldots & 0 \\ \vdots & \ddots & \vdots \\ 0 & \ldots & \lambda_{\mathrm{ges},L} \end{pmatrix} \tag{A.63}
$$

dargestellt werden. Mit Hilfe der Transformationsvorschrift

$$
\mathbf{P} = \mathbf{\Lambda}_{\mathrm{ges}}^{-\frac{1}{2}} \mathbf{U}_{\mathrm{ges}}^T \tag{A.64}
$$

können die Varianzen von $\mathbf{U}_c$ normalisiert werden, d.h. alle Eigenwerte von $\mathbf{P}\mathbf{C}_{\mathrm{ges}}\mathbf{P}^T$ sind eins. Werden die klassenspezifischen lokalen Kovarianzen auf folgende Weise transformiert:

$$
\mathbf{S}_1 = \mathbf{P}\overline{\mathbf{C}}_1\mathbf{P}^T \tag{A.65}
$$

$$
\mathbf{S}_2 = \mathbf{P}\overline{\mathbf{C}}_2\mathbf{P}^T, \tag{A.66}
$$

so teilen sich $\mathbf{S}_1$ und $\mathbf{S}_2$ die Eigenvektoren[5], d.h. bei einer erneuten Berechnung von Eigenvektoren und Eigenwerten gilt

$$\mathbf{S}_1 = \mathbf{B}\boldsymbol{\Lambda}_1\mathbf{B}^T \tag{A.67}$$

$$\mathbf{S}_2 = \mathbf{B}\boldsymbol{\Lambda}_2\mathbf{B}^T \tag{A.68}$$

$$\boldsymbol{\Lambda}_1 + \boldsymbol{\Lambda}_2 = \mathbf{I}. \tag{A.69}$$

Da sich die Eigenwerte stets zu eins ergänzen, entsprechen die größten Eigenwerte von $\mathbf{S}_1$ den kleinsten von $\mathbf{S}_2$ und umgekehrt. Damit sind die mit Hilfe von

$$\mathbf{W} = (\mathbf{B}^T\mathbf{P})^T \tag{A.70}$$

transformierten Zeitreihen

$$\mathbf{Z}_{n,\mathrm{CSP}} = \mathbf{W} \cdot \mathbf{Z}_n \tag{A.71}$$

sehr gut geeignet, um die beiden Klassen voneinander zu trennen. Die Matrix $\mathbf{W}$ enthält die Common Spatial Patterns. Meist wird nur eine bestimmte Anzahl m mit den größten Eigenwerten für die Klassifikation verwendet. Daher werden dann jeweils $2 \cdot m$ Merkmale generiert, da die größten Eigenwerte beider Klassen verwendet werden müssen. Die Matrix $\mathbf{W}$ hat somit die Dimension $2 \cdot m \times L$. Neue Zeitreihen $\mathbf{Z}_{\mathrm{neu},n,p}$ werden durch die folgende Gleichung unter Verwendung des Fensters $k = k_{s,2}, \ldots, k_{e,2}$ mit der Breite $K_{\mathrm{var}} = k_{e,2} - k_{s,2} + 1$ gebildet:

$$Z_{\mathrm{neu},n,p}[k] = \log\left(\frac{\mathrm{var}(k - K_{\mathrm{var}}, k; Z_{n,\mathrm{CSP},p})}{\sum\limits_{i=1}^{2m} \mathrm{var}(k - K_{\mathrm{var}}, k; Z_{n,\mathrm{CSP},i})}\right), k \geq K_{\mathrm{var}} \tag{A.72}$$

wobei $\mathbf{Z}_{n,\mathrm{CSP},p}$ die mit den p. Common Spatial Patterns transformierte Zeitreihen des n. Datentupels bezeichnet und für die Berechnung der Varianz gilt:

$$\mathrm{var}(k - K_{\mathrm{var}}, k; Z_{n,\mathrm{CSP},p}) = \frac{1}{K_{\mathrm{var}}} \cdot \sum_{k^*=k-K_{\mathrm{var}}}^{k} \left(z_{n,\mathrm{CSP},p}[k^*] - \overline{Z}_{n,\mathrm{CSP},p}\right)^2, \text{ mit} \tag{A.73}$$

$$\overline{Z}_{n,\mathrm{CSP},p} = \frac{1}{K_{\mathrm{var}} + 1} \cdot \sum_{k^*=k-K_{\mathrm{var}}}^{k} \left(z_{n,\mathrm{CSP},p}[k^*]\right) \tag{A.74}$$

Das durch $k_{s,2}, \ldots k_{e,2}$ definierte Fenster unterscheidet sich in der Regel von dem durch $k_{s,1}, \ldots, k_{e,1}$ definierten Fenster.

Die Berechnung der CSP-transformieren Zeitreihen ist nicht sehr robust, insbesondere durch die Verwendung der Varianzen [238]. Daher müssen sehr gut vorverarbeitete Zeitreihen verwendet werden. Des Weiteren ist eine Mindestzahl an Zeitreihen (nach [238] ca. 18) nötig. Für Beispiele an realen EEG-Daten siehe [207, 238].

A.4 Berechnung der Frequenz bei IIR-Filter

Der Parameter für die IIR-Filterung kann je nach gewünschter Frequenz f folgendermaßen berechnet werden:

$$a = \frac{2 \cdot f_A - f}{2 \cdot f_A + f}, \tag{A.75}$$

---

[5]Bei geeignet sortierten Matrizen $\boldsymbol{\Lambda}_1, \boldsymbol{\Lambda}_2$

umgedreht gilt dann natürlich:

$$f = \frac{2 \cdot f_A \cdot (1 - a)}{(1 + a)},$$ (A.76)

B Datensätze

B.1 Zeitreihenliste O3vr

Nr.	Bezeichner	Nr.	Bezeichner
1	C3	28	C4 1.0→6.0
2	C4	29	C3 7.0→12.0
3	C3 8.0→12.0	30	C4 7.0→12.0
4	C4 8.0→12.0	31	C3 13.0→18.0
5	C3 13.0→30.0	32	C4 13.0→18.0
6	C4 13.0→30.0	33	C3 19.0→24.0
7	C3 1.0→3.0	34	C4 19.0→24.0
8	C4 1.0→3.0	35	C3 25.0→30.0
9	C3 4.0→6.0	36	C4 25.0→30.0
10	C4 4.0→6.0	37	C3 8.0→12.0 RANT mit C4 8.0→12.0
11	C3 7.0→9.0	38	C3 13.0→30.0 RANT mit C4 13.0→30.0
12	C4 7.0→9.0	39	C3 1.0→3.0 RANT mit C4 1.0→3.0
13	C3 10.0→12.0	40	C3 4.0→6.0 RANT mit C4 4.0→6.0
14	C4 10.0→12.0	41	C3 7.0→9.0 RANT mit C4 7.0→9.0
15	C3 13.0→15.0	42	C3 10.0→12.0 RANT mit C4 10.0→12.0
16	C4 13.0→15.0	43	C3 13.0→15.0 RANT mit C4 13.0→15.0
17	C3 16.0→18.0	44	C3 16.0→18.0 RANT mit C4 16.0→18.0
18	C4 16.0→18.0	45	C3 19.0→21.0 RANT mit C4 19.0→21.0
19	C3 19.0→21.0	46	C3 22.0→24.0 RANT mit C4 22.0→24.0
20	C4 19.0→21.0	47	C3 25.0→27.0 RANT mit C4 25.0→27.0
21	C3 22.0→24.0	48	C3 28.0→30.0 RANT mit C4 28.0→30.0
22	C4 22.0→24.0	49	C3 1.0→6.0 RANT mit C4 1.0→6.0
23	C3 25.0→27.0	50	C3 7.0→12.0 RANT mit C4 7.0→12.0
24	C4 25.0→27.0	51	C3 13.0→18.0 RANT mit C4 13.0→18.0
25	C3 28.0→30.0	52	C3 19.0→24.0 RANT mit C4 19.0→24.0
26	C4 28.0→30.0	53	C3 25.0→30.0 RANT mit C4 25.0→30.0
27	C3 1.0→6.0	54	Trigger

Tabelle B.1: Zeitreihen im Datensatz O3vr

B.2   Zeitreihenliste S4b

Nr.	Bezeichner	Nr.	Bezeichner
1	C3	16	C4 25.0→27.0
2	C4	17	C3 28.0→30.0
3	C3 8.0→12.0	18	C4 28.0→30.0
4	C4 8.0→12.0	19	C3 25.0→30.0
5	C3 13.0→30.0	20	C4 25.0→30.0
6	C4 13.0→30.0	21	C3 8.0→12.0 RANT mit C4 8.0→12.0
7	C3 10.0→12.0	22	C3 13.0→30.0 RANT mit C4 13.0→30.0
8	C4 10.0→12.0	23	C3 10.0→12.0 RANT mit C4 10.0→12.0
9	C3 19.0→21.0	24	C3 19.0→21.0 RANT mit C4 19.0→21.0
10	C4 19.0→21.0	25	C3 19.0→24.0 RANT mit C4 19.0→24.0
11	C3 19.0→24.0	26	C3 22.0→24.0 RANT mit C4 22.0→24.0
12	C4 19.0→24.0	27	C3 25.0→27.0 RANT mit C4 25.0→27.0
13	C3 22.0→24.0	28	C3 28.0→30.0 RANT mit C4 28.0→30.0
14	C4 22.0→24.0	29	C3 25.0→30.0 RANT mit C4 25.0→30.0
15	C3 25.0→27.0	30	Trigger

Tabelle B.2: Zeitreihen im Datensatz S4b

B.3   Zeitreihenliste X11b

Nr.	Bezeichner	Nr.	Bezeichner
1	C3	16	C4 28.0→30.0
2	C4	17	C3 19.0→24.0
3	C3 8.0→12.0	18	C4 19.0→24.0
4	C4 8.0→12.0	19	C3 25.0→30.0
5	C3 13.0→30.0	20	C4 25.0→30.0
6	C4 13.0→30.0	21	C3 8.0→12.0 RANT mit C4 8.0→12.0
7	C3 10.0→12.0	22	C3 13.0→30.0 RANT mit C4 13.0→30.0
8	C4 10.0→12.0	23	C3 10.0→12.0 RANT mit C4 10.0→12.0
9	C3 19.0→21.0	24	C3 19.0→21.0 RANT mit C4 19.0→21.0
10	C4 19.0→21.0	25	C3 22.0→24.0 RANT mit C4 22.0→24.0
11	C3 22.0→24.0	26	C3 25.0→27.0 RANT mit C4 25.0→27.0
12	C4 22.0→24.0	27	C3 28.0→30.0 RANT mit C4 28.0→30.0
13	C3 25.0→27.0	28	C3 19.0→24.0 RANT mit C4 19.0→24.0
14	C4 25.0→27.0	29	C3 25.0→30.0 RANT mit C4 25.0→30.0
15	C3 28.0→30.0	30	Trigger

Tabelle B.3: Zeitreihen im Datensatz X11b

B.4   Zeitreihenliste ECoG

Die ersten 64 Zeitreihen haben keinen Namen, sondern geben lediglich die Nummer des Kanals an (mit einem vorangestellten „x").

Nr.	Bezeichner	Nr.	Bezeichner	Nr.	Bezeichner
1	x1	37	x37	73	CSP 100-150 3
2	x2	38	x38	74	CSP 100-150 4
3	x3	39	x39	75	CSP 100-150 5
4	x4	40	x40	76	CSP 100-150 6
5	x5	41	x41	77	CSP 150-200 1
6	x6	42	x42	78	CSP 150-200 2
7	x7	43	x43	79	CSP 150-200 3
8	x8	44	x44	80	CSP 150-200 4
9	x9	45	x45	81	CSP 150-200 5
10	x10	46	x46	82	CSP 150-200 6
11	x11	47	x47	83	CSP 200-300 1
12	x12	48	x48	84	CSP 200-300 2
13	x13	49	x49	85	CSP 200-300 3
14	x14	50	x50	86	CSP 200-300 4
15	x15	51	x51	87	CSP 200-300 5
16	x16	52	x52	88	CSP 200-300 6
17	x17	53	x53	89	CSP 300-400 1
18	x18	54	x54	90	CSP 300-400 2
19	x19	55	x55	91	CSP 300-400 3
20	x20	56	x56	92	CSP 300-400 4
21	x21	57	x57	93	CSP 300-400 5
22	x22	58	x58	94	CSP 300-400 6
23	x23	59	x59	95	CSP 400-500 1
24	x24	60	x60	96	CSP 400-500 2
25	x25	61	x61	97	CSP 400-500 3
26	x26	62	x62	98	CSP 400-500 4
27	x27	63	x63	99	CSP 400-500 5
28	x28	64	x64	100	CSP 400-500 6
29	x29	65	CSP 50-100 1	101	CSP 500-600 1
30	x30	66	CSP 50-100 2	102	CSP 500-600 2
31	x31	67	CSP 50-100 3	103	CSP 500-600 3
32	x32	68	CSP 50-100 4	104	CSP 500-600 4
33	x33	69	CSP 50-100 5	105	CSP 500-600 5
34	x34	70	CSP 50-100 6	106	CSP 500-600 6
35	x35	71	CSP 100-150 1		
36	x36	72	CSP 100-150 2		

Tabelle B.4: Zeitreihen im ECoG-Datensatz

B.5   Zeitreihenliste ENG A

Nr.	Bezeichner	Nr.	Bezeichner
1	Sig1 GT	28	Sig1 1000.0→2000.0 RANT mit Sig1 4000.0→5000.0
2	Sig2 GT	29	Sig1 2000.0→3000.0 RANT mit Sig1 3000.0→4000.0
3	Sig1	30	Sig1 2000.0→3000.0 RANT mit Sig1 4000.0→5000.0
4	Sig2	31	Sig1 3000.0→4000.0 RANT mit Sig1 4000.0→5000.0
5	Sig1 300.0→500.0	32	Sig2 300.0→500.0 RANT mit Sig2 500.0→1000.0
6	Sig2 300.0→500.0	33	Sig2 300.0→500.0 RANT mit Sig2 1000.0→2000.0
7	Sig1 500.0→1000.0	34	Sig2 300.0→500.0 RANT mit Sig2 2000.0→3000.0
8	Sig2 500.0→1000.0	35	Sig2 300.0→500.0 RANT mit Sig2 3000.0→4000.0
9	Sig1 1000.0→2000.0	36	Sig2 300.0→500.0 RANT mit Sig2 4000.0→5000.0
10	Sig2 1000.0→2000.0	37	Sig2 500.0→1000.0 RANT mit Sig2 1000.0→2000.0
11	Sig1 2000.0→3000.0	38	Sig2 500.0→1000.0 RANT mit Sig2 2000.0→3000.0
12	Sig2 2000.0→3000.0	39	Sig2 500.0→1000.0 RANT mit Sig2 3000.0→4000.0
13	Sig1 3000.0→4000.0	40	Sig2 500.0→1000.0 RANT mit Sig2 4000.0→5000.0
14	Sig2 3000.0→4000.0	41	Sig2 1000.0→2000.0 RANT mit Sig2 2000.0→3000.0
15	Sig1 4000.0→5000.0	42	Sig2 1000.0→2000.0 RANT mit Sig2 3000.0→4000.0
16	Sig2 4000.0→5000.0	43	Sig2 1000.0→2000.0 RANT mit Sig2 4000.0→5000.0
17	Sig1 300.0→500.0 RANT mit Sig1 500.0→1000.0	44	Sig2 2000.0→3000.0 RANT mit Sig2 3000.0→4000.0
18	Sig1 300.0→500.0 RANT mit Sig1 1000.0→2000.0	45	Sig2 2000.0→3000.0 RANT mit Sig2 4000.0→5000.0
19	Sig1 300.0→500.0 RANT mit Sig1 2000.0→3000.0	46	Sig2 3000.0→4000.0 RANT mit Sig2 4000.0→5000.0
20	Sig1 300.0→500.0 RANT mit Sig1 3000.0→4000.0	47	Sig1 300.0→500.0 RANT mit Sig2 300.0→500.0
21	Sig1 300.0→500.0 RANT mit Sig1 4000.0→5000.0	48	Sig1 500.0→1000.0 RANT mit Sig2 500.0→1000.0
22	Sig1 500.0→1000.0 RANT mit Sig1 1000.0→2000.0	49	Sig1 1000.0→2000.0 RANT mit Sig2 1000.0→2000.0
23	Sig1 500.0→1000.0 RANT mit Sig1 2000.0→3000.0	50	Sig1 2000.0→3000.0 RANT mit Sig2 2000.0→3000.0
24	Sig1 500.0→1000.0 RANT mit Sig1 3000.0→4000.0	51	Sig1 3000.0→4000.0 RANT mit Sig2 3000.0→4000.0
25	Sig1 500.0→1000.0 RANT mit Sig1 4000.0→5000.0	52	Sig1 4000.0→5000.0 RANT mit Sig2 4000.0→5000.0
26	Sig1 1000.0→2000.0 RANT mit Sig1 2000.0→3000.0	53	Triggerzeitreihe

Fortsetzung auf der nächsten Seite

Nr.	Bezeichner	Nr.	Bezeichner
27	Sig1 1000.0→2000.0 RANT mit Sig1 3000.0→4000.0		

Tabelle B.5: Zeitreihen im Datensatz ENG A

B.6 Zeitreihenliste ENG B

Nr.	Bezeichner	Nr.	Bezeichner
1	Sig1 GT	25	Sig1 1000.0→2000.0 RANT mit Sig1 3000.0→4000.0
2	Sig2 GT	26	Sig1 2000.0→3000.0 RANT mit Sig1 3000.0→4000.0
3	Sig1	27	Sig2 300.0→500.0 RANT mit Sig2 500.0→1000.0
4	Sig2	28	Sig2 300.0→500.0 RANT mit Sig2 1000.0→2000.0
5	Sig1 300.0→500.0	29	Sig2 300.0→500.0 RANT mit Sig2 2000.0→3000.0
6	Sig2 300.0→500.0	30	Sig2 300.0→500.0 RANT mit Sig2 3000.0→4000.0
7	Sig1 500.0→1000.0	31	Sig2 300.0→500.0 RANT mit Sig2 4000.0→5000.0
8	Sig2 500.0→1000.0	32	Sig2 500.0→1000.0 RANT mit Sig2 1000.0→2000.0
9	Sig1 1000.0→2000.0	33	Sig2 500.0→1000.0 RANT mit Sig2 2000.0→3000.0
10	Sig2 1000.0→2000.0	34	Sig2 500.0→1000.0 RANT mit Sig2 3000.0→4000.0
11	Sig1 2000.0→3000.0	35	Sig2 500.0→1000.0 RANT mit Sig2 4000.0→5000.0
12	Sig2 2000.0→3000.0	36	Sig2 1000.0→2000.0 RANT mit Sig2 2000.0→3000.0
13	Sig1 3000.0→4000.0	37	Sig2 1000.0→2000.0 RANT mit Sig2 3000.0→4000.0
14	Sig2 3000.0→4000.0	38	Sig2 1000.0→2000.0 RANT mit Sig2 4000.0→5000.0
15	Sig2 4000.0→5000.0	39	Sig2 2000.0→3000.0 RANT mit Sig2 3000.0→4000.0
16	Sig1 300.0→500.0 RANT mit Sig1 500.0→1000.0	40	Sig2 2000.0→3000.0 RANT mit Sig2 4000.0→5000.0
17	Sig1 300.0→500.0 RANT mit Sig1 1000.0→2000.0	41	Sig2 3000.0→4000.0 RANT mit Sig2 4000.0→5000.0
18	Sig1 300.0→500.0 RANT mit Sig1 2000.0→3000.0	42	Sig1 300.0→500.0 RANT mit Sig2 300.0→500.0
19	Sig1 300.0→500.0 RANT mit Sig1 3000.0→4000.0	43	Sig1 500.0→1000.0 RANT mit Sig2 500.0→1000.0
20	Sig1 300.0→500.0 RANT mit Sig1 4000.0→5000.0	44	Sig1 1000.0→2000.0 RANT mit Sig2 1000.0→2000.0
21	Sig1 500.0→1000.0 RANT mit Sig1 1000.0→2000.0	45	Sig1 2000.0→3000.0 RANT mit Sig2 2000.0→3000.0
22	Sig1 500.0→1000.0 RANT mit Sig1 2000.0→3000.0	46	Sig1 3000.0→4000.0 RANT mit Sig2 3000.0→4000.0

Fortsetzung auf der nächsten Seite

Nr.	Bezeichner	Nr.	Bezeichner
23	Sig1 500.0→1000.0 RANT mit Sig1 3000.0→4000.0	47	Triggerzeitreihe
24	Sig1 1000.0→2000.0 RANT mit Sig1 2000.0→3000.0		

Tabelle B.6: Zeitreihen im Datensatz ENG A

B.7 Zeitreihenliste DS1$_{\text{wkort}}$

Nr.	Bezeichner	Nr.	Bezeichner
1	[MeanAnkleRotation]	13	[MeanAnkleRotation] V
2	[MeanDorsiPlanFlex]	14	[MeanDorsiPlanFlex] V
3	[MeanFootProgressAnglez]	15	[MeanFootProgressAnglez] V
4	[MeanHipAbAdduct]	16	[MeanHipAbAdduct] V
5	[MeanHipFlexExt]	17	[MeanHipFlexExt] V
6	[MeanHipRotation]	18	[MeanHipRotation] V
7	[MeanKneeFlexExt]	19	[MeanKneeFlexExt] V
8	[MeanKneeRotation]	20	[MeanKneeRotation] V
9	[MeanKneeValgVar]	21	[MeanKneeValgVar] V
10	[MeanPelvicObliquity]	22	[MeanPelvicObliquity] V
11	[MeanPelvicRotation]	23	[MeanPelvicRotation] V
12	[MeanPelvicTilt]	24	[MeanPelvicTilt] V

Tabelle B.7: Zeitreihen im Datensatz DS1$_{\text{wkort}}$

OP-Kategorie	ja		nein	
KB1 Prae	17	(7.9%)	199	(92.1%)
KB2 Prae	1	(0.5%)	215	(99.5%)
KB3 Prae	1	(0.5%)	215	(99.5%)
KB4 Prae	3	(1.4%)	213	(98.6%)
KB5 Prae	2	(0.9%)	214	(99.1%)
KFe1 Prae	7	(3.2%)	209	(96.8%)
KFe10 Prae	1	(0.5%)	215	(99.5%)
KFe2 Prae	47	(21.8%)	169	(78.2%)
KFe6 Prae	48	(22.2%)	168	(77.8%)
KFe9 Prae	1	(0.5%)	215	(99.5%)
KFu10 Prae	11	(5.1%)	205	(94.9%)
KFu14 Prae	6	(2.8%)	210	(97.2%)
KFu15 Prae	3	(1.4%)	213	(98.6%)
KFu17 Prae	1	(0.5%)	215	(99.5%)
KFu18 Prae	16	(7.4%)	200	(92.6%)
KFu19 Prae	20	(9.3%)	196	(90.7%)
KFu22 Prae	4	(1.9%)	212	(98.1%)
KFu23 Prae	2	(0.9%)	214	(99.1%)
KFu5 Prae	21	(9.7%)	195	(90.3%)
KFu9 Prae	25	(11.6%)	191	(88.4%)
KT4 Prae	14	(6.5%)	202	(93.5%)
WB1 Prae	49	(22.7%)	167	(77.3%)
Fortsetzung auf der nächsten Seite				

OP-Kategorie	ja		nein	
WB2 Prae	5	(2.3%)	211	(97.7%)
WB3 Prae	4	(1.9%)	212	(98.1%)
WB4 Prae	4	(1.9%)	212	(98.1%)
WFe1 Prae	90	(41.7%)	126	(58.3%)
WFe11 Prae	6	(2.8%)	210	(97.2%)
WFe13 Prae	4	(1.9%)	212	(98.1%)
WFe14 Prae	2	(0.9%)	214	(99.1%)
WFe15 Prae	56	(25.9%)	160	(74.1%)
WFe2 Prae	5	(2.3%)	211	(97.7%)
WFe3 Prae	61	(74.5%)	55	(25.5%)
WFe4 Prae	4	(1.9%)	212	(98.1%)
WFe5 Prae	32	(14.8%)	184	(85.2%)
WFe6 Prae	29	(13.4%)	187	(86.6%)
WFe8 Prae	57	(72.7%)	59	(27.3%)
WFe9 Prae	45	(20.8%)	171	(79.2%)
WFu1 Prae	1	(0.5%)	215	(99.5%)
WFu10 Prae	7	(3.2%)	209	(96.8%)
WFu12 Prae	3	(1.4%)	213	(98.6%)
WFu2 Prae	1	(0.5%)	215	(99.5%)
WFu3 Prae	17	(7.9%)	199	(92.1%)
WFu6 Prae	2	(0.9%)	214	(99.1%)
WFu9 Prae	9	(4.2%)	207	(95.8%)
WH1 Prae	96	(44.4%)	120	(55.6%)
WH2 Prae	8	(3.7%)	208	(96.3%)
WH3 Prae	30	(13.9%)	186	(86.1%)
WK1 Prae	7	(3.2%)	209	(96.8%)
WT1 Prae	56	(25.9%)	160	(74.1%)
WT11 Prae	4	(1.9%)	212	(98.1%)
WT13 Prae	1	(0.5%)	215	(99.5%)
WT14 Prae	11	(5.1%)	205	(94.9%)
WT2 Prae	88	(40.7%)	128	(59.3%)
WT3 Prae	30	(13.9%)	186	(86.1%)
WT4 Prae	0	(0.0%)	216	(100.0%)
WT6 Prae	3	(1.4%)	213	(98.6%)
WT7 Prae	5	(2.3%)	211	(97.7%)
WT8 Prae	1	(0.5%)	215	(99.5%)
WT9 Prae	1	(0.5%)	215	(99.5%)

Tabelle B.8: Häufigkeiten der OP-Kategorien in DS1_{wkort} – es wurden jeweils nur Prä-OP-Datentupel betrachtet, dessen Patient ebenfalls ein Post-OP1-Datentupel besitzen muss.

B.8   JVowels

Dieser Datensatz enthält Daten wie in [156] beschrieben wird. Neun männliche Japaner haben jeweils den gleichen japanischen Laut von sich gegeben. Die Aufnahme wurde bereits vorverarbeitet, so dass $L = 12$ Zeitreihen vorhanden sind, die jeweils LPC-Koeffizienten der Originalaufnahme darstellen. Die Aufgabe ist es, die verschiedenen Sprecher voneinander zu unterscheiden (also $C = 9$). Dieser Datensatz wurde bereits in Lern- und Testdaten aufgeteilt, wobei in den Lerndaten die Klassen gleichverteilt auftreten, in den Testdaten die Häufigkeiten der einzelnen Sprecher unterschiedlich sind. Die Zeitreihen werden durch Interpolation auf die Länge der Zeitreihe mit maximaler Anzahl an Abtastpunkten gebracht. Für die Klassifikation in Abschnitt 2.3.4 wird ein zeitaggregierter K4 mit zehn über MANOVA ausgewählten Merkmalen und einer SVM mit einem polynomialen Kernel ($p = 2$) verwendet. Die Klassifikationsentscheidungen wird über einen IIR-Filter mit Parameter $\theta = 0.95$ aggregiert.

B.9   ECG

Der ECG-Datensatz enthält Daten, wie sie in [219] diskutiert werden. Das Klassifikationsproblem besteht aus $C = 2$ Klassen, die einen normalen oder abnormalen Herzschlag beschreiben. Alle abnormalen Herzschläge haben das pathologische Verhalten einer supraventrikulären Extrasystole (engl.: „supraventricular premature beat (SVPB)"). Die Daten stammen von der Supraventricular Arrhythmia Database (SVDB), die z.B. über PhysioNet (http://www.physionet.org/) erreicht werden kann. Diese speziellen Daten stammen aus der 801. Aufnahme der Datenbank. Die Zeitreihen werden durch Interpolation auf die maximale Anzahl Abtastpunkten der Zeitreihen im Datensatz gebracht. Anschließend werden folgende Zeitreihen neu erzeugt:

- 1. Ableitung (Geschwindigkeit)

- 2. Ableitung (relative und absolute Beschleunigung)

- gefensterte Extremwerte (FE-MAX, FE-MIN) und gefensterter Amplitudenumfang (FE-ROM) für die originalen Zeitreihen (Fensterbreiten 20, 30, 40, 60)

- gefilterte Schätzungen von Minimum und Maximum in den originalen Zeitreihen

Insgesamt sind dann 36 Zeitreihen im Datensatz enthalten. Die Klassifikation in Abschnitt 2.3.4 erfolgt mit einem zeitaggregierten K4 auf acht über informationstheoretischen Maßen gewählten Merkmalen. Da es sich um ein univariates Maß handelt, werden zusätzlich Merkmale bei zu hoher Korrelation (> 0.7) zurückgestuft, so dass die gewählten Merkmale nur geringe Korrelationen aufweisen. Als Klassifikator wird eine polynomiale SVM ($p = 3$) eingesetzt. Die zeitliche Aggregation erfolgt durch einen IIR-Filter mit $\theta = 0.95$.

B.10   CBF

Dieser Datensatz ist ein künstlicher Datensatz, der zuerst in [257] vorgestellt wurde. Das Problem besteht aus $C = 3$ Klassen („Cylinder", „Bell", „Funnel"), wobei die Klassen durch folgende Formeln definiert sind:

$$z_{1,n}(t) = \begin{cases} (6+\eta)\chi_{a,b}(t) + \varepsilon(t) & \text{falls } y_n = 1 \\ (6+\eta)\chi_{a,b}(t) \cdot \frac{t-a}{b-a} + \varepsilon(t) & \text{falls } y_n = 2 \\ (6+\eta)\chi_{a,b}(t) \cdot \frac{b-t}{b-a} + \varepsilon(t) & \text{falls } y_n = 3, \end{cases} \qquad (B.1)$$

wobei η und $\varepsilon(t)$ zufällig aus einer Standardnormalverteilung gezogen werden und a und $(b-a)$ werden gleichverteilt aus den Intervallen $[15, 31]$ bzw. $[32, 96]$ gezogen. Aus dem Datensatz von [88] wurden 266 Datentupel je Klasse zufällig ausgewählt (in diesem Datensatz waren insgesamt 5000 Datentupel enthalten). Es werden folgende Zeitreihen erzeugt:

- IIR gefilterte Zeitreihe mit Filterparameter $\theta = 0.75$
- Trend in der Originalzeitreihe gemäß [244] (mit $a_S{=}0.75, a_L{=}0.8$)
- 1. Ableitung der IIR gefilterten Zeitreihe
- FE-MAX, FE-MIN, FE-ROM für alle Zeitreihen mit Ausnahme der originalen Zeitreihe (Fensterbreiten 20, 40, 60)

Insgesamt sind es 31 Zeitreihen (1 originale und 30 abgeleitete Zeitreihen). Die Klassifikation erfolgt mit einem zeitaggregierten K4 auf zehn Merkmalen, ausgewählt über informations-theoretische Maße mit Rückstufung bei zu hoher Korrelation (> 0.7) und einer polynomialen SVM ($p = 2$). Die zeitliche Aggregation der Klassifikationsentscheidungen erfolgt über einen IIR-Filter mit $\theta = 0.9$.

Da die meisten Datensätze, die diesen CBF-Datensatz beschreiben, manuell erzeugt werden, unterscheiden sich die Datentupel. Vergleiche sind daher eher schwierig, aber grundsätzlich müssen ähnliche Ergebnisse herauskommen.

B.11   IRIS-Datensatz

Der IRIS-Datensatz wurde 1935 von Anderson veröffentlicht [7] und ist seitdem ein beliebter Datensatz zum Testen von Klassifikationsverfahren. Der Datensatz enthält jeweils 50 Beispiele dreier Schwertlilien-Arten (englisch für Schwertlilie: iris), und zwar von „iris setosa", „iris versicolor" und „iris virginica". Zur Unterscheidung der verschiedenen Arten sind vier Merkmale vorhanden:

- Sepal length: Länge des Kelchblattes
- Sepal width: Breite des Kelchblattes
- Petal length: Länge des Blütenblattes
- Petal width: Breite des Blütenblattes

Die Klasse „iris setosa" ist linear von den anderen beiden Klassen trennbar, die beiden Klassen „iris versicolor" und „iris virginica" können nicht linear voneinander getrennt werden (siehe Abbildung B.1). Die widersprüchlichen Informationen gehen sogar so weit, dass einige Datentupel, die im Merkmalsraum identisch sind, zu verschiedenen Klassen gehören.

Die beiden Merkmale petal length und petal width korrelieren sehr stark miteinander.

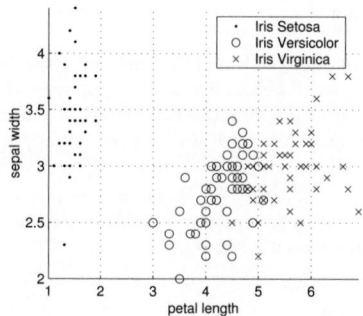

Abbildung B.1: 2D-Merkmalsraum des IRIS-Datensatzes. Die zwei Merkmale wurden mit dem MANOVA-Verfahren ausgewählt.

C Anwendung der Rückweisung auf den IRIS-Datensatz

Um die Anwendbarkeit der Algorithmen auf Datensätzen mit Einzelmerkmalen zu demonstrieren, wird der IRIS-Datensatz herangezogen (siehe Abschnitt B.11), der ein Problem mit drei Klassen enthält. Zwei der drei Klassen in IRIS sind nicht linear voneinander zu trennen, womit es implizit zu Unsicherheiten bei Entscheidungen kommen muss. Um Bereiche mit zu wenigen Informationen im IRIS-Datensatz zu simulieren, werden die Klassifikatoren jeweils nur auf den Klassen 2 und 3 („iris versicolor" und „iris virginica") angelernt. Der Klassifikator wird dann auf den Datentupeln aller Klassen angewendet. Für die erste Klasse („iris setosa") liegen in den Lerndaten keine Informationen vor, die Klassifikation muss zurückgewiesen werden. Die Gründe der Rückweisung werden in den Abbildungen mit „Unsicher" und „Zurückgewiesen" bezeichnet.

In Abbildung C.1(a) ist das Ergebnis des Bayes-Klassifikators mit anschließender Rückweisung zu sehen. Als Schwellwerte wurde $s_u = 0.85$ und $s_a = 11.0$ verwendet. Drei Klassifikationsfehler bleiben erhalten. Diese Datentupel stellen ein Beispiel für sehr schwer zu vermeidende Fehler dar. Die Datentupel der Klasse 3 sind sehr nahe an der Klasse 2 und die Entscheidung des Klassifikators ist zu sicher. Zwar können auch diese Fehler durch geeignete Wahl von s_u verhindert werden, die Anzahl an zurückgewiesenen Entscheidungen nimmt dann aber stark zu. Eine Erhöhung führt dazu, dass die beiden grauen Linien in Abbildung C.1(a) sich weiter voneinander entfernen. Offensichtlich werden dann so viele korrekte Entscheidungen zurückgewiesen, dass der höhere Wert nicht gerechtfertigt ist.

Die Klasse 1 wird komplett wegen zu wenigen Informationen zurückgewiesen. Die in Abbildung C.1(a) eingezeichnete schwarze Linie kennzeichnet den Bereich, innerhalb dessen die Schwelle s_a nicht überschritten wird. Der Schwellwert ist so gewählt worden, dass alle Lerndaten innerhalb dieses Bereichs liegen.

Im unteren Abschnitt ist ein Klassifikationsfehler zu sehen, der eigentlich wie eine korrekte Klassifikation aussieht. Hier liegen zwei Datentupel mit identischen Merkmalsausprägungen und unterschiedlichen Klassenzugehörigkeiten übereinander ($\mathbf{x}_{69} - \mathbf{x}_{120} - (1.5, 2.2)^T, y_{69} = 2, y_{120} = 3$).

Das Ergebnis der SVM ist in Abbildung C.1(b) dargestellt. Als Schwelle für die Rückweisung bei Unsicherheit kam $s_u = 1$ zum Einsatz, für die Rückweisung wegen zu wenigen Informationen $s_a = -0.05$. Die Datentupel mit gleicher Merkmalsausprägung aber unterschiedlicher Klassenzugehörigkeit liegen bei diesem Klassifikator innerhalb des Bereichs, in dem keine Entscheidung wegen Unsicherheit getroffen wird. Allerdings verbleibt auch hier ein Fehler in der Klassifikation. Das Verschieben der Grenzen des unsicheren Bereichs führt zu einer Rückweisung so vieler Datentupel, dass die Verschiebung nicht gerechtfertigt ist. Durch eine Änderung des Schwellwerts kann nur der Abstand der Grenzen voneinander vergrößert

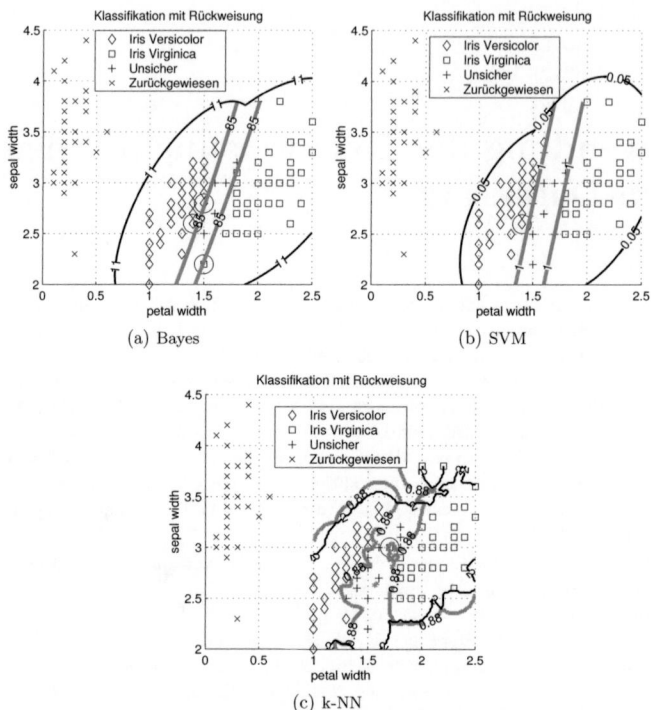

Abbildung C.1: Klassifikation des IRIS-Datensatzes mit Bayes-Klassifikator, SVM und k-NN. Die eingezeichneten Linien kennzeichnen die Übergänge zwischen den Bereichen, in denen die Schwellwerte über- und unterschritten werden. Dicke graue Linie: Schwellwert s_u, dünne schwarze Linie: s_a, eingekreiste Datentupel: Fehlklassifikationen

werden, die Ausrichtung der Grenzen wird nicht beeinflusst.

Die Klasse 1 wird durch die Rückweisung auch von diesem Verfahren korrekterweise komplett zurückgewiesen. Die Grenzen sind ebenfalls in der Abbildung C.1(b) dargestellt. Bei diesem Datensatz sehen sie den Grenzen, die durch den Mahalanobis-Abstand generiert wurden, sehr ähnlich. In Abschnitt 6.3 wird der Unterschied zwischen den Verfahren aber deutlich.

Die Klassifikation mit Rückweisung über k-NN (mit k = 3, $\alpha_{\mathrm{knn}} = 0.1$) und das dichtebasierte Verfahren weisen korrekterweise die Datentupel zwischen den Klassen „iris versicolor" und „iris virginica" zurück (siehe Abbildung C.1(c)). Der Schwellwert ist mit $s_u = 0.88$ allerdings relativ hoch gewählt worden (durch diesen Schwellwert müssen 88% der Nachbarn einer Klasse zugehörig sein). Die Grenzen für die Rückweisung sind beim k-nearest-neighbor Klassifikator sehr verschlungen und dadurch etwas schlecht zu erkennen.

Auch die Datentupel der unbekannten Klasse 1 werden vom dichtebasierten Verfahren vollständig zurückgewiesen ($s_a = 2$ mit $\beta_{\mathrm{knn}} = 0.14$). Die Schwellwerte sind so gewählt worden, dass wiederum kein Datentupel der Lerndaten zurückgewiesen wird. Die originale Klasse „iris setosa" liegt allerdings so weit außerhalb, dass sie ohne Probleme durch dieses Vorgehen zurückgewiesen werden kann. Die Grenzen, wann zu wenige Informationen vorliegen, sind bei diesem Verfahren deutlich verschlungener als bei den anderen Verfahren. Dies ist mit dem direkten Bezug auf die benachbarten Datentupel zu erklären.

Insgesamt zeigen alle Verfahren, dass sie geeignet sind, Unsicherheiten bei der Klassifikationsentscheidung zu erkennen und ebenso Datentupel zurückzuweisen, für die in den Lerndaten nicht ausreichend Informationen vorliegen. Dies gilt sowohl bei der Anwendung auf Zeitreihen als auch bei Einzelmerkmalen.

Die Tabelle C.1 fasst die Ergebnisse und die verwendeten Parameter der verschiedenen Verfahren zusammen.

Klassifikations- verfahren	Parameter $=$	Klassifikations- güte [%]	Rückweisungen wegen Unsicherheit [%]	Rückweisung wegen zu wenig Informationen
Bayes	s_u = 0.85 s_a = 11.0	96.8%	7.3%	33%
SVM	s_u = 1 s_a = −0.05 p = 2 σ = 0.8 Υ = 5	98.8%	10.0%	33%
k-NN	s_u = 0.88 s_a = 2 k = 3 α_{knn} = 0.1 β_{knn} = 0.14	98.8%	12.7%	33%

Tabelle C.1: Parameter der internen Klassifikationsverfahren und die Ergebnisse bei der Anwendung auf den IRIS-Datensatz. Die Rückweisung von 33% der Datentupel wegen zu wenigen Informationen ist das optimale Ergebnis. Alle Datentupel der Klasse 1 (insgesamt 50) werden korrekt zurückgewiesen.

D Programmimplementierung

Im Laufe der Doktorarbeit ist das Tool Gait-CAD in einigen Punkten maßgeblich erweitert worden. Die folgende Tabelle gibt einen Überblick über erstellte und erweiterte Funktionen. Dateien mit dem Präfix „callback" stellen die Schnittstelle zwischen den gekapselten Funktionen und der grafischen Oberfläche dar und nehmen zum Teil vorbereitende Arbeiten vor oder bereiten die berechneten Ergebnisse für eine anschließende grafische Darstellung auf.

Dateiname	Funktion	Zeilen
aktualisiereMPluginInfos.m	Aktualisierung der Informationen über eingelesene Plugins	16
aktparawin_appl.m	Aktualisierung der Gait-CAD Parameter für anwendungsspezifische Erweiterungen	35
aktualisiere_favoriten.m	Aktualisiert das Menü der Favoriten (häufigsten verwendeten Funktionen in Gait-CAD)	202
aktualisiere_projektueber.m	Aktualisiert die Übersicht über das Projekt	166
ausGUI.m	Schreibt über die Oberfläche festgelegte Parameter in definierte Variablen	90
ausreisser_detektion_an.m	Gekapselte Anwendung der Ausreißerdetektion auf ausgewählte Datentupel	19
ausreisser_detektion_en.m	Gekapselter Entwurf der Ausreißerdetektion mit ausgewählten Datentupeln	21
bearbeite_benutzerfavoriten.m	Bearbeite benutzerdefinierte Einträge in den Favoriten	196
berechne_kernel_matrix.m	Hilfsfunktion für die Berechnung von Kernel-Funktionen	24
berechne_relevanzkarte.m	Berechnung und farbige Anzeige der Merkmalsrelevanzen von Zeitreihen	84
berechne_zr_rel.m	Berechnung der Merkmalsrelevanzen von Zeitreihen mit (M)ANOVA	27
berechneSpektogramm.m	Berechnung von Spektrogrammen für Zeitreihen	197
bereichs_check.m	Kontrolliert in Textfeldern eingegebene Parameter auf zulässige Werte	100
bestimme_anlernpunkte.m	Bestimmung der Abtastpunkte für das Anlernen von Zeitreihenklassifikatoren	134
	Fortsetzung auf der nächsten Seite	

Dateiname	Funktion	Zeilen
bestimmeEMNormabweichung.m	Berechnung und Anzeige der Normabweichung von Einzelmerkmalen	204
callback_abtast2tupel.m	Konvertiert Abtastpunkte in einzelne Datentupel	66
callback_anzeige_zrmanova.m	Berechnung und Anzeige der Merkmalsrelevanzen von Zeitreihen	89
callback_anzeige_merkrele_zr.m	Bestimmt die Merkmalsrelevanzen für Zeitreihen zu bestimmten Abtastpunkten	68
callback_apriori_edit.m	Manuelles Setzen von A-Priori-Relevanzen auf 0 oder 1	15
callback_ausreisser_an.m	Ausführung und Anzeige der Ausreißerdetektion	80
callback_ausreisser_en.m	Entwurf und definierte Speicherung der Parameter der Ausreißerdetektion	24
callback_ems2zr.m	Transformiert ausgewählte Einzelmerkmale in eine Zeitreihe um	47
callback_export.m	Vorbereitung des Datenexports in ASCII-Datei(en)	294
callback_fenster_liste.m	Aktualisiert die Liste geöffneter Fenster und das zugehörige Hauptmenü	47
callback_import.m	Importieren von Daten aus ASCII-Datei(en)	316
callback_import_bezeichner.m	Aufrufskript für das Importieren von Bezeichnern für Einzelmerkmale oder Zeitreihen	45
callback_klassengrenzen.m	Berechnung der Klassengrenzen mit Hilfe der Ausreißerdetektion für alle Klassen ausgewählter Datentupel	48
callback_klassifikation_zr_an.m	Skriptbasiertes Aufrufen der Klassifikation von Zeitreihen mit Nachbearbeitung	75
callback_klassifikation_zr_en.m	Skriptbasiertes Aufrufen des Entwurfs von Klassifikation für Zeitreihen	46
callback_korrkoeff_dt.m	Bestimmt Korrelationskoeffizienten für unterschiedliche Datentupel bei gleichen Zeitreihen	56
callback_kreuzkorr_dt.m	Bestimmt Kreuzkorrelationsfunktionen für unterschiedliche Datentupel bei gleichen Zeitreihen	45
callback_loesche_favoriten.m	Löscht die Favoriten aus dem zugehörigen Menü	32
callback_mean_spektogram.m	Berechnung und Anzeige über mehrere Datentupel gemittelte Spektrogramme	104

Fortsetzung auf der nächsten Seite

Dateiname	Funktion	Zeilen
callback_mgenerierung_kombi.m	Kombinierte Anwendung von Plugins	42
callback_mgenerierung_plugins.m	Aufruf der Merkmalsgenerierung aus Zeitreihen	53
callback_morlet_spektrogramm.m	Aufruf der Funktion zur Berechnung von Morlet-Spektrogrammen und Anzeige der Ergebnisse	84
callback_plot_aggregation.m	Erzeugt eine Abbildung mit den Transformationsvektoren der Merkmalsaggregation	41
callback_spectogramm.m	Aufruf der Funktion zur Berechnung von Spektrogrammen und Anzeige der Ergebnisse	57
callback_suche_zr_von.m	Sucht anhand von gegebenen Einzelmerkmalen nach zugehörigen Zeitreihen	11
callback_teile_zeitreihe.m	Teilt eine Zeitreihe anhand einer gegebenen Triggerzeitreihe in Segmente	185
callback_update_favoriten.m	Ruft die Aktualisierungsfunktion für die Favoriten	54
callback_verwalte_specials.m	Verwaltet anwendungsspezifische Erweiterungen von Gait-CAD	48
callback_zeitl_aggregation.m	Aufruf einer erneuten Filterung von Klassifikationsergebnissen auf Zeitreihen	13
callback_zr2em.m	Wandelt die Abtastpunkte einer Zeitreihe in Einzelmerkmale um	40
callback_zr_navi.m	Aufruf des GUI-basierten Tools zur Bearbeitung von Triggerzeitreihen	63
control_elements.m	Datei zur Verwaltung der Oberflächenelemente	3297
control_elements_appl.m	Datei zur Verwaltung der Oberflächenelemente von anwendungsspezifischen Erweiterungen	49
createElements.m	Funktion zur Erzeugung der Oberflächenelemente für die GUI	148
createMenuElements.m	Funktion zur Erzeugung der Menüeinträge für die GUI	213
cvmakro.m	Erweiterung der Crossvalidierung auf Zeitreihen	275
dichte_ausreisser_an.m	Gekapselte Anwendung eines dichtebasierten Algorithmus' zur Ausreißerdetektion	31
dichte_ausreisser_en.m	Gekapselter Entwurf eines dichtebasierten Algorithmus' zur Ausreißerdetektion	4
dist_ausreisser_an.m	Gekapselte Anwendung eines distanzbasierten Algorithmus' zur Ausreißerdetektion	18

Fortsetzung auf der nächsten Seite

Dateiname	Funktion	Zeilen
dist_ausreisser_en.m	Gekapselter Entwurf eines distanzbasierten Algorithmus' zur Ausreißerdetektion	10
enable_controls.m	(De-)aktiviert Oberflächenelemente	196
enable_menus.m	(De-)aktiviert Menüelemente	226
erzeuge_datensatz.m	Hilfsfunktion für den Entwurf eines Datensatzes zur Klassifikation	83
erzeuge_datensatz_an.m	Hilfsfunktion für die Erzeugung eines Datensatzes zur Klassifikation	48
erzeuge_parameterstrukt.m	Auslesen der für die Klassifikation relevanten Parameter aus der Oberfläche	150
erzeugeColorbarTickLabels2.m	Hilfsfunktion für die Anpassung der Beschriftung der Farbleiste in Spektrogrammen	49
erzeugeColormap.m	Gekapselte Erzeugung von Colormaps für die Anzeige farbiger Daten	68
exportiere_daten.m	Gekapselte Funktion zum Export von Daten aus Gait-CAD	303
exportOhneSeite.m	Vorverarbeitungsfunktion für Ganganalysedaten: Teilung der Körperseiten von Patienten	160
favoriten_freischalt.m	Funktion zum (De-)Aktivieren von Favoriten	62
filtere_klassif_ergebnis.m	Zeitliche Aggregation der Klassifikationsentscheidung	69
freischalt_hm.m	Funktion zum (De-)Aktivieren von Menüelementen im Hauptmenü	77
freischalt_strukt.m	Erstellt die Struktur zum effizienten (De-)Aktivieren von Menüelementen	66
get_element_handle.m	Sucht nach dem Handle eines bestimmten Oberflächen- oder Menüelements	55
get_element_indx.m	Sucht nach dem Index eines bestimmten Oberflächen- oder Menüelements	44
get_freischalt.m	Bestimmt für einzelne Menüelemente, ob sie aktiviert oder deaktiviert werden sollen	63
import_bezeichner.m	Gekapselte Funktion zum Importieren von Merkmalsbezeichnern	49
importiere_daten.m	Gekapselte Funktion zum Importieren von Daten in ein Gait-CAD Projekt	559
inGUI.m	Funktion zum Schreiben von Parametern in die Gait-CAD Oberfläche	147
init_favoriten_ausschluss.m	Initialisiert Menüelemente, die nicht in die Liste der Favoriten aufgenommen werden sollen	46

Fortsetzung auf der nächsten Seite

Dateiname	Funktion	Zeilen
klassif_schwaech.m	Funktion zur Rückweisung von Klassifikationsentscheidungen	81
klassifizieren_an.m	Anwendung eines Klassifikators auf ausgewählte Datentupel	37
klassifizieren_en.m	Entwurf eines Klassifikators	39
klassifizieren_zr_an.m	Anwendung eines Zeitreihenklassifikators auf ausgewählte Datentupel	99
klassifizieren_zr_en.m	Entwurf eines Zeitreihenklassifikators	213
knn_an.m	Neuer k-nearest-neighbor Klassifikator mit verbessertem Funktionsumfang	249
knn_en.m	Neuer Entwurf eines k-nearest-neighbor Klassifikators	27
kreuzkorr_dt.m	Gekapselte Funktion zur Bestimmung von Kreuzkorrelationsfunktionen über Datentupel	166
ldprj_g.m	Überarbeitetes Laden von Projekten zur Verbesserung der Robustheit	325
liesMGenerierungPlugins.m	Funktion zum Einlesen und Prüfen von Plugins	152
load_options.m	Gekapselte Funktion zum Laden von Parametereinstellungen eines Projekts	110
lp_ausreisser_detection_an.m	Gekapselte one-class Ausreißerdetektion	44
lp_ausreisser_deteciton_en.m	Gekapselter Entwurf eines one-class Algorithmus zur Ausreißerdetektion	200
matlab_cluster.m	Clusterverfahren mit Matlab-Standardfunktionen	79
matlab_wavedec.m	Wavelet-Dekomposition über Matlab-Standardfunktionen	81
menu_elements.m	Verwaltung der Menüelemente	2242
menu_elements_appl.m	Verwaltung der Menüelemente anwendungsspezifischer Erweiterungen	54
menu_freischalten.m	Gekapselte Funktion zum (De-)aktivieren aller Menüelemente	83
merkmalsgenerierung_plugins.m	Gekapselte Merkmalsgenerierung über Plugins	399
morlet_filterung.m	Gekapselte Signalfilterung mittels komplexer Morlet-Wavelets	52
one_against_x_an.m	Gekapselte Funktion zur Einer-Gegen-Alle bzw. Einer-Gegen-Einen-Klassifikation	124
one_against_x_en.m	Gekapselte Funktion zum Entwurf eines Einer-Gegen-Alle bzw. Einer-Gegen-Einen Klassifikators	159
	Fortsetzung auf der nächsten Seite	

Dateiname	Funktion	Zeilen
optionen_felder.m	Verwaltung der Zusammenfassung von Oberflächenelemente zu Optionenfenstern	1395
optionen_felder_appl.m	Siehe optionen_felder.m, aber für die anwendungsspezifischen Erweiterungen	57
plot_lp_detection.m	Gekapselte Funktion zur Anzeige des Ergebnisses einer Ausreißerdetektion	136
plot_zr_klassif_fehler.m	Gekapselte Anzeige der Klassifikationsgüte eines Zeitreihenklassifikators	18
plot_zr_merk.m	Gekapselte Anzeige der verwendeten Zeitreihen eines Zeitreihenklassifikators	116
plotte_morlet_spektrogramm.m	Gekapselte Funktion zur Berechnung und Anzeige von Morlet-Spektrogrammen	157
plotte_stadien_differenz.m	Gekapselte Funktion zur Berechnung und Anzeige der Verbesserung von Patienten in Ganganalysedaten	67
plugin_einzugausdatei.m	Liest ASCII-Dateien mit Einzug-Definitionen und speichert die Informationen	102
plugin_einzugausmerkmalen.m	Liest die Definitionen der Einzüge und ersetzt Einzelmerkmale durch entsprechende Werte	108
plugin_filter.m	Plugin-Funktion für die Filterung von Zeitreihen mittels Butterworth-Filtern	45
plugin_gleichrichten.m	Plugin-Funktion zum Gleichrichten von Zeitreihen	20
plugin_morletfilter.m	Plugin-Funktion zum Filtern von Zeitreihen mittels komplexer Morlet-Wavelets	30
plugin_wavedec.m	Plugin-Funktion zur Berechnung einer Wavelet-Dekomposition	65
plugin_verhzr.m	Berechnung relativer Anteile zweier Zeitreihen	21
plugin_zr_em.m	Extraktion eines Abtastpunktes einer Zeitreihe als Einzelmerkmal	51
plugin_zr_fenster_max.m	Plugin zur Bestimmung maximaler Werte in einem Fenster	57
plugin_zr_fenster_min.m	Plugin zur Bestimmung minimaler Werte in einem Fenster	55
plugin_zr_fenster_rom.m	Plugin zur Bestimmung von Wertebereichen in einem Fenster	59
plugin_zr_gefiltert_max.m	Plugin zur Bestimmung maximaler Werte über einen Filter	61
plugin_zr_gefiltert_min.m	Plugin zur Bestimmung minimaler Werte über einen Filter	61

Fortsetzung auf der nächsten Seite

Dateiname	Funktion	Zeilen
praeBestimmeEM-Normabweichung.m	Hilfsfunktion zu bestimmeEMNormabweichung.m	66
rufe_callbacks.m	Hilfsfunktion zum gezielten Einlesen der Oberflächenparameter in Workspace-Variable	15
save_options.m	Sichert eingestellte Parameter in der Projektdatei	93
signalFiltern.m	Gekapselte Signalfilterung mittels Butterworth-Filter	44
stadienAuswahl.m	Funktion zur Auswahl von Patienten in verschiedenen Untersuchungsstadien	47
suche_normalcy_index_em.m	Schnittstelle zur Berechnung des Normalcy-Index auf Ganganalysedaten	59
sucheDS.m	Erweiterte Patientenauswahl	48
sucheDSInEinerKlasse.m	Auswahl aller Patienten mit UND-Verknüpfung innerhalb einer Klasse	96
suche_zr_von_em.m	Suche von zu Einzelmerkmalen gehörigen Zeitreihen	51
teile_zeitreihe_af.m	Gekapselte Funktion zur Anzeige einer GUI zur Teilung von Zeitreihen in einzelne Segmente	108
update_dynamic_menu.m	Gekapselte Funktion zur Aktualisierung von dynamischen Menüelementen	109
verwalte_specials.m	Gekapselte Funktion zur Verwaltung anwendungsspezifischer Erweiterungen	85
verwendeKennlinie.m	Funktion zur Umrechnung der Darstellung von Spektrogrammen	79
zeitl_aggregation.m	Zeitliche Aggregation der Klassifikationsentscheidungen von Zeitreihenklassifikatoren	149
zeitliche_aggregation_merk.m	Gefensterte Zeitliche Aggregation einzelner Merkmale	49
zeitreihen2einzelmerkmale.m	Gekapselte Funktion zur Transformation von Zeitreihen in Einzelmerkmale	65
zr_navi.m	Funktion für die GUI zur Bearbeitung von Triggerzeitreihen	138
zr_navi_callbacks.m	Funktion für die Interaktion zwischen dem Benutzer und der GUI zur Bearbeitung von Triggerzeitreihen	305
zr_navi_exp_trigger.m	Funktion zum Export der bearbeitenden Triggerzeitreihe in das Gait-CAD Projekt	56

Tabelle D.1: MATLAB m-Files, die im Rahmen dieser Arbeit entstanden sind oder maßgeblich erweitert wurden

Abbildungsverzeichnis

Tabellenverzeichnis

Literaturverzeichnis

[1] http://ida.first.fhg.de/projects/bci/competition_iii/results/index.html#graz2.

[2] VDE-Studie zum Anwendungsfeld Neuroprothetik. VDE-Initiative Mikromedizin, 2005.

[3] ABBOTT, J. J.; MEEK, S. G.: Digital Emulation of Pulse Frequency Modulation for Neuroprosthetic Sensory Feedback. *IEEE Transactions on Neural Systems and Rehabilitation Engineering* 15(1) (2007), S. 131–135.

[4] ACHOUR, S. L.; DOJAT, M.; RIEUX, C.; BIERLING, P.; LEPAGE, E.: A UMLS-Based Knowledge Acquisition Tool for Rule-Based Clinical Decision Support System Development. *Journal of the American Medical Informatics Association* 8(4) (2001), S. 351–360.

[5] ADA, L.; VATTANASILP, W.; O'DWYER, N. J.; CROSBIE, J.: Does Spasticity Contribute to Walking Dysfunction After Stroke? *Journal of Neurology, Neurosurgery, and Psychiatry.* 64 (1998), S. 628–635.

[6] AGGARWAL, C. C.; YU, P. S.: Outlier Detection for High Dimensional Data. In: *Proc., ACM SIGMOD International Conference on Management of Data*, S. 37–46, Santa Barbara, USA, 2001.

[7] ANDERSON, E.: The Irises of the Gaspe Peninsula. *Bulletin of the American Iris Society* 59 (1935), S. 2–5.

[8] ANDREASEN, L.; STRUIJK, J.: Skin Contact Forces Extracted from Human Nerve Signals - a Possible Feedback Signal for FES-Aided Control of Standing. *IEEE Transactions on Biomedical Engineering* 50(12) (2003), S. 1320–1325.

[9] ANGIULLI, F.: Fast Condensed Nearest Neighbor Rule. In: *Proc., 22nd International Conference on Machine Learning*, S. 25–32, Bonn, Germany, 2005.

[10] ÅSTRÖM, M., OLMOS, S.; SÖRNMO, L.: Wavelet-Based Event Detection in Implantable Cardiac Rhythm Management Devices. *IEEE Transactions on Biomedical Engineering* 53(3) (2006), S. 478–484.

[11] AUGUSTEIJN, M. F.; FOLKERT, B. A.: Neural Network Classification and Novelty Detection. *International Journal of Remote Sensing* 23(14) (2002), S. 2891–2902.

[12] BALL, T.; NAWROT, M.; PISTOHL, T.; AERTSEN, A.; SCHULZE-BONHAGE, A.; MEHRING, C.: Towards an Implantable Brain-Machine Interface Based on Epicortical Field Potentials. *Biomedizinische Technik* 49(2) (2004), S. 756–759.

[13] BANFIELD, R. E.; HALL, L. O.; BOWYER, K. W.; KEGELMEYER, W. P.: Ensembles of Classifiers from Spatially Disjoint Data. In: *Proc., 6th International Conference on Multiple Classifier Systems, Monterey*, S. 196–205, 2005.

[14] BECK, S.: *Ein Beitrag zum automatischen Entwurf von Fuzzy-Entscheidungssystemen bei unvollständiger Information*. Dissertation, Universität Karlsruhe, Universitätsverlag Karlsruhe, 2005.

[15] BERKELAAR, M.; EIKLAND, K.; NOTEBAERT, P.: Open Source (Mixed-Integer) Linear Programming System, Version 5.5.0.7. 2005.

[16] BEZDEK, J. C.; CHUAH, S. K.: Generalized K-Nearest Neighbor Rules. *Fuzzy Sets and Systems* 18 (1986), S. 237–256.

[17] BEZERIANOS, A.; TONG, S.; THAKOR, N.: Time-Dependent Entropy Estimation of EEG Rhythm Changes Following Brain Ischemia. *Annals of Biomedical Engineering* 31(2) (2003), S. 221–232.

[18] BIRBAUMER, N.; GHANAYIM, N.; HINTERBERGER, T.; IVERSEN, I.; KOTCHOUBEY, B.; KÜBLER, A.; PERELMOUTER, J.; TAUB, E.; FLOR, H.: A Spelling Device for the Paralysed. *Nature* 398 (1999), S. 297–298.

[19] BIRBAUMER, N.; KÜBLER, A.; GHANAYIM, N.; HINTERBERGER, T.; PERELMOUTER, J.; KAISER, J. IVERSEN, I.; KOTCHOUBEY, B.; NEUMANN, N.; FLOR, H.: The Thought Translation Device (TTD) for Completely Paralyzed Patients. *IEEE Transactions on Rehabilitation Engineering* 8(2) (2000), S. 190–193.

[20] BJÖRK, J.; FORBERG, J. L.; OHLSSON, M.; EDENBRANDT, L.; ÖHLIN, H.; EKELUND, U.: A Simple Statistical Model for Prediction of Acute Coronary Syndrome in Chest Pain Patients in the Emergency Department. *BMC Medical Informatics and Decision Making* 6(28) (2006).

[21] BLANKERTZ, B.; CURIO, G.; MÜLLER, K.-R.: Classifying Single Trial EEG: Towards Brain Computer Interfacing. In: *Proc., Advances in Neural Information Processing Systems*, S. 157–164, 2001.

[22] BLANKERTZ, B.; MÜLLER, K.-R.; KRUSIENSKI, D. J.; SCHALK, G.; WOLPAW, J. R.; SCHLÖGL, A.; PFURTSCHELLER, G.; MILLÁN, J. D. R.; SCHRÖDER, M.; BIRBAU-MER, N.: The BCI Competition III: Validating Alternative Approaches to Actual BCI Problems. *IEEE Transactions on Neural Systems and Rehabilitation Engineering* 14(2) (2006), S. 153–159.

[23] BLUM, A. L.; LANGLEY, P.: Selection of Relevant Features and Examples in Machine Learning. *Artificial Intelligence* 97 (1997), S. 245–271.

[24] BOEGL, K.; ADLASSNIG, K.-P.; HAYASHI, Y.; ROTHENFLUH, T. E.; LEITICH, H.: Knowledge Acquisition in the Fuzzy Knowledge Representation Framework of a Medical Consultation System. *Artificial Intelligence in Medicine* 30(1) (2004), S. 1–26.

[25] BOGEY, R. A.; PERRY, J.; GITTER, A. J.: An EMG-to-Force Processing Approach for Determining Ankle Muscle Forces During Normal Human Gait. *IEEE Transactions on Neural Systems and Rehabilitation Engineering* 13(3) (2005), S. 302–310.

[26] BOKIL, H. S.; PESARAN, B.; ANDERSEN, R. A.; MITRA, P. P.: A Method for Detection and Classification of Events in Neural Activity. *IEEE Transactions on Biomedical Engineering* 53(8) (2006), S. 1678–1687.

[27] BOLLOBAS, B.; DAS, G.; GUNOPULOS, D.; MANNILA, H.: Time-Series Similarity Problems and Well-Separated Geometric Sets. In: *Proc., ACM Symposium an Computational Geometry*, S. 454–456, 1997.

[28] BONATO, P.; D'ALESSIO, T.; KAFLITZ, M.: A Statistical Method for the Measurement of Muscle Activation Intervals from Surface Myoelectric Signal During Gait. *IEEE Transactions on Biomedical Engineering* 45(3) (1998), S. 287–299.

[29] BORISOFF, J. F.; MCPHAIL, L. T.; SAUNDERS, J. T. W.; BIRCH, G. E.; RAMER, M. S.: Detection and Classification of Sensory Information From Acute Spinal Cord Recordings. *IEEE Transactions on Biomedical Engineering* 53(8) (2006), S. 1715–1719.

[30] BRANNER, A.; NORMANN, R. A.: A Multielectrode Array for Intrafascicular Recording and Stimulation in Sciatic Nerve of Cats. *Brain Research Bulletin* 51(4) (2000), S. 293–306.

[31] BRETSCHNEIDER, P.: *Ein Beitrag zur Vorhersage musterbasierter nichtlinearer stochastischer Signale*. Dissertation, TU Ilmenau, 2002.

[32] BRONSTEIN, I. N.; SEMENDJAJEW, K. A.; MUSIOL, G.; MÜHLIG, H.: *Taschenbuch der Mathematik*. Thun, Frankfurt a. M.: Harri Deutsch, 1995.

[33] BURDEN, A.; TREW, M.; BALTZOPOULOS, V.: Normalisation of Gait EMGs: A Re-Examination. *Journal of Electromyography and Kinesiology* 13 (2003), S. 519–532.

[34] BURGES, C.: A Tutorial on Support Vector Machines for Pattern Recognition. *Knowledge Discovery and Data Mining* 2(2) (1998), S. 121–167.

[35] BURKE, D. P.; KELLY, S. P.; DE CHAZAL, P.; REILLY, R. B.; FINUCANE, C.: A Parametric Feature Extraction and Classification Strategy for Brain-Computer Interfacing. *IEEE Transactions on Neural Systems and Rehabilitation Engineering* 13(1) (2005).

[36] BURMEISTER, O.: Analyse von Zeitreihen in der Medizin: Informationsgehalt, Klassifikation und Unsicherheit. In: *Proc., 16. Workshop Computational Intelligence*, S. 234–247, Universitätsverlag Karlsruhe, 2006.

[37] BURMEISTER, O.; MIKUT, R.; WOLF, S.: Towards a Data Mining Based Decision Support System for Treatment Planning in Instrumented Gait Analysis. *Biomedizinische Technik, Proc. DGBMT* (2006).

[38] BURMEISTER, O.; REISCHL, M.; GRÖLL, L.; MIKUT, R.: Zeitvariante Klassifikatoren zur Steuerung von Brain Machine Interfaces und Neuroprothesen. *at - Automatisierungstechnik* 54(11) (2006), S. 537–545.

[39] BURMEISTER, O.; REISCHL, M.; MIKUT, R.: Zeitvariante Klassifikatoren für Brain Machine Interfaces und Neuroprothesen. In: *Proc., 15. Workshop Computational Intelligence*, S. 129–143, Universitätsverlag Karlsruhe, 2005.

[40] BURMEISTER, O.; REISCHL, M.; MIKUT, R.: Application of Time-Variant Classifiers to Invasively Recorded Signals from Brain and Peripheral Nerve. *Biomedizinische Technik* 52, Ergänzungsband (2007).

[41] BURMEISTER, O.; REISCHL, R.; BRETTHAUER, G.; MIKUT, R.: Data-Mining-Analysen mit der Matlab-Toolbox Gait-CAD. *at - Automatisierungstechnik* 56(7) (2008), S. 381–389.

[42] BURTON, M. W.; SMALL, S. L.: The Role of Segmentation in Phonological Processing: An fMRI Investigation. *Journal of Cognitive Neuroscience* 12(4) (2000), S. 679–690.

[43] BUTTFIELD, A.; FERREZ, P. W.; MILLÁN, J.: Towards a Robust BCI: Error Potentials and Online Learning. *IEEE Transactions on Neural Systems and Rehabilitation Engineering* 14(2) (2006), S. 164–168.

[44] CAMPBELL, C.; BENNETT, K. P.: A Linear Programming Approach to Novelty Detection. In: *Proc., Neural Information Processing Systems Conference*, 2000.

[45] CARMENA, J. M.; LEBEDEV, M. A.; CRIST, R. E.; O'DOHERTY, J. E.; SANTUCCI, D. M.; DIMITROV, D. F.; PATIL, P. G.; HENRIQUEZ, C. S.; NICOLELIS, M. A. L.: Learning to Control a Brain-Machine Interface for Reaching and Grasping by Primates. *PLoS Biology* 1(2) (2003), S. 193–208.

[46] CARSON, C.; BELONGIE, S.; GREENSPAN, H.; MALIK, J.: Blobworld: Image Segmentation Using Expectation-Maximization and Its Application to Image Querying. *IEEE Transactions on Pattern Analysis and Machine Intelligence* 24(8) (2002), S. 1026–1038.

[47] CHANG, C.-L.: Finding Prototypes for Nearest Neighbor Classifiers. *IEEE Transactions on Computers* C-23(11) (1974), S. 1179–1184.

[48] CHAPIN, J. K.; MOXON, K. A.; MARKOWITZ, R. S.; NICOLELIS, M.: Real-Time Control of a Robot Arm Using Simultaneously Recorded Neurons in the Motor Cortex. *Nature Neuroscience* 2 (1999), S. 664–670.

[49] CHAU, T.: A Review of Analytical Techniques for Gait Data. *Gait & Posture* 13 (2001), S. 49–66 (Part 1); 102–120 (Part 2).

[50] CHAUDHRY, B.; WANG, J.; WU, S.; MAGLIONE, M.; MOJICA, W.; ROTH, E.; MORTON, S. C.; SHEKELLE, P. G.: Systematic Review: Impact of Health Information Technology on Quality, Efficiency, and Costs of Medical Care. *Annals of Internal Medicine* 144 (2006), S. 742–752.

[51] CHOW, C. K.: On Optimum Recognition Error and Reject Tradeoff. *IEEE Transactions on Information Theory* IT-16(1) (1970), S. 41–46.

[52] CINCOTTI, F.; BIANCHI, L.; BIRCH, G.; GUGER, C.; MELLINGER, J.; SCHERER, R.; SCHMIDT, R. N.; SUÁREZ, O. Y.; SCHALK, G.: BCI Meeting 2005 – Workshop on Technology: Hardware und Software. *IEEE Transactions on Neural Systems and Rehabilitation Engineering* 14(2) (2006), S. 128–131.

[53] COLEMAN, T.; BRANCH, M. A.; GRACE, A.: *Optimization Toolbox for Use with Matlab*. The Mathworks, Inc., 1999.

[54] COOK, R. E.; SCHNEIDER, I.; HAZLEWOOD, M. E.; HILLMAN, S. J.; ROBB, J. E.: Gait Analysis Alters Decision-Making in Cerebral Palsy. *Journal of Pediatric Orthopedics* 23(3) (2003), S. 292–295.

[55] CORSINI, J.; SHOKER, L.; SANEI, S.; ALARCÓN, G.: Epileptic Seizure Predictability From Scalp EEG Incorporating Constrained Blind Source Separation. *IEEE Transactions on Biomedical Engineering* 53(5) (2006), S. 790–799.

[56] COVER, T.; HART, P.: Nearest Neighbor Pattern Classification. *IEEE Transactions on Information Theory* 13(1) (1967), S. 21–27.

[57] DAELEMANS, W.; HOSTE, V.: Evaluation of Machine Learning Methods for Natural Language Processing Tasks. In: *Proc., 3rd International Conference on Language Resources and Evaluation*, S. 755–760, Las Palmas, Gran Canaria, 2002.

[58] DAELEMANS, W.; ZAVREL, J.; VAN DER SLOOT, K.; VAN DEN BOSCH, A.: TiM-BL: Tilburg Memory Based Learner, version 4.0, Reference Guide. Techn. Ber. ILK Technical Report 01-04, Tilburg University, 2001.

[59] DAS, A.; BEN-MENACHEM, T.; COOPER, G. S.; CHAK, A.; SIVAK, M. V.; GONET, J. A.; WONG, R. C. K.: Prediction of Outcome in Acute Lower-Gastrointestinal Haemorrhage Based on an Artificial Neural Network: Internal and External Validation of a Predictive Model. *The Lancet* 362 (2003), S. 1261–1266.

[60] DASGUPTA, D.; FORREST, S.: Novelty Detection in Time Series Data Using Ideas from Immunology. In: *Proc., 5th International Conference on Intelligent Systems*, Reno, 1996.

[61] DELUCA, P. A.; DAVIS, R. B.; OUNPUU, S.; ROSE, S.; SIRKIN, R.: Alterations in Surgical Decision Making in Patients with Cerebral Palsy Based on Three-Dimensional Gait Analysis. *Journal of Pediatric Orthopedics* 17(5) (1997), S. 608–614.

[62] DESLOOVERE, K.; MOLENAERS, G.; FEYS, H.; HUENAERTS, C.; CALLEWAERT, B.; VAN DE WALLE, P.: Do Dynamic and Static Clinical Measurements Correlate with Gait Analysis Parameters in Children with Cerebral Palsy? *Gait & Posture* 24(3) (2006), S. 302–313.

[63] DEVIJVER, P. A.: Error and Reject Tradeoff for the Nearest Neighbor Decision Rules. In: *Aspects of Signal Processing, Part 2* (TACCONI, G., Hg.), S. 525–538, Dordrecht-Holland: D. Reidel Publishing Company, 1977.

[64] DHILLON, G. S.; HORCH, K. W.: Direct Neural Sensory Feedback and Control of a Prosthetic Arm. *IEEE Transactions on Neural Systems and Rehabilitation Engineering* 13(4) (2005), S. 468–472.

[65] DIETRICH, C.: *Temporal Sensorfusion for the Classification of Bioacustic Time Series*. Dissertation, Universität Ulm, 2004.

[66] DIETRICH, C.; SCHWENKER, F.; PALM, G.: Classification of Time Series Utilizing Temporal and Decision Fusion. In: *Proc., Multiple Classifier Systems (MCS), Cambridge*, S. 378–387, Springer - LNCS 2096, 2001.

[67] DING, L.; HE, B.: Spatio-Temporal EEG Source Localization Using a Three-Dimensional Subspace FINE Approach in a Realistic Geometry Inhomogeneous Head Model. *IEEE Transactions on Biomedical Engineering* 53(9) (2006), S. 1732–1739.

[68] DONCHIN, E.; SPENCER, K. M.; WIJESINGHE, R.: The Mental Prosthesis: Assessing the Speed of a P300-Based Brain-Computer Interface. *IEEE Transactions on Rehabilitation Engineering* 8(2) (2000), S. 174–179.

[69] DONOGHUE, J. P.; NURMIKKO, A.; FRIEHS, G.; BLACK, M.: Development of Neuromotor Prostheses for Humans. In: *Advances in Clinical Neurophysiology* (HALLETT, M.; PHILLIPS, L.; SCHOMER, D.; MASSEY, J., Hg.), S. 588–602, Elsevier B.V., 2004.

[70] DORNHEGE, G.; BLANKERTZ, B.; CURIO, G.; MÜLLER, K.-R.: Increase Information Transfer Rates in BCI by CSP Extension to Multi-Class. In: *Proc., Advances in Neural Information Processing Systems*, Bd. 16, 2003.

[71] DORNHEGE, G.; BLANKERTZ, B.; CURIO, G.; MÜLLER, K.-R.: Boosting Bit Rates in Non-Invasive EEG Single-Trial Classifications by Feature Combination and Multi-Class Paradigms. *IEEE Transactions on Biomedical Engineering* 51(6) (2004), S. 993–1002.

[72] DUDANI, S. A.: The Distance-Weighted K-Nearest Neighbor Rule. *IEEE Transactions on Systems, Man, and Cybernetics* SMC-6(4) (1976), S. 325–327.

[73] DUDDE, R.; VERING, T.; PIECHOTTA, G.; HINTSCHE, R.: Computer-Aided Continuous Drug Infusion: Setup and Test of a Mobile Closed-Loop System for the Continuous Automated Infusion of Insulin. *IEEE Transactions on Information Technology in Biomedicine* 10(2) (2006), S. 395–402.

[74] DUGARJAPOV, A.; LAUSEN, G.: Mining Sets of Time Series: Description of Time Points. In: *Proc., 25th Conference of the German Classification Society*, München, 2001.

[75] DUIN, R. P. W.; DAX, D. M. J.: Classifier Conditional Posterior Probabilities. *Lecture Notes in Computer Science* 1451 (1998), S. 611–619.

[76] EFRON, B.; TIBSHIRANI, R.: Cross-Validation and the Bootstrap: Estimating the Error Rate of a Prediction Rule. Techn. Ber. TR-477, Dept. of Statistics, Stanford University, 1995.

[77] ENGIN, M.: ECG Beat Classification using Neuro-Fuzzy Network. *Pattern Recognition Letters* 25 (2004), S. 1715–1722.

[78] FAYYAD, U.; PIATETSKY-SHAPIRO, G.; SMYTH, P.: From Data Mining to Knowledge Discovery in Databases. *AI Magazine* 17 (1996), S. 37–54.

[79] FERREZ, P. W.; MILLÁN, J.: You are Wrong!—Automatic Detection of Interaction Errors from Brain Waves. In: *Proc., 19th Joint International Conference on Artificial Intelligence*, Edinburgh, UK, 2005.

[80] FOLLAND, R.; HINES, E.; DUTTA, R.; BOILOT, P.; MORGAN, D.: Comparison of Neural Network Predictors in the Classification of Tracheal-Bronchial Breath Sounds by Respiratory Auscultation. *Artificial Intelligence in Medicine* 31 (2004), S. 211–220.

[81] FRIMAN, O.; VOLOSYAK, I.; GRÄSER, A.: Multiple Channel Detection of Steady-State Visual Evoked Potentials for Brain-Computer Interfaces. *IEEE Transactions on Biomedical Engineering* 54(4) (2007), S. 743–750.

[82] FULLER, D. A.; KEENAN, M. A.; ESQUENAZI, A.; WHYTE, J.; MAYER, N. H.; FIDLER-SHEPPARD, R.: The Impact of Instrumented Gait Analysis on Surgical Planning: Treatment of Spastic Equinovarus Deformity of the Foot and Ankle. *Foot Ankle International* 23(8) (2002), S. 738–743.

[83] FUMERA, G.; ROLI, F.: Support Vector Machines with Embedded Reject Option. *Lecture Notes in Computer Science* 2388 (2002), S. 68–82.

[84] FUMERA, G.; ROLI, F.; GIACINTO, G.: Multiple Reject Thresholds for Improving Classification Reliability. *Lectures Notes in Computer Science* 1876 (2000).

[85] GAGE, J.: Con: Interobserver Variability of Gait Analysis. *Journal of Pediatric Orthopaedics* 23 (2003), S. 290–291.

[86] GAGE, J.; DELUCA, P.; RENSHAW, T.: Gait Analysis: Principles and Applications - Emphasis on its Use in Cerebral Palsy. *Instructional Course Lectures of the American Academy of Orthopaedic Surgeons* 45 (1996), S. 491–508.

[87] GARG, A. X.; ADHIKARI, N. K. J.; McDONALD, H.; ROSAS-ARELLANO, M. P.; DEVEREAUX, P. J.; BEYENE, J.; SAM, J.; HAYNES, R. B.: Effects of Computerized Clinical Decision Support Systems on Practitioner Performance and Patient Outcomes. *Journal of the American Medical Association* 293 (2005), S. 1223–1238.

[88] GEURTS, P.: *Contributions to Decision Tree Induction: Bias/Variance Tradeoff and Time Series Classification.* Dissertation, University of Liège, Belgium, 2002.

[89] GEURTS, P.; WEHENKEL, L.: Segment and Combine Approach for Non-Parametric Time-Series Classification. In: *Proc., 9th European Conference on Principles and Practice of Knowledge Discovery in Databases*, Springer, 2005.

[90] GEVA, A. B.; KEREM, D. H.: Forecasting Generalized Epileptic Seizures from the EEG Signal by Wavelet Analysis and Dynamic Unsupervised Fuzzy Clustering. *IEEE Transactions on Biomedical Engineering* 45(10) (1998), S. 1205–1216.

[91] GIACINTO, G.; ROLI, F.: A Theoretical Framework for Dynamic Classifier Selection. In: *Proc., 15th International Conference on Pattern Recognition*, S. 8–11, Barcelona, Spain, 2000.

[92] GIACINTO, G.; ROLI, F.: Dynamic Classifier Selection Based on Multiple Classifier Behaviour. *Pattern Recognition* 34 (2001), S. 1879–1881.

[93] GIACINTO, G.; ROLI, F.; BRUZZONE, L.: Combination of Neural and Statistical Algorithms for Supervised Classification of Remote-Sensing Images. *Pattern Recognition Letters* 21 (2000), S. 385–397.

[94] GONZÁLEZ, J. A.; DIEZ, J. J. R.: Boosting Interval-Based Literals: Variable Length and Early Classification. In: *Data Mining in Time Series Databases* (LAST, M.; KANDEL, A.; BUNKE, H., Hg.), World Scientific, 2004.

[95] GRAIMANN, B.; HUGGINS, J. E.; LEVINE, S. P.; PFURTSCHELLER, G.: Visualization of Significant ERD/ERS Patterns in Multichannel EEG and ECoG Data. *Clinical Neurophysiology* 113 (2002), S. 43–47.

[96] GRAIMANN, B.; HUGGINS, J. E.; LEVINE, S. P.; PFURTSCHELLER, G.: Toward a Direct Brain Interface Based on Human Subdural Recordings and Wavelet-Packet Analysis. *IEEE Transactions on Biomedical Engineering* 51(6) (2004), S. 954–962.

[97] GUGER, C.; EDLINGER, G.; HARKAM, W.; NIEDERMAYER, I.; PFURTSCHELLER, G.: How Many People are Able to Operate an EEG-Based Brain-Computer Interface (BCI)? *IEEE Transactions on Neural Systems and Rehabilitation Engineering* 11(2) (2003), S. 145–147.

[98] GUYON, I.; ELISSEEFF, A.: An Introduction to Variable and Feature Selection. *Journal of Machine Learning Research* 3 (2003), S. 1157–1182.

[99] GUYON, I.; WESTON, J.; BARNHILL, S.; VAPNIK, V.: Gene Selection for Cancer Classification using Support Vector Machines. *Machine Learning* 46 (2002), S. 389–422.

[100] HARALDSSON, H.; EDENBRANDT, L.; OHLSSON, M.: Detecting Acute Myocardial Infarction in the 12-Lead ECG using Hermite Expansions and Neural Networks. *Artificial Intelligence in Medicine* 32 (2004), S. 127–136.

[101] HASELSTEINER, E.; PFURTSCHELLER, G.: Using Time-Dependent Neural Networks for EEG Classification. *IEEE Transactions on Rehabilitation Engineering* 8(4) (2000), S. 457–463.

[102] HAUTAMÄKI, V.; KÄRKKÄINNEN, I.; FRÄNTI, P.: Outlier Detection using K-Nearest-Neighbour Graph. In: *Proc., International Conference on Pattern Recognition*, S. 430–433, Cambridge, UK, 2004.

[103] HELLMANN, M. E.: The Nearest Neighbor Classification Rule with a Reject Option. *IEEE Transactions on Systems, Science, and Cybernetics* SSC-6(3) (1970), S. 179–185.

[104] HERBERTS, P.; ALMSTROEM, C.; CAINE, K.: Clinical Application Study of Multifunctional Prosthetic Hands. *Journal of Bone and Joint Surgery* 60-B (4) (1978), S. 552–560.

[105] HETTICH, S.; BAY, S. D.: The UCI KDD Archive. Irvine, CA: University of California, Department of Information and Computer Science. http://kdd.ics.uci.edu, 1999.

[106] HILL, N. J.; LAL, T. N.; SCHRÖDER, M.; HINTERBERGER, T.; WILHELM, B.; NIJBOER, F.; MOCHTY, U.; WIDMAN, G.; ELGER, C.; SCHÖLKOPF, B.; KÜBLER, A.; BIRBAUMER, N.: Classifying EEG and ECoG Signals Without Subject Training for Fast BCI Implementation: Comparison of Nonparalyzed and Completely Paralyzed Subjects. *IEEE Transactions on Neural Systems and Rehabilitation Engineering* 14(2) (2006), S. 183–186.

[107] HINTERBERGER, T.; SCHMIDT, S.; NEUMANN, N.; MELLINGER, J.; BLANKERTZ, B.; G., C.; BIRBAUMER, N.: Brain-Computer Communication and Slow Cortical Potentials. *IEEE Transactions on Biomedical Engineering* 51(6) (2004), S. 1011–1018.

[108] HINTERBERGER, T.; WEISKOPF, N.; VEIT, R.; WILHELM, B.; BETTA, E.; BIRBAU-MER, N.: An EEG-Driven Brain-Computer Interface Combined with Functional Magnetic Resonance Imaging (fMRI). *IEEE Transactions on Biomedical Engineering* 51(6) (2004), S. 971–974.

[109] HJORTH, J. S. U.: *Computer Intensive Statistical Methods - Validation Model Selection and Bootstrap*. London: Chapman & Hall, 1994.

[110] HOCHBERG, L. R.; SERRUYA, M. D.; FRIEHS, G. M.; MUKAND, J. A.; SALEH, M.; CAPLAN, A. H.; BRANNER, A.; CHEN, D.; PENN, R. D.; DONOGHUE, J. P.: Neuronal Ensemble Control of Prosthetic Devices by a Human with Tetraplegia. *Nature* 442 (2006), S. 164–171.

[111] HÖPPNER, F.: Learning Dependencies in Multivariate Time Series. In: *Proc., Workshop on Knowledge Discovery in (Spatio-) Temporal Data*, S. 25–31, Lyon, 2002.

[112] HÖPPNER, F.; KLAWONN, F.: Finding Informative Rules in Interval Sequences. In: *Advances in Intelligent Data Analysis, Lecture Notes in Computer Science 2189*, S. 123–132, Springer, 2001.

[113] HÜLLERMEIER, E.; BRINKER, K.: Classification Via Fuzzy Preference Learning. In: *Proc., 16. Workshop Computational Intelligence*, S. 190–199, Universitätsverlag Karlsruhe, 2006.

[114] HUNTER, J. R. W.; MCINTOSH, N.: Knowledge-Based Event Detection in Complex Time Series Data. In: *Artificial Intelligence in Medicine: Proc. of the Joint European Conference on Artificial Intelligence in Medicine and Medicine Decision Making*, S. 271–280, Berlin: Springer, 1999.

[115] HYVÄRINEN, A.: Survey on Independent Component Analysis. *Neural Computing Surveys* 2 (1999), S. 94–128.

[116] INMANN, A.; HAUGLAND, M.; HAASE, J.; BIERING-SORENSEN, F.; SINKJAER, T.: Signals from Skin Mechanoreceptors Used in Control of a Hand Grasp Neuroprosthesis. *Neuroreport* 12(13) (2001), S. 2817–2820.

[117] IVANENKO, Y. P.; POPPELE, R. E.; LACQUANITI, F.: Five Basic Muslce Activation Patterns Account for Muscle Activity During Human Locomotion. *Journal of Physiology* 556(1) (2004), S. 267–282.

[118] JACKSON, A.; MORITZ, C. T.; MAVOORI, J.; LUCAS, T. H.; FETZ, E. E.: The Neurochip BCI: Towards a Neural Prosthesis for Upper Limb Function. *IEEE Transactions on Neural Systems and Rehabilitation Engineering* 14(2) (2006), S. 187–190.

[119] JAIN, A. K.; DUIN, R. P. W.; MAO, J.: Statistical Pattern Recognition: A Review. *IEEE Transactions on Pattern Analysis and Machine Intelligence* 22(1) (2000), S. 4–36.

[120] JAIN, A. K.; MURTY, M. N.; FLYNN, P. J.: Data Clustering: A Review. *ACM Computing Surveys* 31(3) (1999), S. 264–323.

[121] JANAČEK, G. J.; BAGNALL, A. J.; POWELL, M.: A Likelihood Ratio Distance Measure for the Similarity between the Fourier Transform of Time Series. *Lecture Notes in Computer Science* 3518 (2005).

[122] JUSZCZAK, P.; DUIN, R. P. W.: Combining One-Class Classifiers to Classify Missing Data. *Lecture Notes in Computer Science* 3077 (2004), S. 92–101.

[123] KADOUS, M.: *Temporal Classification: Extending the Classification Paradigm to Multivariate Time Series.* Dissertation, The University of New South Wales, 2002.

[124] KADOUS, M. W.; SAMMUT, C.: Classification of Multivariate Time Series and Structured Data using Constructive Induction. *Machine Learning* 58(1-2) (2005), S. 179–216.

[125] KAISER, J.; PERELMOUTER, J.; IVERSEN, I. H.; NEUMANN, N.; GHANAYIM, N.; HINTERBERGER, T.; KÜBLER, A.; KOTCHOUBEY, B.; BIRBAUMER, N.: Self-Initiation of EEG-Based Communication in Paralyzed Patients. *Clinical Neurophysiology* 112 (2001), S. 551–554.

[126] KAPLAN, B.: Evaluating Informatics Applications – Clinical Decision Support Systems Literature Review. *International Journal of Medical Informatics* 64 (2001), S. 15–37.

[127] KAUERT, R.; LIEDECKE, W.; WEBER, P.: Ganganalysesystem auf Basis von Inertialsensoren. *Biomedizinische Technik, Proc. DGBMT* (2006).

[128] KAWAMOTO, K.; HOULIHAN, C.; BALAS, E. A.; LOBACH, D. F.: Improving Clinical Practice using Clinical Decision Support Systems: A Systematic Review of Trials to Identify Features Critical to Success. *BMJ (British Medical Journal)* 330 (2005).

[129] KAY, R. M.; DENNIS, S.; RETHLEFSEN, S.; SKAGGS, D. L.; TOLO, V. T.: Impact of Postoperative Gait Analysis on Orthopaedic Care. *Clinical Orthopaedics & Related Research* 374 (2000), S. 259–264.

[130] KELLER, J. M.; GRAY, M. R.; GIVENS, J. A.: A Fuzzy K-Nearest Neighbor Algorithm. *IEEE Transactions on Systems, Man, and Cybernetics* SMC-15(4) (1985), S. 580–585.

[131] KENNEDY, P.; ANDREASEN, D.; EHIRIM, P.; KING, B.; KIRBY, T.; MAO, H.; MOORE, M.: Using Human Extra-Cortical Local Field Potentials to Control a Switch. *Journal of Neural Engineering* 1 (2004), S. 72–77.

[132] KENNEDY, P.; KIRBY, M.; MOORE, M.; KING, B.; MALLORY, A.: Computer Control using Human Intracortical Local Field Potentials. *IEEE Transactions on Neural Systems and Rehabilitation Engineering* 12(3) (2004), S. 339–344.

[133] KENNEDY, P. R.; BAKAY, R. A. E.; MOORE, M. M.; ADAMS, K.; GOLDWAITHE, J.: Direct Control of a Computer from the Human Central Nervous System. *IEEE Transactions on Rehabilitation Engineering* 8(2) (2000), S. 198–202.

[134] KEOGH, E.; CHU, S.; HART, D.; PAZZANI, M.: Segmenting Time Series: A Survey and Novel Approach. In: *Data Mining in Time Series Databases* (LAST, M.; KANDEL, A.; BUNKE, H., Hg.), World Scientific, 2004.

[135] KEOGH, E.; LIN, J.; FU, A.: HOT SAX: Efficiently Finding the Most Unusual Time Series Subsequence. In: *Proc., 5th International Conference on Data Mining*, S. 226–233, Houston, 2005.

[136] KEOGH, E.; LIN, J.; FU, A. W.; VAN HERLE, H.: Finding Unusual Medical Time-Series Subsequences: Algorithms and Applications. *IEEE Transactions on Information Technology in Biomedicine* 10(3) (2006), S. 429–439.

[137] KEOGH, E. J.; CHU, S.; HART, D.; PAZZANI, M. J.: An Online Algorithm for Segmenting Time Series. In: *Proc., IEEE International Conference on Data Mining*, S. 289–296, 2001.

[138] KEOGH, E. J.; PAZZANI, M. J.: An Enhanced Representation of Time Series Which Allows Fast and Accurate Classification, Clustering and Relevance Feedback. In: *Proc., 4th International Conference on Knowledge Discovery and Data Mining*, S. 239–241, New York City, NY: ACM Press, 1998.

[139] KEOGH, E. J.; PAZZANI, M. J.: A Simple Dimensionality Reduction Technique for Fast Similarity Search in Large Time Series Databases. In: *Proc., 4th Pacific-Asia Conference on Knowledge Discovery and Data Mining*, S. 122–133, Kyoto, Japan, 2000.

[140] KIM, D. K.; FAGAN, L. M.; JONES, K. T.; BERRIOS, D. C.; YU, V. L.: MYCIN II: Design and Implementation of a Therapy Reference with Complex Content-Based Indexing. In: *Proc., Annual American Medical Informatics Association Symposium*, S. 175–179, 1998.

[141] KIM, H. K.; BIGGS, S. J.; SCHLOERB, D. W.; CARMENA, J. M.; LEBEDEV, M. A.; NICOLELIS, M. A. L.; SRINIVASAN, M. A.: Continuous Shared Control for Stabilizing Reaching and Grasping With Brain-Machine Interfaces. *IEEE Transactions on Biomedical Engineering* 53(6) (2006), S. 1164–1173.

[142] KIRLANGIC, M. E.; HOLETSCHEK, J.; KRAUSE, C.; IVANOVA, G.: A Database for Therapy Evaluation in Neurological Disorders: Application in Epilepsy. *IEEE Transactions on Information Technology in Biomedicine* 8(3) (2004), S. 321–332.

[143] KITTLER, J.: Combining Classifiers: A Theoretical Framework. *Pattern Analysis and Applications* 1 (1998), S. 18–27.

[144] KLEBER, B.; BIRBAUMER, N.: Direct Brain Communication: Neuroelectric and Metabolic Approaches at Tübingen. *Cognitive Processing* 6(1) (2005), S. 65–74.

[145] KLEIN, A.; SAUER, T.; JEDYNAK, A.; SKRANDIES, W.: Conventional and Wavelet Coherence Applied to Sensory-Evoked Electrical Brain Activity. *IEEE Transactions on Biomedical Engineering* 53(2) (2006), S. 266–272.

[146] KNORR, E. M.; NG, R. T.: Algorithms for Mining Distance-Based Outliers in Large Datasets. In: *Proc., 24th Very Large Data Bases Conference*, New York, USA, 1998.

[147] KOCH, M.: *Klassifikatorkonzepte zur Steuerung dynamischer Prozesse*. Dissertation, TU Ilmenau, 1994.

[148] KOCH, M.; KUHN, T.; WERNSTEDT, J.: *Fuzzy Control - Optimale Nachbildung und Entwurf optimaler Entscheidungen*. München: Oldenbourg, 1996.

[149] KOHAVI, R.; JOHN, G. H.: Wrappers for Feature Subset Selection. *Artificial Intelligence* 97 (1-2) (1997), S. 273–324.

[150] KOHLMORGEN, J.; BLANKERTZ, B.: Bayesian Classification of Single-Trial Event-Related Potentials in EEG. *International Journal of Bifurcations and Chaos* 14(2) (2004), S. 719–726.

[151] KRAULEDAT, M.; DORNHEGE, G.; BLANKERTZ, B.; CURIO, G.; MÜLLER, K.-R.: The Berlin Brain-Computer Interface for Rapid Response. *Biomedizinische Technik* 49(1) (2004), S. 61–62.

[152] KREPKI, R.; BLANKERTZ, B.; CURIO, G.; MÜLLER, K.-R.: The Berlin Brain-Computer Interface (BBCI): Towards a New Communication Channel for Online Control in Gaming Applications. *Journal of Multimedia Tools and Applications* (2004).

[153] KRÜGER, T.; REISCHL, M.; LAGO, N.; BURMEISTER, O.; MIKUT, R.; RUFF, R.; HOFFMANN, K.-P.; NAVARRO, X.; STIEGLITZ, T.: Analysis of Microelectrode-Signals in the Peripheral Nervous System, In-Vivo and Post-Processing. In: *Proc., Mikrosystemtechnik Kongress Deutschland*, S. 69–72, Freiburg: VDE-Verlag, 2005.

[154] KRUSIENSKI, D. J.; SCHALK, G.; MCFARLAND, D. J.; WOLPAW, J. R.: A μ-Rhythm Matched-Filter for Continuous Control of a Brain-Computer Interface. *IEEE Transactions on Biomedical Engineering* 54(2) (2007), S. 273–280.

[155] KÜBLER, A.; MUSHAHWAR, V. K.; HOCHBERG, L. R.; DONOGHUE, J. P.: BCI Meeting 2005 – Workshop on Clinical Issues and Applications. *IEEE Transactions on Neural Systems and Rehabilitation Engineering* 14(2) (2006), S. 131–134.

[156] KUDO, M.; TOYAMA, J.; SHIMBO, M.: Multidimensional Curve Classification Using Passing-Through Regions. *Pattern Recognition Letters* 20(11-13) (1999), S. 1103–1111.

[157] KUNCHEVA, L. I.: Switching between Selection and Fusion in Combining Classifiers: An Experiment. *IEEE Transactions on Systems, Man, and Cybernetics – Part B: Cybernetics* 32(2) (2002), S. 146–156.

[158] KUNCHEVA, L. I.; BEZDEK, J. C.: An Integrated Framework for Generalized Nearest Prototype Classifier Design. *International Journal of Uncertainty, Fuzziness and Knowledge-Based Systems* 6(5) (1998), S. 437–457.

[159] KUNCHEVA, L. I.; BEZDEK, J. C.: Presupervised and Postsupervised Prototype Classifier Design. *IEEE Transactions on Neural Networks* 10(5) (1999), S. 1142–1152.

[160] KUNCHEVA, L. I.; BEZDEK, J. C.; DUIN, R. P. W.: Decision Templates for Multiple Classifier Fusion: An Experimental Comparison. *Pattern Recognition* 34(2) (2001), S. 299–314.

[161] LAL, T. N.; HINTERBERGER, T.; WIDMAN, G.; SCHRÖDER, M.; HILL, J.; ROSENSTIEL, W.; ELGER, C. E.; SCHÖLKOPF, B.; BIRBAUMER, N.: Methods Towards Invasive Human Brain Computer Interfaces. In: *Advances in Neural Information Processing Systems*, S. 737–744, Cambridge, MA, USA: MIT Press, 2005.

[162] LAM, W.; KEUNG, C.-K.; LIU, D.: Discovering Useful Concept Prototypes for Classification Based on Filtering and Abstraction. *IEEE Transactions on Pattern Analysis and Machine Intelligence* 24(8) (2002), S. 1075–1090.

[163] LAMMA, E.; MELLO, P.; NANETTI, A.; RIGUZZI, F.; STORARI, S.; VALASTRO, G.: Artificial Intelligence Techniques for Monitoring Dangerous Infections. *IEEE Transactions on Information Technology in Biodmedicine* 10(1) (2006), S. 143–155.

[164] LANDGREBE, T. C. W.; TAX, D. M. J.; PACLIK, P.; DUIN, R. P. W.; ANDREW, C. M.: A Combining Strategy for Ill-Defined Problems. In: *Proc., 15th Annual Symposium of the Pattern Recognition Association of South Africa*, S. 57–62, 2004.

[165] LAUBACH, M.; WESSBERG, J.; NICOLELIS, M. A. L.: Cortical Ensemble Activity Increasingly Predicts Behaviour Outcomes During Learning of a Motor Task. *Nature* 405 (2000), S. 567–571.

[166] LAUER, R. T.; PECKHAM, P. H.; KILGORE, K. L.; HEETDERKS, W. J.: Applications of Cortical Signals to Neuroprosthetic Control: A Critical Review. *IEEE Transactions on Rehabilitation Engineering* 8(2) (2000), S. 205–208.

[167] LAUER, R. T.; SMITH, B. T.; BETZ, R. R.: Application of a Neuro-Fuzzy Network for Gait Event Detection Using Electromyography in the Child with Cerebral Palsy. *IEEE Transactions on Biomedical Engineering* 52(9) (2005), S. 1532–1540.

[168] LEHMANN, T.; MEYER ZU BEXTEN, E.: *Handbuch der Medizinischen Informatik*. München: Hanser-Verlag, 2002.

[169] LEMM, S.; CURIO, G.; HLUSHCHUK, Y.; MÜLLER, K.-R.: Enhancing the Signal-to-Noise Ratio of ICA-Based Extracted ERPs. *IEEE Transactions on Biomedical Engineering* 53(4) (2006), S. 601–607.

[170] LEMM, S.; SCHÄFER, C.; CURIO, G.: BCI Competition 2003 – Data Set III: Probabilistic Modeling of Sensorimotor μ Rhythms for Classification of Imaginery Hand Movements. *IEEE Transactions on Biomedical Engineering* 51(6) (2004), S. 1077–1080.

[171] LEONARD, P.; BEATTIE, T. F.; ADDISON, P. S.; WATSON, J. N.: Wavelet Analysis of Pulse Oximeter Waveform Allows Identification of Unwell Children. *Emergency Medicine Journal* 21(1) (2004), S. 59–60.

[172] LEUTHARDT, E. C.; MILLER, K. J.; SCHALK, G.; RAO, R. P. N.; OJEMANN, J. G.: Electrocorticography-Based Brain Computer Interface – The Seattle Experience. *IEEE Transactions on Neural Systems and Rehabilitation Engineering* 14(2) (2006), S. 194–198.

[173] LEUTHARDT, E. C.; SCHALK, G.; WOLPAW, J. R.; OJEMANN, J. G.; MORAN, D. W.: A Brain-Computer Interface using Electrocorticographic Signals in Humans. *Journal of Neural Engineering* 1 (2004), S. 63–71.

[174] LLACER, J.; SOLBERG, T. D.; PROMBERGER, C.: Comparative Behaviour of the Dynamically Penalized Likelihood Algorithm in Inverse Radiation Therapy Planning. *Physics in Medicine and Biology* 46(10) (2001), S. 2637–2663.

[175] LOEB, G.; TAN, W.; SACHS, N.; ZOU, Q.; KIM, E.: A Modular Approach to Sensing Limb Positions in FES Patients. In: *Proc., 9th Annual Conference of the International FES Society*, Bornemouth, UK, 2004.

[176] LOOSE, T.: *Konzept für eine modellgestützte Diagnostik mittels Data Mining am Beispiel der Bewegungsanalyse*. Dissertation, Universität Karlsruhe, Universitätsverlag Karlsruhe, 2004.

[177] LOUIS, A. K.; MAASS, P.; RIEDER, A.: *Wavelets: Theorie und Anwendungen.* Stuttgart: Teubner, 1994.

[178] LUKAS, L.; DEVOS, A.; SUYKENS, J. A. K.; VANHAMME, L.; HOWE, F. A.; MAJOS, C.; MORENO-TORRES, C.; VAN DER GRAAFE, M.; TATE, A. R.; ARUS, C.; VAN HUFFEL, S.: Brain Tumor Classification Based on Long Echo Proton MRS Signals. *Artificial Intelligence in Medicine* 31 (2004), S. 73–89.

[179] LÜNENBURGER, L.; COLOMBO, G.; RIENER, R.: Biofeedback for Robotic Gait Rehabilitation. *Journal of NeuroEngineering and Rehabilitation* 4(1) (2007).

[180] MACLEOD, J. E. S.; LUK, A.; TITTERINGTON, D. M.: A Re-Examination of the Distance-Weighted K-Nearest Neighbor Classification Rule. *IEEE Transactions on Systems, Man, and Cybernetics* SMC-17(4) (1987), S. 689–696.

[181] MAHFOUF, M.; ASBURY, J.; LINKENS, D. A.: Unconstrained and Constrained Generalised Predictive Control of Depth of Anaesthesia during Surgery. *Control Engineering Practice* 11(12) (2003), S. 1501–1515.

[182] MALBERG, H.; BAUERNSCHMITT, R.; VOSS, A.; WALTHER, T.; FABER, R.; STEPAN, H.; WESSEL, N.: Analysis of Cardiovascular Oscillations: A New Approach to the Early Prediction of Pre-Eclampsia. *Chaos* 17 (2007).

[183] MALLAT, S.: *A Wavelet Tour of Signal Processing.* San Diego, USA: Academic Press, 1999.

[184] MARKOU, M.; SINGH, S.: Novelty Detection: A Review—part 1: Statistical Approaches. *Signal Processing* 83(12) (2003), S. 2481–2497.

[185] MARKOU, M.; SINGH, S.: Novelty Detection: A Review—part 2: Neural Network Based Approaches. *Signal Processing* 83(12) (2003), S. 2499–2521.

[186] MARZULLO, T. C.; MILLER, C. R.; KIPKE, D. R.: Suitability of the Cingulate Cortex for Neural Control. *IEEE Transactions on Neural Systems and Rehabilitation Engineering* 14(4) (2006), S. 401–409.

[187] MASON, S. G.; BIRCH, G. E.: A Brain-Controlled Switch for Asynchronous Control Applications. *IEEE Transactions on Biomedical Engineering* 47(10) (2000), S. 1297–1307.

[188] MASON, S. G.; BIRCH, G. E.: A General Framework for Brain-Computer Interface Design. *IEEE Transactions on Neural Systems and Rehabilitation Engineering* 11(1) (2003), S. 70–85.

[189] MAYNARD, E. M.; NORDHAUSEN, C. T.; NORMANN, R. A.: The Utah Intracortical Electrode Array: A Recording Structure for Potential Brain-Computer Interfaces. *Electroencephalography and Clinical Neurophysiology* 102 (1997), S. 228–239.

[190] MCCREERY, D.; LOSSINSKY, A.; PIKOV, V.; LIU, X.: Microelectrode Array for Chronic Deep-Brain Microstimulation and Recording. *IEEE Transactions on Biomedical Engineering* 53(4) (2006), S. 726–737.

[191] McFARLAND, D. J.; ANDERSON, C. W.; MÜLLER, K.-R.; SCHLÖGL, A.; KRUSIENSKI, D. J.: BCI Meeting 2005 – Workshop on BCI Signal Processing: Feature Extraction and Translation. *IEEE Transactions on Neural Systems and Rehabilitation Engineering* 14(2) (2006), S. 135–138.

[192] McFARLAND, D. J.; WOLPAW, J. R.: Sensorimotor Rhythm-Based Brain-Computer Interface (BCI): Feature Selection by Regression Improves Performance. *IEEE Transactions on Neural Systems and Rehabilitation Engineering* 13(3) (2005), S. 372–379.

[193] MEHRING, C.; RICKERT, J.; VAADIA, E.; CARDOSA DE OLIVEIRA, S.; AERTSEN, A.; ROTTER, S.: Inference of Hand Movements from Local Field Potentials in Monkey Motor Cortex. *Nature Neuroscience* 6(12) (2003), S. 1253–1254.

[194] MIKUT, R.: *Data Mining in der Medizin und Medizintechnik*. Universitätsverlag Karlsruhe, 2008.

[195] MIKUT, R.; BURMEISTER, O.; GRÖLL, L.; REISCHL, M.: Takagi-Sugeno-Kang Fuzzy Classifiers for a Special Class of Time-Varying Systems. *IEEE Transaction on Fuzzy Systems* 16(4) (2008), S. 1038–1049.

[196] MIKUT, R.; BURMEISTER, O.; GRUBE, M.; REISCHL, M.; BRETTHAUER, G.: Interaktive Auswertung von aufgezeichneten Zeitreihen für Fehlerdiagnosen und Mensch-Maschine-Interfaces. *atp - Automatisierungstechnische Praxis* 49(8) (2007), S. 30–34.

[197] MIKUT, R.; BURMEISTER, O.; REISCHL, M.; LOOSE, T.: Die MATLAB-Toolbox Gait-CAD. In: *Proc., 16. Workshop Computational Intelligence*, S. 114–124, Universitätsverlag Karlsruhe, 2006.

[198] MIKUT, R.; KRÜGER, T.; REISCHL, M.; BURMEISTER, O.; RUPP, R.; STIEGLITZ, T.: Regelungs- und Steuerungskonzepte für Neuroprothesen am Beispiel der oberen Extremitäten. *at - Automatisierungstechnik* 54(11) (2006), S. 523–536.

[199] MIKUT, R.; LOOSE, T.; BURMEISTER, O.; BRAUN, S.; REISCHL, M.: Dokumentation der MATLAB-Toolbox Gait-CAD. Techn. Ber., Forschungszentrum Karlsruhe GmbH, 2006.

[200] MIKUT, R.; PETER, N.; MALBERG, H.; JÄKEL, J.; GRÖLL, L.; BRETTHAUER, G.; ABEL, R.; DÖDERLEIN, L.; RUPP, R.; SCHABLOWSKI, M.; GERNER, H.: *Diagnoseunterstützung für die instrumentelle Ganganalyse (Projekt GANDI)*. Forschungszentrum Karlsruhe (FZKA 6613), 2001.

[201] MIKUT, R.; REISCHL, M.; BURMEISTER, O.; LOOSE, T.: Data Mining in Medical Time Series. *Biomedizinische Technik* 51(5/6) (2006), S. 288–293.

[202] MILLÁN, J.; RENKENS, F.; MOURINO, J.; GERSTNER, W.: Brain-Actuated Interaction. *Artificial Intelligence* 159 (2004), S. 241–259.

[203] MILLÁN, J.; RENKENS, F.; MOURINO, J.; GERSTNER, W.: Noninvasive Brain-Actuated Control of a Mobile Robot by Human EEG. *IEEE Transactions on Biomedical Engineering* 51(6) (2004), S. 1026–1033.

[204] MÖRCHEN, F.: Time Series Feature Extraction for Data Mining Using DWT and DFT. Techn. Ber. 33, Fachbereich Mathematik und Information, Universität Marburg, 2003.

[205] MÜLLER, H.; MICHOUX, N.; BANDON, D.; GEISSBUHLER, A.: A Review of Content-Based Image Retrieval Systems in Medical Applications-Clinical Benefits and Future Directions. *International Journal of Medical Informatics* 73(1) (2004), S. 1–23.

[206] MÜLLER, K.-R.; VIGÁRIO, R.; MEINECKE, F.; ZIEHE, A.: Blind Source Separation Techniques for Decomposing Event-Related Brain Signals. *International Journal of Bifurcation and Chaos* 14(2) (2004), S. 773–791.

[207] MÜLLER-GERKING, J.; PFURTSCHELLER, G.; FLYVBJERG, H.: Designing Optimal Spatial Filters for Single-Trial EEG Classification in a Movement Task. *Clinical Neurophysiology* 110 (1999), S. 787–798.

[208] MÜLLER-PUTZ, G. R.; RUPP, R.; SCHERER, R.; PFURTSCHELLER, G.; GERNER, H. J.: Towards Brain Controlled Movement Restoration - Part II: Application of an Asynchronous Brain-Switch. *Biomedizinische Technik* 50(S1) (2005), S. 513–514.

[209] MÜLLER-PUTZ, G. R.; SCHERER, R.; NEUPER, C.; PFURTSCHELLER, G.: Steady-State Somatosensory Evoked Potentials: Suitable Brain Signals for Brain-Computer Interfaces? *IEEE Transactions on Neural Systems and Rehabilitation Engineering* 14(1) (2006), S. 30–37.

[210] MÜLLER-PUTZ, G. R.; SCHERER, R.; PFURTSCHELLER, G.; RUPP, R.: EEG-Based Neuroprosthesis Control: A Step Towards Clinical Practice. *Neuroscience Letters* 382 (2005), S. 169–174.

[211] MÜLLER-PUTZ, G. R.; ZIMMERMANN, D.; GRAIMANN, G.; NESTINGER, K.; KORISEK, G.; PFURTSCHELLER, G.: Event-Related Beta EEG-Changes During Passive and Attempted Foot Movements in Paraplegic Patients. *Brain Research* 1137 (2007), S. 84–91.

[212] MÜNDERMANN, L.; CORAZZA, S.; ANDRIACCHI, T. P.: The Evolution of Methods for the Capture of Human Movement Leading to Markerless Motion Capture for Biomechanical Applications. *Journal of NeuroEngineering and Rehabilitation* 3(6) (2006).

[213] NAKAYAMA, R.; UCHIYAMA, Y.; YAMAMOTO, K.; WATANABE, R.; NAMBA, K.: Computer-Aided Diagnosis Scheme using a Filter Bank for Detection of Microcalcification Clusters in Mammograms. *IEEE Transactions on Biomedical Engineering* 53(2) (2006), S. 273–283.

[214] NAVARRO, X.; KRÜGER, T. B.; LAGO, N.; MICERA, S.; STIEGLITZ, T.; DARIO, P.: A Critical Review of Interfaces with the Peripheral Nervous System for the Control of Neuroprostheses and Hybrid Bionic Systems. *Journal of the Peripheral Nervous System* 10(3) (2005), S. 229–258.

[215] NICOLELIS, M. A. L.: Actions from Thoughts. *Nature* 409 (2001), S. 403–407.

[216] NORDHAUSEN, C. T.; MAYNARD, E. M.; NORMANN, R. A.: Single Unit Recording Capabilites of a 100 Microelectrode Array. *Brain Research* 726 (1996), S. 129–140.

[217] OHLSSON, M.: WeAidU-a Decision Support System for Myocardial Perfusion Images using Artificial Neural Networks. *Artificial Intelligence in Medicine* 30(1) (2003), S. 49–60.

[218] OLIVEIRA, A. L. I.; NETO, F. B. L.; MEIRA, S. R. L.: Combining MLP and RBF Neural Networks for Novelty Detection in Short Time Series. *Lecture Notes in Artificial Intelligence* 2972 (2004), S. 844–853.

[219] OLSZEWSKI, R. T.: *Generalized Feature Extraction for Structural Pattern Recognition in Time-Series Data*. Dissertation, Carnegie Mellon University, Pittsburgh, 2001.

[220] ORDONEZ, C.: Association Rule Discovery With the Train and Test Approach for Heart Disease Prediction. *IEEE Transactions on Information Technology in Biomedicine* 10(2) (2006), S. 334–343.

[221] OWEISS, K. G.: A Systems Approach for Data Compression and Latency Reduction in Cortically Controlled Brain Machine Interfaces. *IEEE Transactions on Biomedical Engineering* 53(7) (2006), S. 1364–1377.

[222] PENNY, W. D.; ROBERTS, S. J.; CURRAN, E. A.; STOKES, M. J.: EEG-Based Communication: A Pattern Recognition Approach. *IEEE Transactions on Rehabilitation Engineering* 8(2) (2000), S. 214–216.

[223] GRAVE DE PERALTA MENENDEZ, R.; GONZALES ANDINO, S.; PEREZ, L.; FERREZ, P. W.; MILLÁN, J.: Non-Invasive Estimation of Local Field Potentials for Neuroprosthesis Control. *Cognitive Processing* 6(1) (2005), S. 59–64.

[224] PERSSON, M.; MJÖRNDAL, T.; CARLBERG, B.; BOHLIN, J.; LINDHOLM, L. H.: Evaluation of a Computer-Based Decision Support System for Treatment of Hypertension with Drugs: Retrospective, Nonintervention Testing of Cost and Guideline Adherence. *Journal of Internal Medicine* 247 (2000), S. 87–93.

[225] PESARAN, B.; PEZARIS, J. S.; SAHANI, M.; MITRA, P. P.; ANDERSEN, R. A.: Temporal Structure in Neuronal Activity During Working Memory in Macaque Parietal Cortex. *Nature Neuroscience* 5(8) (2002), S. 805–811.

[226] PETSCHE, T.; MARCANTONIO, A.; DARKEN, C.; HANSON, S. J.; KUHN, G. K.; SANTOSO, I.: A Neural Network Autoassociator for Induction Motor Failure Prediction. *Advances in Neural Information Processing Systems* 8 (1996), S. 924–930.

[227] PFURTSCHELLER, G.; LEEB, R.; KEINRATH, C.; FRIEDMAN, D.; NEUPER, C.; GUGER, C.; SLATER, C.: Walking from Thought. *Brain Research* 1071 (2006), S. 145–152.

[228] PFURTSCHELLER, G.; LOPES DA SILVA, F. H.: Event-Related EEG/MEG Synchronization and Desynchronization: Basic Principles. *Clinical Neurophysiology* 110 (1999), S. 1842–1857.

[229] PFURTSCHELLER, G.; MÜLLER, G.; NEUPER, C.; KORISEK, G.: EEG- versus EMG-Steuerung einer Handorthese bei einem Patienten mit C5/C6-Läsion. *European Journal of Trauma - E-Supplement* 1 (2002), S. 126–130.

[230] PFURTSCHELLER, G.; MÜLLER, G. R.; PFURTSCHELLER, J.; GERNER, H. J.; RUPP, R.: 'Thought' - Control of Functional Electrical Stimulation to Restore Hand Grasp in a Patient with Tetraplegia. *Neuroscience Letters* 351(1) (2003), S. 33–36.

[231] PFURTSCHELLER, G.; NEUPER, C.; MÜLLER, G. R.; OBERMAIER, B.; KRAUSZ, G.; SCHLÖGL, A.; SCHERER, R.; GRAIMANN, B.; KEINRATH, C.; SKLIRIS, D.; WÖRTZ, M.; SUPP, G.; SCHRANK, C.: Graz-BCI: State of the Art and Clinical Applications. *IEEE Transactions on Neural Systems and Rehabilitation Engineering* 11(2) (2003), S. 177–180.

[232] PLATT, J. C.: Probabilistic Outputs for Support Vector Machines and Comparisons to Regularized Likelihood Methods. In: *Advances in Large Margin Classifiers*, MIT Press, 1999.

[233] PYLATIUK, C.; REISCHL, M.; MIKUT, R.; KARGOV, A.; BRETTHAUER, G.: Determination of Stability in Multi-Contact Grasping. *Biomedizinische Technik, Proc. DGBMT* (2006).

[234] RAGHAVAN, S. R.; LADIK, V.; MEYER, K. B.: Developing Decision Support for Dialysis Treatment of Chronic Kidney Failure. *IEEE Transactions on Information Technology in Biomedicine* 9(2) (2005), S. 229–238.

[235] RAJAN, J. J.: *Time Series Classification*. Dissertation, University of Cambridge, 1994.

[236] RAMIREZ, L.; DURDLE, N. G.; RASO, V. J.; HILL, D. L.: A Support Vector Machines Classifier to Assess the Severity of Idiopathic Scoliosis From Surface Topography. *IEEE Transactions on Information Technology in Biomedicine* 10(1) (2006), S. 84–91.

[237] RAMNARAYAN, P.; BRITTO, J.: Paediatric Clinical Decision Support Systems. *Archives of Disease in Childhood* 87 (2002), S. 361–362.

[238] RAMOSER, H.; MÜLLER-GERKING, J.; PFURTSCHELLER, G.: Optimal Spatial Filtering of Single Trial EEG during Imagined Hand Movement. *IEEE Transactions on Rehabilitation Engineering* 8(4) (2000), S. 441–446.

[239] RATANAMAHATANA, C. A.; KEOGH, E. J.: Making Time-Series Classification More Accurate using Learned Constraints. In: *Proc., Fourth SIAM International Conference on Data Mining*, Florida, USA, 2004.

[240] RAUSCHENBACH, T.: Modellierung und Vorhersage nichtlinearer Zeitreihen. Habilitation, TU Ilmenau, 2005.

[241] REISCHL, M.: *Ein Verfahren zum automatischen Entwurf von Mensch-Maschine-Schnittstellen am Beispiel myoelektrischer Handprothesen*. Dissertation, Universität Karlsruhe, Universitätsverlag Karlsruhe, 2006.

[242] REISCHL, M.; BURMEISTER, O.; MIKUT, R.: Robust Design of Man Machine Interfaces for Time-Variant Biosignals. *Biomedizinische Technik* 50(E1) (2005), S. 774–775.

[243] REISCHL, M.; MIKUT, R.: Auswertung EEG-Benchmark-Datensatz Brain-Machine-Interface. Techn. Ber., Forschungszentrum Karlsruhe, Institut für Angewandte Informatik, 2003.

[244] REISCHL, M.; MIKUT, R.; PYLATIUK, C.; SCHULZ, S.; BECK, S.; BRETTHAUER, G.: Steuerungs- und Signalverarbeitungskonzepte für eine multifunktionale Handprothese. *at - Automatisierungstechnik* 50(6) (2002), S. 279–286.

[245] REISCHL, M.; MIKUT, R.; SCHLÖGL, A.: Comparison of Fuzzy and Statistical Classifiers for Brain-Computer Interfaces. *Biomedizinische Technik* 49(E1) (2004), S. 762–763.

[246] DE RIDDER, D.; TAX, D.; DUIN, R.: An Experimental Comparison of One-Class Classification Methods. In: *Proc., 4th Annual Conference of the Advanced School for Computing and Imaging*, S. 213–218, Delft, Netherlands, 1998.

[247] RIZZO, J. F.; WYATT, J.; LOEWENSTEIN, J.; KELLY, S.; SHIRE, D.: Perceptual Efficacy of Electrical Stimulation of Human Retina with a Microelectrode Array during Short-Term Surgical Trials. *Investigative Ophthalmology and Visual Science* 44(12) (2003), S. 5362–5369.

[248] ROBERTS, S. J.; REZEK, I. A.; PENNY, W. D.; EVERSON, R. M.: The Use of Advanced Information Processing Methods in EEG Analysis. In: *Proc., IEE Colloquium on Intelligent Decision Support in Clinical Praxis*, London, 1998.

[249] RODRÍGUEZ, J.; ALONSO, C.; MAESTRO, J.: Support Vector Machines of Interval-Based Features for Time Series Classification. *Knowledge-Based Systems* 18(4-5) (2005), S. 171–178.

[250] ROLI, F.; GIACINTO, G.; VERNAZZA, G.: Methods for Designing Multiple Classifier Systems. *Lecture Notes in Computer Science* 2096 (2001).

[251] ROTH, V.: Outlier Detection with One-Class Kernel Fisher Discriminants. In: *Advances in Neural Information Processing Systems*, S. 1169–1176, Cambridge, MA: MIT Press, 2005.

[252] RUPP, R.; ABEL, R.: Funktionelle Rehabilitation von Querschnittgelähmten durch Neuroprothetik. *Orthopädie* 34 (2005), S. 144–151.

[253] RUPP, R.; GERNER, H.: Neuroprosthetics of the Upper Extremity – Clinical Application in Spinal Cord Injury and Future Perspectives. *Biomedizinische Technik* 49(4) (2004), S. 93–98.

[254] RUPP, R.; MÜLLER-PUTZ, G. R.; SCHERER, R.; GERNER, H. J.; PFURTSCHELLER, G.: Towards Brain Controlled Movement Restoration - Part I: Adaption of an Implantable Neuroprosthesis for High Spinal Cord Injured Patients. *Biomedizinische Technik* 50(S1) (2005), S. 511–512.

[255] RUTA, D.; GABRYS, B.: An Overview of Classifier Fusion Methods. *Computing and Information Systems* 7 (2000), S. 1–10.

[256] RUTA, D.; GABRYS, B.: Classifier Selection for Majority Voting. *Information Fusion* 6 (2005), S. 63–81.

[257] SAITO, N.: *Local Feature Extraction and its Applications Using a Library of Bases*. Dissertation, Yale University, Department of Mathematics, 1994.

[258] SANCHEZ, J. C.; ERDOGMUS, D.; NICOLELIS, M. A. L., WESSBERG, J.; PRINCIPE, J. C.: Interpreting Spatial and Temporal Neural Activity Through a Recurrent Neural Network Brain-Machine Interface. *IEEE Transactions on Neural Systems and Rehabilitation Engineering* 13(2) (2005), S. 213–219.

[259] SANTHANAM, G.; RYU, S. I.; YU, B. M.; AFSHAR, A.; SHENOY, K. V.: A High-Performance Brain-Computer Interface. *Nature* 442 (2006), S. 195–198.

[260] SBONER, A.; ECCHER, C.; BLANZIERI, E.; BAUER, P.; CRISTOFOLINI, M.; ZUMIANI, G.; FORTI, S.: A Multiple Classifier System for Early Melanoma Diagnosis. *Artificial Intelligence in Medicine* 27 (2003), S. 29–44.

[261] SCHABLOWSKI-TRAUTMANN, M.: *Konzept zur Analyse der Lokomotion auf dem Laufband bei inkompletter Querschnittlähmung mit Verfahren der nichtlinearen Dynamik.* Dissertation, Universität Karlsruhe, Universitätsverlag Karlsruhe, 2006.

[262] SCHERER, R.; MÜLLER, G. R.; NEUPER, C.; GRAIMANN, B.; PFURTSCHELLER, G.: An Asynchronously Controlled EEG-Based Virtual Keyboard: Improvement of the Spelling Rate. *IEEE Transactions on Biomedical Engineering* 51(6) (2004), S. 979–984.

[263] SCHLÖGL, A.; NEUPER, C.; PFURTSCHELLER, G.: Estimating the Mutual Information of an EEG-Based Brain-Computer-Interface. *Biomedizinische Technik* 47 (1-2) (2002), S. 3–8.

[264] SCHUTTE, L.; NARAYANAN, U.; STOUT, J.; SELBER, P.; GAGE, J.; SCHWARTZ, M.: An Index for Quantifiying Deviations from Normal Gait. *Gait & Posture* 11 (2000), S. 25–31.

[265] SERBY, H.; YOM-TOV, E.; INBAR, G. F.: An Improved P300-Based Brain-Computer Interface. *IEEE Transactions on Neural Systems and Rehabilitation Engineering* 13(1) (2005), S. 89–98.

[266] SERRUYA, M.; HATSOPOULOS, N.; PANINSKI, L.; FELLOWS, M.; DONOGHUE, J.: Instant Neural Control of a Movement Signal. *Nature* 416 (2002), S. 141–142.

[267] SERRUYA, M. D.; DONOGHUE, J. P.: Design Principles of a Neuromotor Prosthetic Device. In: *Neuroprosthetics: Theory and Practice* (HORCH, K. W.; DHILLON, G. S., Hg.), S. 1158–1196, Imperial College Press, 2003.

[268] SHANNON, C. E.: A Mathematical Theory of Communication. *The Bell System Technical Journal* 27 (1948), S. 379–423.

[269] SHEPARD, D. M.; CHIN, L. S.; DIBIASE, S. J. NAQVI, S. A.; LIM, J.; FERRIS, M. C.: Clinical Implementation of an Automated Planning System for Gamma Knife Radiosurgery. *International Journal of Radiation Oncology, Biology, Physics* 56(5) (2003), S. 1488–1494.

[270] SILBERNAGEL, S.; DESPOPOULOS, A.: *Taschenatlas der Physiologie.* Stuttgart: Thieme Verlag, 4. auflage Aufl., 1991.

[271] SINGH, S.; MARKOU, M.: An Approach to Novelty Detection Applied to the Classification of Image Regions. *IEEE Transactions on Knowledge and Data Engineering* 16(4) (2004), S. 396–407.

[272] SINKJAER, T.; HAUGLAND, M.; INMANN, A.; HANSEN, M.; NIELSEN, K.: Biopotentials as Command and Feedback Signals in Functional Electrical Stimulation Systems. *Medical Engineering and Physics* 25 (2003), S. 29–40.

[273] SKALAK, D. B.: *Prototype Selection for Composite Nearest Neighbor Classifiers*. Dissertation, University of Massachusetts, 1995.

[274] SNIJDERS, T. A. B.: On Cross-Validation for Predictor Evaluation in Time Series. In: *On Model Uncertainty and its Statistical Implications* (DIJKSTRA, T. K., Hg.), S. 56–69, Berlin: Springer, 1988.

[275] SOLOGUBOV, E. G.; YAVORSKII, A. B.; KOBRIN, V. I.; NEMKOVA, S. A.; SINEL'NIKOVA, A. N.: Use of Computer Stabilography and Computer-Assisted Biomechanical Examination of Gait for Diagnosis of Posture and Movement Disorders in Patients with Various Forms of Infantile Cerebral Paralysis. *Biomedical Engineering* 34(3) (2000), S. 24–28.

[276] STIEGLITZ, T.: Flexible Biomedical Microdevices with Double-Sided Electrode Arrangements for Neural Applications. *Sensors and Actuators* A 90 (2001), S. 203–211.

[277] STIEGLITZ, T.; SCHÜTTLER, M.; KOCH, K.-P.: Implantable Biomedical Microsystems for Neural Prostheses. *IEEE Engineering in Medicine and Biology Magazine* 24(5) (2005), S. 58–65.

[278] SUNER, S.; FELLOWS, M. R.; VARGAS-IRWIN, C.; NAKATA, G. K.; DONOGHUE, J. P.: Reliability of Signals From a Chronically Implanted, Silicon-Based Electrode Array in Non-Human Primate Primary Motor Cortex. *IEEE Transactions on Neural Systems and Rehabilitation Engineering* 13(4) (2005), S. 524–541.

[279] TAHIR, M. A.; BOURIDANE, A.: Novel Round-Robin Tabu Search Algorithm for Prostate Cancer Classification and Diagnosis Using Multispectral Imagery. *IEEE Transactions on Information Technology in Biomedicine* 10(4) (2006), S. 782–793.

[280] TAN, W.; LOEB, G. E.: Feasibility of Prosthetic Posture Sensing Via Injectable Electronic Modules. *IEEE Transactions on Neural Systems and Rehabilitation Engineering* 15(2) (2007), S. 295–309.

[281] TANAKA, K.; MATSUNAGA, K.; WANG, H. O.: Electroencephalogram-Based Control of an Electric Wheelchair. *IEEE Transactions on Robotics* 21(4) (2005), S. 762–766.

[282] TATSUOKA, M. M.: *Multivariate Analysis*. New York: Macmillan, 1988.

[283] TAX, D. M. J.: *One-Class Classification*. Dissertation, Technische Universität Delft, 2001.

[284] TAYLOR, D. M.; TILLERY, S. I.; SCHWARTZ, A. B.: Direct Cortical Control of 3D Neuroprosthetic Devices. *Science* 296 (2002), S. 1829–1832.

[285] TAYLOR, D. M.; TILLERY, S. I. H.; SCHWARTZ, A. B.: Information Conveyed Through Brain-Control: Cursor versus Robot. *IEEE Transactions on Neural System and Rehabilitation Engineering* 11(2) (2003), S. 195–199.

[286] TERVO, R. C.; AZUMA, S.; STOUT, J.; NOVACHECK, T.: Correlation Between Physical Functioning and Gait Measures in Children with Cerebral Palsy. *Developmental Medicine & Child Neurology* 44 (2002), S. 185–190.

[287] THULASIDAS, M.; GUAN, C.; WU, J.: Robust Classification of EEG Signal for Brain-Computer Interface. *IEEE Transactions on Neural Systems and Rehabilitation Engineering* 14(1) (2006), S. 24–29.

[288] TORRENCE, C.; COMPO, G. P.: A Practical Guide to Wavelet Analysis. *Bulletin of the American Meteorological Society* 79(1) (1998), S. 61–78.

[289] TOWNSEND, G.; GRAIMANN, B.; PFURTSCHELLER, G.: Continuous EEG Classification during Motor Imagery – Simulation of an Asynchronous BCI. *IEEE Transactions on Neural Systems and Rehabilitation Engineering* 12(2) (2004), S. 258–265.

[290] UPSHAW, B.; SINKJAER, T.: Digital Signal Processing Algorithms for the Detection of Afferent Nerve Activity Recorded from Cuff Electrodes. *IEEE Transactions on Rehabilitation Engineering* 6 (1998), S. 172–181.

[291] VAPNIK, V.: *The Nature of Statistical Learning Theory.* Springer New York Berlin Heidelberg, 1995.

[292] VAPNIK, V. N.: *Statistical Learning Theory.* New York: John Wiley, 1998.

[293] VAUGHAN, T. M.; MCFARLAND, D. J.; SCHALK, G.; SARNACKI, W. A.; KRUSIENSKI, D. J.; SELLERS, E. W.; WOLPAW, J. R.: The Wadsworth BCI Research and Development Program: At Home With BCI. *IEEE Transaction on Neural Systems and Rehabilitation Engineering* 14(2) (2006), S. 229–233.

[294] VIDAURRE, C.; SCHLÖGL, A.; CABEZA, R.; PFURTSCHELLER, G.: A Fully on-Line Adaptive Brain Computer Interface. *Biomedizinische Technik* 49 (2004), S. 760–761.

[295] VIDAURRE, C.; SCHLÖGL, A.; CABEZA, R.; SCHERER, R.; PFURTSCHELLER, G.: A Fully On-Line Adaptive BCI. *IEEE Transactions on Biomedical Engineering* 53(6) (2006), S. 1214–1219.

[296] WALCZAK, S.: Artificial Neural Network Medical Decision Support Tool: Predicting Transfusion Requirements of ER Patients. *IEEE Transactions on Information Technology in Biomedicine* 9(3) (2005), S. 468–474.

[297] WANG, Y.; WANG, R.; GAO, X.; HONG, B.; GAO, S.: A Practical VEP-Based Brain-Computer Interface. *IEEE Transactions on Neural Systems and Rehabilitation Engineering* 14(2) (2006), S. 234–239.

[298] WANG, Z. J.; WILLETT, P.: Joint Segmentation and Classification of Time Series using Class-Specific Features. *IEEE Transactions on Systems, Man, and Cybernetics – Part B: Cybernetics* 34(2) (2004), S. 1056–1067.

[299] WARWICK, K.; GASSON, M.; HUTT, B.; GOODHEW, I.; KYBERD, P.; ANREWS, B.; TEDDY, P.; SHAD, A.: The Application of Implant Technology for Cybernetic Systems. *Archives in Neurology* 60 (2003), S. 1369–1373.

[300] WATSON, J. N.; ADDISON, P. S.; LEONARD, P.; BEATIE, T. F.: Patient Illness Classification Using Time Frequency Features Derivced from the Photoplethysomgram. In: *Proc., 25th International Conference of the IEEE Engineering in Medicine and Biology Society*, Cancun, Mexico, 2003.

[301] WEISKOPF, N.; MATHIAK, K.; BOCK, S. W.; SCHARNOWSKI, F.; VEIT, R.; GRODD, W.; GOEBEL, R.; BIRBAUMER, N.: Principles of a Brain-Computer Interface (BCI) Based on Real-Time Functional Magnetic Resonance Imaging (fMRI). *IEEE Transactions on Biomedical Engineering* 51(6) (2004), S. 966–970.

[302] WESSBERG, J.; STAMBAUGH, C. R.; KRALIK, J. D.; BECK, P. D.; LAUBACH, M.; CHAPIN, J. K.; KIM, J.; BIGGS, S. J.; SRINIVASAN, M. A.; NICOLELIS, M. A. L.: Real-Time Prediction of Hand Trajectory by Ensembles of Cortical Neurons in Primates. *Nature* 408 (2000), S. 361–365.

[303] WILSON, J. A.; FELTON, E. A.; GARELL, P. C.; SCHALK, G.; WILLIAMS, J. C.: ECoG Factors Underlying Multimodal Control of a Brain–Computer Interface. *IEEE Transactions on Neural Systems and Rehabilitation Engineering* 14(2) (2006), S. 246–250.

[304] WOLF, S.; LOOSE, T.; SCHABLOWSKI, M.; DÖDERLEIN, L.; RUPP, R.; GERNER, H. J.; BRETTHAUER, G.; MIKUT, R.: Automated Feature Assessment in Instrumented Gait Analysis. *Gait & Posture* 23(3) (2006), S. 331–338.

[305] WOLPAW, J. R.; BIRBAUMER, N.; HEETDERKS, W. J.; MCFARLAND, D. J.; PECKHAM, P. H.; SCHALK, G.; DONCHIN, E.; QUATRANO, L. A.; ROBINSON, C. J.; VAUGHAN, T. M.: Brain-Computer Interface Technology: A Review of the First International Meeting. *IEEE Transactions on Rehabilitation Engineering* 8(2) (2000), S. 164–173.

[306] WOLPAW, J. R.; BIRBAUMER, N.; MCFARLAND, D. J.; PFURTSCHELLER, G.; VAUGHAN, T. M.: Brain-Computer Interfaces for Communication and Control. *Clinical Neurophysiology* 113 (2002), S. 767–791.

[307] WOLPAW, J. R.; LOEB, G. E.; ALLISON, B. Z.; DONCHIN, E.; DO NASCIMENTO, O. F.; HEETDERKS, W. J.; NIJBOER, F.; SHAIN, W. G.; TURNER, J. N.: BCI Meeting 2005 – Workshop on Signals and Recording Methods. *IEEE Transactions on Neural Systems and Rehabilitation Engineering* 14(2) (2006), S. 138–141.

[308] WOLPAW, J. R.; MCFARLAND, D. J.: Control of a Two-Dimensional Movement Signal by a Noninvasive Brain-Computer Interface in Humans. *Proc., National Academy of Sciences* 101(51) (2004), S. 17849–17854.

[309] WOLPAW, J. R.; MCFARLAND, D. J.; VAUGHAN, T. M.; SCHALK, G.: The Wadsworth Center Brain-Computer Interface (BCI) Research and Development Program. *IEEE Transactions on Neural Systems and Rehabilitation Engineering* 11(2) (2003), S. 204–207.

[310] WORDEN, K.: Structural Fault Detection Using a Novelty Measure. *Journal of Sound and Vibration* 201(1) (1997), S. 85–101.

[311] XU, L.; KRZYZAK, A.; SUEN, C.: Methods for Combining Multiple Classifiers and their Applications in Handwritten Character Recognition. *IEEE Transactions on Systems, Man and Cybernetics* 22 (1992), S. 418–435.

[312] XU, P.; TIAN, Y.; CHEN, H.; YAO, D.: Lp Norm Iterative Sparse Solution for EEG Source Localization. *IEEE Transactions on Biomedical Engineering* 54(3) (2007), S. 400–409.

[313] YANG, K.; YOON, H.; SHAHABI, C.: CLeVer: A Feature Subset Selection Technique for Multivariate Time Series. In: *Proc., 9th Pacific-Asia Conference on Knowledge Discovery and Data Mining*, S. 516–522, Berlin: Springer, 2005.

[314] YAVORSKII, A. B.; SOLOGUBOV, E. G.; NEMKOVA, S. A.: Analysis of Gait in Patients with Different Forms of Infantile Cerebral Paralysis. *Biomedical Engineering* 37(6) (2003), S. 322–327.

[315] YING, H.; LIN, F.; MACARTHUR, R. D.; COHN, J. A.; BARTH-JONES, D. C.; CRANE, L. R.: A Fuzzy Discrete Event System Approach to Determining Optimal HIV/AIDS Treatment Regimens. *IEEE Transactions on Information Technology in Biomedicine* 10(4) (2006), S. 663–676.

[316] YOO, S. S.; FAIRNEY, T.; CHEN, N. K.; CHOO, S. E.; PANYCH, L. P.; LEE, S. Y.; JOLESZ, F. A.: Brain-Computer Interface Using fMRI: Spatial Navigation by Thoughts. *Neuroreport* 15(10) (2004), S. 1591–1595.

[317] YOON, H.; YANG, K.; SHAHABI, C.: Feature Subset Selection and Feature Ranking for Multivariate Time Series. *IEEE Transactions on Knowledge and Data Engineering* 17(9) (2005), S. 1186–1198.

[318] YUAN, C.; CASASENT, D.: A Novel Support Vector Classifier with Better Rejection Performance. In: *Proc., IEEE Computer Society Conference on Computer Vision and Pattern Recognition*, 2003.

Index

Bereits veröffentlicht wurden in der Schriftenreihe des Instituts für Angewandte Informatik / Automatisierungstechnik im Universitätsverlag Karlsruhe:

Nr. 1:   BECK, S.: Ein Konzept zur automatischen Lösung von Entscheidungsproblemen bei Unsicherheit mittels der Theorie der unscharfen Mengen und der Evidenztheorie, 2005

Nr. 2:   MARTIN, J.: Ein Beitrag zur Integration von Sensoren in eine anthropomorphe künstliche Hand mit flexiblen Fluidaktoren, 2004

Nr. 3:   TRAICHEL, A.: Neue Verfahren zur Modellierung nichtlinearer thermodynamischer Prozesse in einem Druckbehälter mit siedendem Wasser-Dampf Gemisch bei negativen Drucktransienten, 2005

Nr. 4:   LOOSE, T.: Konzept für eine modellgestützte Diagnostik mittels Data Mining am Beispiel der Bewegungsanalyse, 2004

Nr. 5:   MATTHES, J.: Eine neue Methode zur Quellenlokalisierung auf der Basis räumlich verteilter, punktweiser Konzentrationsmessungen, 2004

Nr. 6:   MIKUT, R.; REISCHL, M.: Proceedings – 14. Workshop Fuzzy-Systeme und Computational Intelligence: Dortmund, 10. - 12. November 2004, 2004

Nr. 7:   ZIPSER, S.: Beitrag zur modellbasierten Regelung von Verbrennungsprozessen, 2004

Nr. 8:   STADLER, A.: Ein Beitrag zur Ableitung regelbasierter Modelle aus Zeitreihen, 2005

Nr. 9:   MIKUT, R.; REISCHL, M.: Proceedings – 15. Workshop Computational Intelligence: Dortmund, 16. - 18. November 2005, 2005

Nr. 10: BÄR, M.: µFEMOS – Mikro-Fertigungstechniken für hybride mikrooptische Sensoren, 2005

Nr. 11: SCHAUDEL, F.: Entropie- und Störungssensitivität als neues Kriterium zum Vergleich verschiedener Entscheidungskalküle, 2006

Nr. 12: SCHABLOWSKI-TRAUTMANN, M.: Konzept zur Analyse der Lokomotion auf dem Laufband bei inkompletter Querschnittlähmung mit Verfahren der nichtlinearen Dynamik, 2006

Nr. 13: REISCHL, M.: Ein Verfahren zum automatischen Entwurf von Mensch-Maschine-Schnittstellen am Beispiel myoelektrischer Handprothesen, 2006

Nr. 14: KOKER, T.: Konzeption und Realisierung einer neuen Prozesskette zur Integration von Kohlenstoff-Nanoröhren über Handhabung in technische Anwendungen, 2007

Nr. 15: MIKUT, R.; REISCHL, M.: Proceedings – 16. Workshop Computational Intelligence: Dortmund, 29. November - 1. Dezember 2006

Nr. 16: LI, S.: Entwicklung eines Verfahrens zur Automatisierung der CAD/CAM-Kette in der Einzelfertigung am Beispiel von Mauerwerksteinen, 2007

Nr. 17: BERGEMANN, M.: Neues mechatronisches System für die Wiederherstellung der Akkommodationsfähigkeit des menschlichen Auges, 2007

Nr. 18: HEINTZ, R.: Neues Verfahren zur invarianten Objekterkennung und -lokalisierung auf der Basis lokaler Merkmale, 2007

Nr. 19: RUCHTER, M.: A New Concept for Mobile Environmental Education, 2007

Nr. 20: MIKUT, R.; REISCHL, M.: Proceedings – 17. Workshop Computational Intelligence: Dortmund, 5. - 7. Dezember 2007

Nr. 21: LEHMANN, A.: Neues Konzept zur Planung, Ausführung und Überwachung von Roboteraufgaben mit hierarchischen Petri-Netzen, 2008

Nr. 22: MIKUT, R.: Data Mining in der Medizin und Medizintechnik, 2008

Nr. 23: KLINK, S.: Neues System zur Erfassung des Akkommodationsbedarfs im menschlichen Auge, 2008

Nr. 24:   MIKUT, R.; REISCHL, M.: Proceedings – 18. Workshop Computational Intelligence: Dortmund, 3. - 5. Dezember 2008

Nr. 25:   WANG, L.: Virtual environments for grid computing, 2009

Die Schriften sind als PDF frei verfügbar, eine Nachbestellung der Printversion ist möglich. Nähere Informationen unter www.uvka.de.